CW01628020

ΤΩΝ ΕΞΩΓΗΙΝΩΝ

ΑΠΑΓΟΡΕΥΜΕΝΗ ΖΩΝΗ

Στο χωριό Μπρέντμαουθ, χαμένο κάπου
στην καταπράσινη και μυστηριακή εξοχή
της Αγγλίας, βρίσκεται το Ινστιτούτο.
Είναι μια σχολή που διευθύνει ο στρατηγός
Έξφορντ και προετοιμάζει νέα παιδιά,
προικισμένα με μια εξαιρετική ιδιοφυΐα,
για να γίνουν κάποια μέρα σπουδαίοι επιστήμονες.
Όμως ακόμη και ο Μαρκ, η Ρεβέκα, ο Τζόε και
η Κολέτ αδυνατούν να εξηγήσουν κάποια
παράξενα γεγονότα.

Μήπως πρόκειται για κάτι πέρα από
τα όρια του φυσικού; Μήπως την απάντηση
θα τη βρουν αποκλειστικά και μόνο στην
ΑΠΑΓΟΡΕΥΜΕΝΗ ΖΩΝΗ...

Τίτλος πρωτοτύπου:
THE PSYCHIC ZONE – ALIEN CIRCUS

Από τις εκδόσεις: HODDER CHILDREN'S BOOKS, Λονδίνο 1998

Τίτλος βιβλίου:
Το τσίρκο των εξωγήινων

Συγγραφέας:
Mathew Stone

Μετάφραση:
Αντωνέλλα Μουτσοπούλου

Θεώρηση κειμένου:
Γιώργος Χριστόπουλος

Εξώφυλλο:
Χρήστος Δήμος

Στοιχειοθεσία:
Σ. Τουμαζάτος & Σ[ΙΑ] Ο.Ε.

Εκτύπωση:
Δ. Τουμαζάτος

Πρώτη έκδοση: Φεβρουάριος 2001

ISBN 960-274-344-1

ΕΚΔΟΣΕΙΣ ΨΥΧΟΓΙΟΣ Α.Ε.
Μαυρομιχάλη 1
106 79 Αθήνα
Τηλ.: 3302234-5 - 3618654
Telefax: 01/3302098
http: www.psichogios.gr
E-mail: psicho@otenet.gr

PSICHOGIOS PUBLICATIONS S.A.
1, Mavromichali Str.
106 79 Athens-Greece
Tel.: 3302234-5 - 3618654
Telefax: 01/3302098
http: www.psichogios.gr
E-mail: psicho@otenet.gr

ΜΑΘΙΟΥ ΣΤΟΟΥΝ

ΑΠΑΓΟΡΕΥΜΕΝΗ ΖΩΝΗ

ΤΟ ΤΣΙΡΚΟ ΤΩΝ ΕΞΩΓΗΙΝΩΝ

Μετάφραση:
Αντωνέλλα Μουτσοπούλου

ΠΡΩΤΗ ΕΚΔΟΣΗ

ΕΚΔΟΣΕΙΣ ΨΥΧΟΓΙΟΣ

Περιεχόμενα

ΑΠΑΓΟΡΕΥΜΕΝΗ ΖΩΝΗ

Η έκρηξη

Σιβηρία, Ρωσία
Τρίτη, 30 Ιουνίου του 1908, ώρα 00.13

Όλοι ήξεραν πως αυτό ήταν το τέλος.

Ο πλοηγός το γνώριζε καλά. Το ίδιο κι ο καπετάνιος. Το ίδιο κι ο καμαρότος, ο οποίος πάντα φρόντιζε να παίρνουν την καθημερινή τους δόση αιμογλοβίνης στην ώρα τους. Ο συλλογικός νους της φυλής τους είχε φροντίσει γι' αυτό.

Ο Ξιτιρλίξ, όμως, το 'νιωσε περισσότερο απ' όλους. Το 'νιωσε σε κάθε ίνα της ύπαρξής του, από την κορφή του άτριχου κεφαλιού του, που 'μοιαζε με γλόμπο, μέχρι τις άκρες των ποδιών του, όπου φύτρωναν μόνο τρία δάχτυλα. Αυτός έφταιγε για όλα.

Αλλά τι ήταν αυτό που ένιωθε ο Ξιτιρλίξ; Σίγουρα όχι πόνος. Τουλάχιστον όχι σωματικός πόνος. Η φυλή του είχε ξεπεράσει αυτή την αίσθηση εδώ και αιώνες, από τότε που ο γαλαξίας δεν είχε παρά το μισό μέγεθος και το θαμπό, κίτρινο αστέρι που επρόκειτο να επισκεφτούν δεν ήταν ακόμα παρά μια μάζα αστρικής σκόνης.

Ο σωματικός πόνος είναι για τα κατώτερα πλάσματα, έλεγαν οι Σοφοί στα κρυστάλλινα παλάτια τους. Δεν είχαν ιδέα τι θα πει πόνος. Ήξεραν όμως, από τη φιλοσοφία, πως είχε γενικά να κάνει με τα κατώτερα πλάσματα. Ο πόνος ήταν ο τρόπος της Θεάς για να δείχνει στα κατώτερα όντα τι απαγορευόταν και τι όχι. Βάλε το χέρι σου στην καρδιά ενός αστεριού νετρονίου και καίγεσαι. Έτσι μαθαίνεις να μην το ξανακάνεις. Ο πόνος ήταν χρήσιμος μόνο γι' αυτό.

Αυτή τη δροσερή, καλοκαιρινή μέρα ο Ξιτιρλίξ δεν ένιωθε πόνο. Δε θα μπορούσε να νιώθει πόνο σ' αυτόν τον τόπο που τον κατοικούσαν πρωτόγονα πλάσματα και που ονομαζόταν Τουγκούσκα. Ντροπή ίσως ναι: ντροπή γιατί δε στάθηκε στο ύψος της Φυλής της Κυψέλης· ντροπή γιατί απογοήτευσε τα μέλη του πληρώματός του· ντροπή γιατί δεν υπηρέτησε τη Θεά όπως θα έπρεπε να την είχε υπηρετήσει.

Ακόμα κι αν το σφάλμα ήταν δικό του και όλοι τώρα έπρεπε ν' αντιμετωπίσουν το θάνατο με τον έναν ή τον άλλο τρόπο μέσα στα κέρινα κελιά και τους διαδρόμους της ναυαρχίδας, κανείς από τους συντρόφους του στο ταξίδι δε φάνηκε να εκφράζει κάποια μομφή ή κατηγορία, γιατί και οι κατηγορίες ήταν αντάξιες μόνο των κατώτερων πλασμάτων.

Ο φόβος, όμως, δεν ήταν αντίδραση μόνο των κατώτερων πλασμάτων. Ούτε και ο πανικός.

Ο Ξιτιρλίξ και οι σύντροφοί του έπεφταν ο ένας πάνω στον άλλο προσπαθώντας ν' αποφύγουν τους κραδασμούς που απειλούσαν να διαλύσουν το σκάφος τους.

Δυστυχώς πουθενά δεν μπορούσαν να βρουν προστασία από τους κραδασμούς, που τους ανακάτευαν το στομάχι και απειλούσαν να κάνουν το σκάφος συντρίμμια.

Το λεπτό και οξύ σφύριγμα που γέμιζε εδώ και ώρα ολόκληρη την άτρακτο, ακουγόταν τώρα πιο δυνατά. Ο Ριξ, ο καμαρότος, είχε βάλει τα χέρια στ' αφτιά του για να μην το ακούει. Μάταια όμως. Κάποια στιγμή αίμα άρχισε να κυλάει από τα ρουθούνια του. Ήξερε πως σε λίγο το οξύ σφύριγμα, οι κραδασμοί και η επίγνωση ότι πλησιάζει το τέλος τους, θα τον τρέλαιναν. Οι συνάδελφοί του ένιωσαν το φόβο του. Γιατί ό,τι ένιωθε ένα άτομο της φυλής τους, το ένιωθαν και όλοι οι άλλοι. Αυτή ήταν η φύση του συλλογικού τους νου.

Το οξύ σφύριγμα, οι κραδασμοί και η επίγνωση ότι ο θάνατος πλησιάζει, είχαν κάνει τις αισθήσεις των συντρόφων του Ξιτιρλίξ με τον πιο αδύναμο χαρακτήρα ν' αφηνιάσουν. Σκαρφάλωναν στους μεταλλικούς τοίχους και στο ταβάνι, όπως κάνουν τα μυρμήγκια όταν κάποιος χαλάει τη φωλιά τους, και στρίγκλιζαν από πόνο και αγωνία.

Ο Ξιτιρλίξ έκανε μια τελευταία, απεγνωσμένη προσπάθεια. Κοίταξε την εικόνα στην οθόνη μπροστά του. Έδειχνε το χώρο έξω από το σκάφος, καθώς οι μηχανές του προσπαθούσαν απελπισμένα να φτάσουν την ταχύτητα που ήταν απαραίτητη για να μπορέσουν να ξεφύγουν από τη θανάσιμη έλξη αυτού του πρωτόγονου πλανήτη. Ο Ξιτιρλίξ πρόσεξε ένα τεράστιο δάσος από κωνοφόρα που κάλυπτε μια έκταση δεκάδων χιλιομέτρων. Δεν υπήρχε κάποιο δείγμα ζωής εκεί κάτω, εκτός από μερικά άγρια ζώα και πού και πού κανένα κοπάδι πουλιά ή κάποιο ελάφι που έσκαβε το χιόνι για να βρει φαγητό. Άρα κανένας κίνδυνος, καμιά απειλή.

Χωρίς να δώσει σημασία στον Ριξ, που κυλιόταν

στο πάτωμα σφαδάζοντας από πόνο, ο Ξιτιρλίξ πήδησε κάτω από την κερήθρα του και πήγε στο κεντρικό τμήμα του σκάφους. Η είσοδος στο τμήμα αυτό απαγορευόταν σ' όλους εκτός από τον αρχιτεχνικό, δηλαδή σε όλους εκτός από τον Ξιτιρλίξ.

Μόλις τον είδε να μπαίνει, η Γινξ, η καπετάνιος, κατάλαβε αμέσως τι είχε ο Ξιτιρλίξ στο μυαλό του. Του φώναξε πως ήταν ανοησία, γιατί το τέλος ήταν ήδη κοντά. Έπρεπε ν' αντιμετωπίσουν το θάνατο με την αξιοπρέπεια που απαιτούσαν τα έθιμά τους, του είπε, αν και οι δίδυμες καρδιές της χτυπούσαν τόσο γρήγορα και νευρικά, που ένιωθε πως σε λίγο θα πετάγονταν έξω από το στήθος της.

Ο Ξιτιρλίξ δεν άκουσε. Είχε ήδη ενεργοποιήσει τους κωδικούς πρόσβασης που θα του επέτρεπαν την είσοδο στο κελί της κεντρικής γεννήτριας του σκάφους. Οι πόρτες με το εξάγωνο σχήμα άνοιξαν και πήδησε κάτω, στο διάδρομο που βρισκόταν πίσω από αυτές.

Το φως εδώ ήταν πιο δυνατό απ' ό,τι στο υπόλοιπο σκάφος. Σχεδόν τύφλωσε τον Ξιτιρλίξ. Ευτυχώς που γνώριζε το δρόμο – σε περίπτωση ανάγκης θα μπορούσε να κινηθεί εδώ μέσα ακόμα και αν ήταν σκοτάδι. Έκλεισε τα βλέφαρά του και συνέχισε το δρόμο του σέρνοντας τα μακριά, λεπτά του χέρια, που έμοιαζαν με πόδια αράχνης, στο μεταλλικό πάτωμα.

Είχε αρχίσει να ζαλίζεται. Τα πάντα περιστρέφονταν γύρω του και του προκαλούσαν ναυτία. Όμως πίεσε τον εαυτό του να συνεχίσει.

Και επιτέλους!

Ο Ξιτιρλίξ έφτασε στην τελευταία πόρτα (μόνο αυτός γνώριζε τους κωδικούς πρόσβασης για να την ανοίξει). Τσιρίζοντας από ενθουσιασμό, πληκτρολόγησε τα δεκαέξι νούμερα στο πληκτρολόγιο της εισόδου. Τα μακριά, κοκαλιάρικα δάχτυλά του έτρεμαν, γιατί δεν ήταν σίγουρος. Χτυπούσε τα πόδια του ανυπόμονα, καθώς περίμενε ν' ανοίξει η πόρτα.

Η πόρτα άνοιξε. Μπροστά του βρισκόταν το μικροτσίπ που έλεγχε την κεντρική παροχή ενέργειας. Αυτό το μικροτσίπ ήταν το επιστέγασμα των τεχνολογικών επιτευγμάτων της φυλής του. Ο Ξιτιρλίξ είχε παίξει κάποιο ρόλο στην κατασκευή του. Αυτό το μικροτσίπ, πηγή ενέργειας και τεχνολογικό θαύμα της φυλής του, θα γινόταν τώρα η αιτία του θανάτου τους.

Τα κοκαλιάρικα δάχτυλα του Ξιτιρλίξ κινήθηκαν διστακτικά πάνω στον πίνακα ελέγχου που βρισκόταν μπροστά του. Μικρά φωτάκια άρχισαν ν' αναβοσβήνουν, προειδοποιώντας τον να μην πειράξει τις αρχικές ρυθμίσεις, ενώ τον συμβούλευαν για τις τρομερές επιπτώσεις αν ενεργοποιούσε τις σειριακές εντολές.

Ο Ξιτιρλίξ γύρισε και κοίταξε την πόρτα πίσω του. Το σκάφος ήδη μούγκριζε από τους κραδασμούς. Η άτρακτος είχε λυγίσει και είχε διπλώσει και στον αέρα πλανιόταν μια έντονη μυρωδιά που έφερνε στον Ξιτιρλίξ αναγούλα. Ανέπνεε με δυσκολία και αναρωτιόταν πώς οι πρωτόγονοι κάτοικοι αυτού του μικροσκοπικού πλανήτη μπορούσαν να ζουν μέσα σε μια ατμόσφαιρα τόσο πλούσια σε οξυγόνο. Μισούσε τη μυρωδιά του οξυγόνου, αν και οι πνεύμονές του μπορούσαν ν' αντέξουν το στοιχείο αυτό που ήταν τόσο απαραίτητο για τη ζωή των κατοίκων αυτού του πλανήτη.

Ο Ξιτιρλίξ ξανακοίταξε τον πίνακα ελέγχου. Προσπαθούσε ν' αποφασίσει τι θα έκανε. Ό,τι όμως κι αν αποφάσιζε, είχε καμιά σημασία πια; έλεγε στον εαυτό του. Έτσι και αλλιώς, θα πέθαιναν όλοι σε λίγα λεπτά. Αν όμως μπορούσε να επαναδιοχετεύσει την ενέργεια και κατόπιν να εγκαταλείψει το σκάφος...

Αντίο για πάντα, φίλοι μου, σκέφτηκε ο Ξιτιρλίξ. Αντίο για πάντα, σύντροφοί μου. Συγχωρέστε με...

Όλα τα μέλη του πληρώματος άκουσαν τις τελευταίες του λέξεις. Γιατί ό,τι κι αν σκεφτόταν ο Ξιτιρλίξ, το σκέφτονταν και αυτοί. Επικοινωνούσαν νοερά ο ένας με τον άλλο μέσα από ένα τεράστιο σύστημα που συνέδεε μεταξύ τους όλα τα μέλη της φυλής τους.

Με μια τελευταία, σιωπηρή προσευχή στη Θεά, με την οποία ζητούσε να τον συγχωρέσει και να τον καταλάβει, το δάχτυλο του Ξιτιρλίξ πάτησε με δύναμη το κουμπί.

Μετά από τρεισήμισι δευτερόλεπτα ακριβώς, μια τεράστια μπάλα από φωτιά, που όμοιά της δεν είχε δει ποτέ κανείς, εξερράγη σε μια έρημη περιοχή της Σιβηρίας με το όνομα Τουγκούσκα.

Η λάμψη της έκρηξης φώτισε τον ουρανό πολλά χιλιόμετρα γύρω από αυτή κι έκανε τη σκοτεινή νύχτα να μοιάζει με λαμπρή ημέρα. Στην Αγία Πετρούπολη οι άνθρωποι άρχισαν να τρέμουν και να λένε πως αυτή ήταν η αρχή του τέλους του κόσμου. Άλλοι έλεγαν πως ήταν οιωνός της επανάστασης που θα έκανε σύντομα τη χώρα τους να καταρρεύσει.

Στους πρόποδες των Ουραλίων Ορέων οι χωρικοί έκαναν το σταυρό τους για να ξορκίσουν το κακό και βούλιαζαν βαθύτερα στα κρεβάτια τους, τραβώντας τα σκεπάσματα πάνω από το κεφάλι τους. Οι τσιγγάνοι στις ακτές της Κασπίας Θάλασσας μιλούσαν για αρχαία, διαβολικά πνεύματα που επέστρεφαν στον κόσμο των ανθρώπων, για δαίμονες που ήταν έτοιμοι να σύρουν χωρίς οίκτο τις ψυχές στην κόλαση.

Οι σεισμογράφοι σ' ολόκληρο τον κόσμο παρουσίασαν έντονη δραστηριότητα εξαιτίας της δύναμης της έκρηξης. Η λάμψη έγινε ορατή ακόμα και στο Λονδίνο, κάπου τρεισήμισι χιλιάδες χιλιόμετρα μακριά. Εκεί οι επιστήμονες απέδωσαν το φαινόμενο της ροδοκόκκινης λάμψης που φάνηκε στον ουρανό του μεσονυκτίου, σε κάποιο παράξενο μετεωρολογικό φαινόμενο και δεν ασχολήθηκαν περισσότερο μαζί του. Στις επιστολές που έγραψαν στην εφημερίδα *Τάιμς*, ανέφεραν πως ήταν πιθανόν κάτι σαν την Ωρόρα Μπορεάλις. Αυτό όμως που πραγματικά εννοούσαν ήταν πως αυτοί –όπως και οποιοσδήποτε άλλος στον πλανήτη– δεν είχαν ιδέα τι προκάλεσε αυτή τη λάμψη, που ήταν τόσο έντονη ώστε οι άνθρωποι να μπορούν εύκολα να διαβάσουν την εφημερίδα τους μες στα βαθιά μεσάνυχτα, χωρίς να χρειάζονται λάμπα ή κερί.

Στο επίκεντρο της έκρηξης το φαινόμενο ήταν ακόμα πιο δραματικό. Ο ουρανός έγινε πιο λαμπρός και από τον ήλιο. Αν γύριζες τα μάτια σου προς αυτόν, τυφλωνόσουν. Τα δέντρα τυλίχτηκαν στις φλόγες ή ισοπεδώθηκαν από τη δύναμη της έκρηξης σε μια ακτίνα είκοσι πέντε χιλιομέτρων και πάνω. Μέσα σε δέκατα του δευτερολέπτου τα ζώα έγιναν στάχτη. Τα ελάφια που βρίσκονταν στα όρια της εμβέλειας της έκρηξης γέμισαν εγκαύματα, φουσκάλες και πληγές. Τα σημάδια όχι μόνο δε θα 'φευγαν ποτέ, αλλά θα περνούσαν και στα μωρά τους και στα μωρά των μωρών τους.

Η Τουγκούσκα ήταν –και εξακολουθεί να παραμένει μέχρι σήμερα– μια απομονωμένη και δύσβατη περιοχή. Μόνο το 1927 μια ερευνητική ομάδα της Σοβιετικής Ένωσης (όπως ονομαζόταν τότε η Ρωσία) κατάφερε να φτάσει μέσα από το χιόνι στο επίκεντρο της έκρηξης.

Δε βρήκαν όμως τίποτα· τίποτα που να μπορεί να τους δώσει έστω και μια ιδέα γι' αυτό που συνέβη στην Τουγκούσκα την τελευταία ημέρα του Ιουνίου του 1908.

Σ' ολόκληρη την περιοχή πλανιόταν μια ανατριχιαστική σιωπή, η ίδια αυτή σιωπή που αρκετά χρόνια αργότερα θα πλανιόταν και στην περιοχή της Χιροσίμα και του Ναγκασάκι, όταν οι Αμερικανοί θα τις βομβάρδιζαν με την ατομική βόμβα στη διάρκεια του Β΄ Παγκοσμίου Πολέμου.

Ήταν η σιωπή του θανάτου. Η σιωπή που ακολουθεί τη διάσπαση του ατόμου.

Μερικοί αναρωτιόνταν μήπως η Γη είχε χτυπηθεί από κάποιον τεράστιο μετεωρίτη, όπως είχε συμβεί στο παρελθόν. Η εξαφάνιση των δεινοσαύρων δεν αποδίδεται σε κάποιο μετεωρίτη που χτύπησε τον πλανήτη πριν από εξήντα τέσσερα εκατομμύρια χρόνια; Άλλοι έλεγαν πως η Γη είχε περάσει μέσα από τον πυρήνα ενός κομήτη.

Καθώς τα χρόνια περνούσαν, οι επιστήμονες αποφάσισαν ότι η θεωρία του μετεωρίτη αποτελούσε μάλλον την καλύτερη εξήγηση. Όλες αυτές οι ιστορίες σχετικά με την αντιύλη και τις πυρηνικές εκρήξεις και τις μαύρες τρύπες ήταν απλώς σαχλαμάρες.

Τελικά οι επιστήμονες ξέχασαν την Τουγκούσκα. Δεν την ξαναθυμήθηκαν παρά για λίγο, όταν έλαβαν κάποια επιστολή από ένα Ινστιτούτο Μπρέντμαουθ κάπου στην Αγγλία, όπου τους ζητούσαν πληροφορίες σχετικά με το γεγονός. Βεβαίως το Ινστιτούτο ήταν γνωστό και λογικά η επιστολή θα έπρεπε να φέρει την υπογραφή του διευθυντή του. Όμως ήταν ανυπόγραφη. Παρ' όλ' αυτά οι επιστήμονες έστειλαν τις πληροφορίες που τους ζητούσε το Ινστιτούτο στη γραμματεία του και ξαναξέχασαν καθετί σχετικό με την Τουγκούσκα.

Έτσι κι αλλιώς ήταν απασχολημένοι με πολύ πιο σημαντικά ζητήματα: με τον αγώνα ταχύτητας για την κατάκτηση του διαστήματος, με την εξέλιξη των πυρηνικών όπλων, με το πρόγραμμα των αστρικών πολέμων και (αν είχαν χρόνο) με την έρευνα για τη θεραπεία του καρκίνου και του AIDS. Αυτό το είδος έρευνας τους έφερνε χρήματα, τους χάριζε επιρροή και —αν κάποιος ήταν τυχερός και γνώριζε τους σωστούς ανθρώπους— το βραβείο Νομπέλ που ήταν εισιτήριο για ακόμα μεγαλύτερη επιρροή και πλούτο.

Ένα ασήμαντο μυστήριο όπως αυτό της Τουγκούσκα μπορούσε να περιμένει.

Τουγκούσκα, Σιβηρία
Σάββατο, 12 Δεκεμβρίου του 1908, ώρα 16.33

Καθώς ο χειμωνιάτικος ήλιος βούλιαζε αργά στη γραμμή του ορίζοντα, η σιωπή απλώθηκε παντού. Το μόνο που άκουγε κανείς ήταν ο αέρας, καθώς προσπαθούσε να περάσει μέσα από τα μπερδεμένα κλαδιά των δέντρων που είχαν ισοπεδωθεί πριν από έξι περίπου μήνες. Τα δέντρα αυτά, ξεριζωμένα και σκορπισμένα εδώ και εκεί, ήταν τα τυχερά. Άλλα, που βρίσκονταν πιο κοντά στο επίκεντρο της έκρηξης, είχαν γίνει στάχτη μέσα σε δευτερόλεπτα.

Ξαφνικά ακούστηκε ένας θόρυβος. Ήταν βήματα από βαριές, δερμάτινες μπότες που βούλιαζαν καθώς κάποιος περπατούσε μέσα στο χιόνι. Δυο ανθρώπινες φιγούρες σκαρφάλωσαν πάνω από τα πεσμένα δέντρα. Κατόπιν ακούστηκε μια βρισιά στα ρωσικά, καθώς η μία από τις δυο ανθρώπινες φιγούρες παραπάτησε και έπεσε κάτω. Οι αναπνοές τους φαίνονταν σαν παγωμένα σύννεφα που αιωρούνταν μπροστά τους.

Οι δυο νεόφερτοι ήταν ένας άντρας και μια γυναίκα. Αν κάποιος τους παρατηρούσε, δε θα μπορούσε να πει εύκολα ποιος ήταν ο άντρας και ποια η γυναίκα. Ήταν και οι δυο τυλιγμένοι με βαριά παλτά και τα πρόσωπά τους ήταν κρυμμένα από τα κασκόλ και τα μάλλινα καπέλα, που ήταν απαραίτητα για να επιβιώσουν στο δύσκολο χειμώνα της Σιβηρίας. Ο άντρας, που είχε τα χέρια γύρω από το σώμα του για να κρατιέται ζεστός, επιθεωρούσε την περιοχή, λες και έψαχνε κάτι. Ύστερα στράφηκε στη γυναίκα.

– Πού είναι; τη ρώτησε και η ομιλία του ακουγόταν τραχιά και απότομη, όπως είναι συνήθως η ομιλία των αγροτών της Σιβηρίας.

Η γυναίκα, αντί να του απαντήσει, του έδειξε ένα σωρό από γυμνά δέντρα λίγα μέτρα μακριά. Τα δέντρα είχαν πέσει το ένα πάνω στο άλλο και σχημάτιζαν ένα καταφύγιο. Εκεί θα μπορούσαν να προφυλαχτούν από το κρύο. Όμως μέσα σ' αυτό το πρόχειρο είδος καταφυγίου βρισκόταν κουλουριασμένο ένα μικροσκοπικό πλάσμα. Έτρεμε από το κρύο και κοιτούσε πέρα τρομοκρατημένο. Ο άντρας και η γυναίκα το είδαν.

– Τι είναι; ρώτησε ο άντρας τη γυναίκα.

– Δεν ξέρω, του απάντησε εκείνη ανασηκώνοντας τους ώμους της.

Ο άντρας ξεκρέμασε το κυνηγετικό του όπλο από τον ώμο του, το όπλισε και άρχισε να προχωρεί προσεκτικά προς το καταφύγιο. Είχε ακούσει να μιλάνε για δαίμονες που στοίχειωναν τις στέπες της Σιβηρίας, που άλλαζαν τη μορφή των ανθρώπων και έκλεβαν την ψυχή τους. Έτσι δεν είχε κανένα σκοπό να το διακινδυνεύσει.

Μέσα από το μικροσκοπικό καταφύγιο ακούστηκε ένα τσίριγμα. Ήταν φανερό πως το πλάσμα είχε νευριάσει τρομερά. Ο άντρας έχωσε το κεφάλι του για να κοιτάξει και κατόπιν τραβήχτηκε γεμάτος αηδία.

— Τι είναι; τον ρώτησε η γυναίκα.

— Ο ίδιος ο διάβολος, της απάντησε εκείνος κι έκανε το σταυρό του, ενώ η φωνή του ακουγόταν φοβισμένη.

Βεβαίως το πλάσμα ούτε του είχε επιτεθεί ούτε τον είχε απειλήσει.

Ο άντρας στράφηκε και κοίταξε πάλι το περίεργο πλάσμα. Αναρωτήθηκε πόσο καιρό να βρισκόταν εκεί, μέσα στο κρύο. Μέσα του στοιχημάτιζε πως πρέπει να βρισκόταν εδώ τουλάχιστον έξι μήνες, από τη μέρα εκείνης της φοβερής έκρηξης. Όμως ποιο ανθρώπινο πλάσμα μπορούσε να επιβιώσει τόσο καιρό σε θερμοκρασίες πολύ κάτω από το μηδέν;

Επιπλέον το πλάσμα αυτό δεν είχε τίποτα ανθρώπινο.

Το πλάσμα ανταπέδωσε το βλέμμα του άντρα και τον κοίταξε με τα μεγάλα, κόκκινα και χωρίς βλέφαρα μάτια του. Υπήρχε κάτι το φοβερό σ' αυτά τα μάτια, κάτι το απόκοσμο.

Ο άντρας προσπάθησε να τραβήξει το βλέμμα του από το βλέμμα του πλάσματος, αλλά ανακάλυψε πως δεν μπορούσε. Το πλάσμα συνέχισε να τον κοιτά και θα 'λεγε κανείς πως τον εξανάγκασε με τα μάτια του να έρθει κοντά του. Αυτά τα μάτια είχαν παραλύσει τελείως τον άντρα και του είχαν στερήσει κάθε δύναμη αντίδρασης.

Τα ρουθούνια του πλάσματος ανοιγόκλεισαν μυρίζοντας λαίμαργα τον αέρα. Από το στόμα του πετάχτηκε μια μακριά, διχαλωτή γλώσσα, σαν τη γλώσσα του φιδιού, και έγλειψε τα χείλη του άπληστα.

— Όχι..., φώναξε ο άντρας με τρόμο και το όπλο τού

έπεσε από τα χέρια. Όχι, μη, σε... σε παρακαλώ...

Η γυναίκα παρακολουθούσε τρομοκρατημένη, καθώς ο σύντροφός της πλησίαζε αργά το πλάσμα χωρίς να μπορεί ν' αντιδράσει.

Ο Ξιτιρλίξ, γιατί αυτό ήταν το πλάσμα, συνέχισε να φέρνει κοντά του τον άντρα μόνο με τη δύναμη των ματιών του. Η γυναίκα, παρόλο που καταλάβαινε πως το πλάσμα θα σκότωνε το σύντροφό της κι αμέσως μετά και την ίδια, έμενε ασάλευτη. Ο φόβος της ήταν τόσος, που είχε κοκαλώσει.

Όταν ο Ξιτιρλίξ έφερε τον άντρα τόσο κοντά του που να μπορεί να τον αγγίξει, άπλωσε το μακρύ, κοκαλιάρικο χέρι του, έπιασε το ένα χέρι του άντρα και του έβγαλε το γάντι. Ύστερα άρχισε να γλείφει μαλακά, σχεδόν με τρυφερότητα, τον καρπό του άντρα. Μέσα στο καταφύγιο πλανιόταν μια μυρωδιά ξινίλας. Ο άντρας θυμήθηκε μια φορά που είχε χρειαστεί να πάει στο νοσοκομείο, στο μακρινό Τομσκ. Εκεί είχε ξαναμυρίσει αυτή τη μυρωδιά.

Ο Ξιτιρλίξ άνοιξε το στόμα του. Αμέσως πρόβαλαν δυο δόντια σαν καλοακονισμένα ξυράφια. Και την ώρα που το φως του φεγγαριού αντανακλούσε πάνω τους, ο Ξιτιρλίξ τα βύθισε αργά αργά στον καρπό του άντρα, τρύπησε την αρτηρία κι άρχισε να ρουφά άπληστα το αίμα...

ΑΠΑΓΟΡΕΥΜΕΝΗ ΖΩΝΗ

Ένα τσίρκο στην πόλη

Κανάρι Γουάρφ, Λονδίνο
Πέμπτη, 10 Δεκεμβρίου, ώρα 17.35

– Βρικόλακες! είπε ο Μαρκ Πράις και έγλειψε με απόλαυση τα χείλη του. Αυτή είναι η λύση.

Η Ρεβέκα Στορμ αναστέναξε, κοίταξε τον καλύτερό της φίλο σαν να είχε άμεση ανάγκη να τον εξετάσει κάποιος ψυχίατρος και κατόπιν πέταξε την εφημερίδα *Ίβνινγκ Στάνταρντ* που διάβαζε στον καναπέ.

Ο Μαρκ ήταν θαυμάσιο παλικάρι, ένας από τους καλύτερους. Η Ρεβέκα το 'ξερε, αν και θα το αρνιόταν αμέσως μόλις κάποιος τη ρώταγε. Όμως μερικές φορές ο φίλος της ήταν τόσο αφελής...

– Σύνελθε, Μαρκ του είπε. Δεν πιστεύω να παίρνεις στα σοβαρά όλα όσα διαβάζεις στις εφημερίδες.

– Φυσικά και όχι, της απάντησε ο Μαρκ και πήρε τη λονδρέζικη εφημερίδα στα χέρια του. Δεν μπορείς όμως ν' αρνηθείς πως κάτι πολύ παράξενο συμβαίνει στην ανατολική πλευρά του Λονδίνου.

—Συμφωνώ πως υπήρξαν μια σειρά επιθέσεις εναντίον αντρών και γυναικών στην περιοχή, είπε η Ρεβέκα και κοίταξε τους τίτλους της πρώτης σελίδας: *Το αιμοβόρο θηρίο της ανατολικής πλευράς χτυπά ξανά.*

Κάποιες από τις τοποθεσίες που αναφέρονταν στο άρθρο τής ήταν γνωστές, όπως Γουάιτσαπελ, Πόπλαρ, Στράτφορντ. Άλλες ούτε που τις είχε ακούσει, όπως Σάντγουελ, Πλέστοου και Νησί των Σκύλων.

—Όχι απλώς επιθέσεις, της υπενθύμισε ο Μαρκ με τον αέρα ειδικού σ' αυτά τα πράγματα. Τα θύματα βρέθηκαν αναίσθητα και δεν μπορούσαν να θυμηθούν τι τους είχε συμβεί. Όλα είχαν μικροσκοπικά σημάδια από τρυπήματα στους καρπούς ή στο λαιμό τους. Και κάποιος —ή κάτι— είχε ρουφήξει ένα τέταρτο περίπου του λίτρου από το αίμα τους. Θα μπορούσαν να είχαν πεθάνει, Ρεβέκα.

—Χάνοντας ένα τέταρτο του λίτρου αίμα; τον ρώτησε η Ρεβέκα. Αποκλείεται. Το ανθρώπινο σώμα έχει τέσσερα περίπου λίτρα αίμα. Εάν χάσεις ένα τέταρτο, το πολύ να νιώσεις κούραση και να μην καταφέρεις να πας για χορό στο αγαπημένο σου κλαμπ. Η υγεία σου, όμως, θα είναι σε θαυμάσια κατάσταση.

—Αφού το λες, είπε ο Μαρκ και άρχισε να ψάχνει στην εφημερίδα για φρικιαστικές μικρολεπτομέρειες.

Σύμφωνα με το άρθρο, παρόμοιες επιθέσεις είχαν γίνει και σε ζώα. Αρκετοί σκύλοι είχαν βρεθεί σφαγμένοι στην περιοχή όπου σημειώθηκαν τα κρούσματα. Σε μια φάρμα λίγο έξω από το Στέπνεϊ Γκριν, ένα αρνί είχε βρεθεί με κομμένο το λαιμό. Στις αποβάθρες της Αγίας Αικατερίνης είχαν επίσης βρει σφαγμένες μερικές πάπιες.

—Πάντως δεν είναι δική μας δουλειά, του είπε η Ρεβέκα, χωρίς να το πολυπιστεύει. Ύστερα πήρε το τηλεχειριστήριο και άνοιξε την τηλεόραση. Το κανάλι BBC2 είχε κάποιο επιστημονικό πρόγραμμα και δεν ήθελε να το χάσει.

— Παρ' όλ' αυτά έχει κάποια σχέση με τη μαμά σου, της είπε ο Μαρκ και η Ρεβέκα έκανε μια γκριμάτσα.

Προφανώς ο Μαρκ είχε θίξει το ευαίσθητο σημείο της. Όταν η μητέρα της Ρεβέκας, η Έμα Στορμ, είχε λάβει πρόσκληση για να παραβρεθεί σ' ένα επιστημονικό συνέδριο στο Ντόκλαντς του Λονδίνου, το θεώρησε ευκαιρία για να περάσει λίγο χρόνο μαζί με την κόρη της, μια και τον τελευταίο καιρό δεν μπορούσαν να βλέπονται συχνά: η Ρεβέκα ήταν όλο και πιο πολύ απασχολημένη με τις σπουδές της στο Ινστιτούτο και η μητέρα της ήταν πάντα χωμένη στο γραφείο της δουλεύοντας πάνω σε επιστημονικές εργασίες ή προετοιμάζοντας σημειώσεις για διαλέξεις που έδινε στο πανεπιστήμιο.

Όταν λοιπόν της πρόσφεραν την ευκαιρία να περάσει δύο εβδομάδες σε ένα ξενοδοχείο στην αριστοκρατική περιοχή Ντόκλαντς του Λονδίνου με όλα τα έξοδα πληρωμένα, πίστεψε πως ήταν η ιδανική ευκαιρία. Η Έμα έπρεπε να παρευρίσκεται στο συνέδριο μόνο λίγες ώρες κάθε μέρα κι έτσι τον υπόλοιπο χρόνο θα μπορούσε να τον περνάει με την κόρη της. Ήταν μοναδική ευκαιρία για να ξαναπλησιάσουν η μία την άλλη. Από τότε που πέθανε ο πατέρας της Ρεβέκας είχαν απομακρυνθεί κάπως μεταξύ τους. (Αν βεβαίως η Ρεβέκα έκανε ταυτόχρονα και τα χριστουγεννιάτικα ψώνια της σε μερικά από τα μαγαζιά των μεγάλων σχεδιαστών που βρίσκονταν στην περιοχή και τα οποία γνώριζε μόνο από περιοδικά, τότε θα ήταν ακόμα καλύτερα).

Όμως τα πράγματα άρχισαν να πηγαίνουν στραβά

από την πρώτη κιόλας στιγμή που προσγειώθηκαν στο αεροδρόμιο του Λονδίνου. Αμέσως μόλις βγήκαν στο δρόμο, είδαν ότι τις περίμενε όχι ο συνάδελφος της Έμα με το φτηνό και στραπατσαρισμένο αυτοκίνητό του, αλλά μια λιμουζίνα με οδηγό. Αμέσως μόλις τις είδε, ο οδηγός βγήκε από τη λιμουζίνα και κατευθύνθηκε προς το μέρος τους. Ήταν ντυμένος άψογα, υπερβολικά κομψά για την περίσταση, όπως σκέφτηκε η Ρεβέκα.

Συστήθηκε στη μητέρα της και στη Ρεβέκα ως Άνταμ Άντερς και έδειξε αμέσως στην Έμα, η οποία τον αντιμετώπισε με επιφύλαξη, την επίσημη ταυτότητά του. Την ώρα που η μητέρα της μελετούσε την ταυτότητα, η Ρεβέκα βρήκε την ευκαιρία να παρατηρήσει πιο προσεκτικά τον Άντερς. Ήταν γύρω στα τριάντα πέντε, με πυκνά, σκούρα, ξανθά μαλλιά που τρύπωναν μέσα στο κολάρο του άψογου κοστουμιού του. Ήταν πάρα πολύ γοητευτικός για τριαντάρης και η Ρεβέκα πρόσεξε πως το δέρμα του ήταν λείο και χωρίς ρυτίδες. Βάζω στοίχημα πως το φροντίζει ιδιαίτερα, σκέφτηκε.

– Όλα μοιάζουν εντάξει, κύριε Άντερς, του είπε η Έμα Στορμ και του έδωσε πίσω την ταυτότητα.

– Άνταμ, της είπε εκείνος με αφοπλιστικό χαμόγελο. Σας παρακαλώ να με λέτε Άνταμ.

Η προφορά του ήταν ελαφρά ξενική. Πολωνός; αναρωτήθηκε η Ρεβέκα. Ίσως Φιλανδός, όπως πρότεινε αργότερα ο Μαρκ. Ό,τι κι αν ήταν, κανείς δεν μπορούσε να πει με σιγουριά από ποια χώρα καταγόταν.

Ο Άνταμ στάθηκε στην άκρη για να περάσουν μέσα στη λιμουζίνα και τις οδήγησε στο Ντόκλαντς. Εκεί άλλη μια έκπληξη περίμενε τη Ρεβέκα και τη μητέρα της. Ενώ φαντάζονταν ότι το ξενοδοχείο που τους είχαν κλείσει θα ήταν ευχάριστο και καθαρό αλλά όχι ιδιαίτερα πολυτελές, βρέθηκαν στη σουίτα ενός υπερπολυτελούς ξενοδοχείου. Ο ίδιος ο Άντερς τους έδωσε τα κλειδιά της σουίτας στη ρεσεψιόν.

Η σουίτα έβλεπε σε μια ιδιωτική μαρίνα και από τη βεράντα της μπορούσε κανείς να θαυμάσει στο βάθος τον εντυπωσιακό πύργο του Κανάρι Γουάρφ, με το φάρο του που αναβόσβηνε ασταμάτητα φωτίζοντας το νυχτερινό ουρανό.

– Είναι το λιγότερο που μπορούμε να κάνουμε για σας, κυρία Στορμ, είπε ο Άντερς πριν τις αφήσει μόνες στη σουίτα. Ως αποζημίωση που αναστατώσαμε τα σχέδιά σας.

– Έλα τώρα, μαμά, είπε η Ρεβέκα αμέσως μόλις έφυγε ο Άντερς. Θα μου πεις τι συμβαίνει;

– Μια μικρή αλλαγή στα σχέδιά μας, αυτό είναι όλο, της απάντησε η Έμα και άνοιξε τη βαλίτσα της.

Όπως συνήθως, μέσα σ' αυτή υπήρχαν περισσότερα βιβλία και σημειωματάρια παρά ρούχα. Άρχισε να τα βγάζει έξω.

– Αλλαγή; έκανε η Ρεβέκα, της οποίας δεν της άρεσε και ιδιαίτερα η ιδέα. Τι είδους αλλαγή; Και ποιος ήταν αυτός ο άντρας;

– Ο Άνταμ Άντερς, από το Υπουργείο Άμυνας, της απάντησε η Έμα και μετά πρόσθεσε: Αυτό τουλάχιστον έλεγε η ταυτότητά του και δεν έχω κανένα λόγο να μην το πιστέψω.

– Υπουργείο Άμυνας; επανέλαβε η Ρεβέκα. Και τι δουλειά έχει το Υπουργείο Άμυνας με μας;

Μια ενοχλητική σκέψη τριβέλιζε το μυαλό της Ρεβέκας. Δεν είχε συναντήσει ξανά εκπρόσωπο υπουργείου, εκτός από μία και μοναδική φορά στο παρελθόν. Ήταν τότε στο χωριό Μπρέντμαουθ με την τρελή ροκ συναυλία των Ζαρατούστρα. Για να ακριβολογούμε, όμως, ο άντρας μάλλον παρίστανε τον εκπρόσωπο υπουργείου, γιατί όπως υποπτευόταν ο Μαρκ και η Ρεβέκα —χωρίς βεβαίως να μπορέσουν να το αποδείξουν— εργαζόταν για λογαριασμό μιας μυστηριώδους οργάνωσης με τον τίτλο «Το πρόγραμμα».

Η Έμα ανασήκωσε τους ώμους της. Και στην Αμερική, την πατρίδα της, η κυβέρνηση είχε ζητήσει μερικές φορές τις υπηρεσίες της πάνω σε επιστημονικά θέματα. Εκεί έμαθε πως ήταν καλύτερα να μην κάνει πολλές ερωτήσεις κανείς. Ο πρώην σύζυγός της και πατέρας της Ρεβέκας, ο Νάθαν Στορμ, είχε τη συνήθεια να κάνει περισσότερες ερωτήσεις απ' όσες έπρεπε. Εάν δεν είχε πεθάνει σ' εκείνο το παράξενο αυτοκινητικό δυστύχημα, σίγουρα θα του είχαν ζητήσει να παραιτηθεί από τη θέση του στο διαστημικό πρόγραμμα.

— Σημειώθηκαν κάποια δυσάρεστα γεγονότα στην ανατολική πλευρά του Λονδίνου, είπε η Έμα. Δε θα μας χαλάσουν όμως τα σχέδια. Ελπίζω να μη μας ενοχλήσουν και πολύ...

— Δυσάρεστα γεγονότα; Τι είδους δυσάρεστα γεγονότα; τη ρώτησε η Ρεβέκα.

— Θα μάθουμε αργότερα, της είπε η Έμα και άρχισε να της αφηγείται όλα όσα γνώριζε για τις μυστηριώδεις επιθέσεις που είχαν γίνει στην ανατολική πλευρά του Λονδίνου.

Η αλήθεια βεβαίως είναι ότι δε γνώριζε και πολλά.

— Μα εσύ είσαι επιστήμονας, μαμά, και όχι ο Σέρλοκ Χολμς, διαμαρτυρήθηκε η Ρεβέκα. Γιατί σου ζητούν να ερευνήσεις αυτές τις ληστείες;

— Δεν πρόκειται για ληστείες, τη διόρθωσε η Έμα. Κανένα από τα θύματα δε ληστεύτηκε.

— Γιατί σε θέλουν λοιπόν; επέμεινε η Ρεβέκα.

— Είμαι βιολόγος, υπενθύμισε η Έμα στην κόρη της. Και αιματολόγος επίσης.

— Είσαι λοιπόν ειδική στο αίμα. Και τι έγινε; τη ρώτησε η Ρεβέκα. Εξακολουθώ να μην καταλαβαίνω γιατί οι αστυνομικοί —συγγνώμη, το υπουργείο— χρειάζεται εσένα στην υπόθεση.

Όμως η Ρεβέκα δε θα το μάθαινε ποτέ με σιγουριά. Όταν είδε τη μητέρα της μετά τη δεύτερη συνάντησή της με το μυστηριώδη κύριο Άντερς, είχε μια αυστηρή έκφραση στο πρόσωπό της. Όπως είπε στην κόρη της, της είχαν ζητήσει να υπογράψει μια δήλωση ότι δε θα αποκάλυπτε πουθενά κρατικά μυστικά. Ο θυμωμένος τόνος της φωνής της πρόδιδε πως δεν της άρεσε και τόσο αυτή η παραχώρηση που έκανε.

Η Ρεβέκα δεν ένιωσε καμία έκπληξη. Θυμήθηκε ότι κι ο πατέρας της μισούσε ό,τι είχε σχέση με τη γραφειοκρατία.

Αυτό που εκνεύριζε την Έμα πάνω απ' όλα, ήταν πως τώρα θα έπρεπε ν' αφιερώνει όλες τις ώρες της στην αστυνομία και στο συνέδριο. Έτσι δε θα της έμενε ελάχιστος χρόνος για να βλέπει την κόρη της, αντίθετα με τα αρχικά τους σχέδια.

— Σίγουρα ήταν μεγάλη η απογοήτευση, είπε ο Μαρκ και έγειρε πίσω, στην αναπαυτική πολυθρόνα όπου καθόταν.

Είχε πάει να επισκεφτεί τη Ρεβέκα στη σουίτα όπου έμενε με τη μητέρα της. Το ντοκιμαντέρ που ήθελε να δει η Ρεβέκα στην τηλεόραση άρχιζε όπου να 'ναι. Επρόκειτο για μια έρευνα σε βάθος σχετικά με τους κανόνες ασφαλείας στα εργοστάσια παραγωγής ηλεκτρικής ενέργειας που χρησιμοποιούσαν πυρηνική ενέργεια. Τον τελευταίο καιρό διάφορες φήμες μιλούσαν για προβλήματα σε αρκετά εργοστάσια της χώρας, από το Ουίντερσινς μέχρι το Κέρνες.

– Δε σ' ακούω να διαμαρτύρεσαι, είπε η Ρεβέκα στον Μαρκ με ένα συνωμοτικό χαμόγελο.

– Λοιπόν, αυτός ο Άντερς μάλλον είναι ένας πολύ ευγενικός άνθρωπος, είπε ο Μαρκ κι άνοιξε ένα κουτάκι κόκα-κόλα. Εννοώ, δεν είναι και πολύ συνηθισμένο για εκπρόσωπο της κυβέρνησης να χαρίζει στη μαμά σου δωρεάν διακοπές στη μεγάλη πόλη για να μπορεί να σου κρατά συντροφιά, ενώ τελικά η ίδια λείπει αρκετές ώρες παίζοντας τον Σέρλοκ Χολμς!

– Μάλιστα, είπε απλώς η Ρεβέκα σκεφτική. Ο Άντερς τα είχε κανονίσει όλα, και μάλιστα με το παραπάνω.

– Πολύ θα 'θελα να τον συναντήσω, της είπε ο Μαρκ και ρούφηξε με θόρυβο το αναψυκτικό του. Κατά τη γνώμη μου είναι εντάξει τύπος, ακόμα και αν δουλεύει για την αστυνομία!

– Πώς ήξερε πως είσαι ο καλύτερός μου φίλος; Πώς ήξερε πως είμαστε συμμαθητές στο Ινστιτούτο; τον ρώτησε η Ρεβέκα. Εγώ ποτέ δεν του το είπα.

Στην τηλεόραση το ντοκιμαντέρ είχε αρχίσει κι ο παρουσιαστής μιλούσε για πιθανή διαρροή ραδιενέργειας στο εργοστάσιο του Ουίντερσινς, πριν από καναδυό μήνες, η οποία όμως τώρα είχε τεθεί κάτω από έλεγχο.

Ο Μαρκ σούφρωσε τα φρύδια του. Η αλήθεια είναι πως μέσα του μοιραζόταν τις επιφυλάξεις της Ρεβέκας σχετικά με τον κύριο Άντερς και το ρόλο του. Όμως, από την άλλη πλευρά, το να σου χαρίζει κάποιος ένα γάιδαρο κι εσύ να τον κοιτάς στα δόντια, ε, αυτό λέγεται αχαριστία, όπως είπε στη Ρεβέκα.

– Και γω που νόμιζα πως ήσουν από αυτούς που

πίσω από καθετί που συμβαίνει φαντάζονται συνωμοσίες της κυβέρνησης, τον πείραξε η Ρεβέκα. Σίγουρα έχεις αλλάξει τον τελευταίο καιρό!

Το ντοκιμαντέρ συνέχιζε στην τηλεόραση, κανείς όμως από τους δύο δεν το παρακολουθούσε. Πριν από μερικές εβδομάδες, όπως πληροφορούσε ο ρεπόρτερ τους τηλεθεατές, είχε κινδυνεύσει και το εργοστάσιο του Σέλαφιλντ, σύμφωνα με φήμες οι οποίες όμως δεν επιβεβαιώθηκαν. Επιπλέον, στο νότο, στο εργοστάσιο του Κέρνες, παρουσιάζονταν συνεχώς τον τελευταίο καιρό διακοπές στην παροχή ηλεκτρικής ενέργειας.

– Αυτοί που δεν κάνουν πολλές ερωτήσεις, Μπέκι..., άρχισε να της λέει ο Μαρκ.

– Ναι, ξέρω, δεν εισπράττουν και ψέματα, αποτελείωσε τη φράση γι' αυτόν η Ρεβέκα. Αυτό όμως που πραγματικά εννοείς είναι πως, αν κάποιος θέλει να σου κλείσει το στόμα, τότε σου προσφέρει δωρεάν ξεφάντωμα στο Λονδίνο με όλα τα έξοδα πληρωμένα.

– Κάτι τέτοιο, είπε ο Μαρκ κι έκανε μια γκριμάτσα. Δε νομίζεις πως είναι καλή ιδέα αύριο το πρωί, όταν θα 'ρθουν κι ο Τζόε με την Κολέτ, να πάμε σ' εκείνο το καταπληκτικό φαστφουντάδικο που μας είπαν; Βεβαίως εσύ θα μπορούσες να [illegible] κάτι για χορτοφάγους.

– Μα δε θα πάψεις ποτέ να σκέφτεσαι το στομάχι σου; τον ρώτησε αγανακτισμένη η Ρεβέκα.

– Όχι, της είπε ο Μαρκ κι έριξε το κεφάλι του προς τα πίσω για ν' απολαύσει και την τελευταία σταγόνα από την κόκα-κόλα του.

Ύστερα πέταξε το κουτάκι στο καλάθι δίπλα από την τηλεόραση και χασμουρήθηκε. Το ντοκιμαντέρ γινόταν όλο και πιο ανιαρό. Ο ρεπόρτερ της τηλεόρασης, σαράντα περίπου χρόνων, συζητούσε τώρα με έναν επιστήμονα της ίδιας ηλικίας για τις αλλαγές της ύλης που συμβαίνουν μέσα σ' έναν πυρηνικό αντιδραστήρα. Ο επιστήμονας χρησιμοποιούσε καθαρά τεχνικούς όρους κι ο καημένος ο ρεπόρτερ έμοιαζε να μην καταλαβαίνει τίποτα. Ο Μαρκ πήρε το τηλεχειριστήριο και άρχισε ν' αλλάζει κανάλια. Η Ρεβέκα τον κοίταξε εκνευρισμένη.

– Έι! Παρακολουθούσα το πρόγραμμα! του είπε.

– Μην το παίζεις τόσο σοβαρή, βρε Μπέκι, της είπε ο Μαρκ και πήρε την εφημερίδα *Ίβνινγκ Στάνταρντ* ξανά στα χέρια του. Μας φτάνει που βαριόμαστε μέχρι θανάτου κάθε μέρα στο Ινστιτούτο ακούγοντας διαλέξεις φυσικής! Είμαστε στο Λονδίνο! Εγώ θα 'λεγα να βγούμε και να διασκεδάσουμε λιγάκι!

Η Ρεβέκα έβαλε τα γέλια. Ήξερε πως ο Μαρκ είχε δίκιο. Κοίταξε το ρολόι της. Ήταν ακόμα νωρίς και η μαμά της δε θα γύριζε πριν περάσουν αρκετές ώρες.

– Τι λες, πάμε στη δυτική πλευρά; ρώτησε τον Μαρκ. Μπορεί να βρούμε φοιτητικά εισιτήρια για το θέατρο, ξέρεις, απ' αυτά που πουλιούνται την τελευταία στιγμή, ή να δούμε την πλατεία Πικαντίλι ή τη Βουλή ή και το ανάκτορο του Μπάκιγχαμ!

Ο Μαρκ κούνησε το κεφάλι του.

– Στη δυτική πλευρά; τη ρώτησε σαν να τη μάλωνε, ενώ τα μάτια του κοιτούσαν έξω από τη σουίτα, προς τον πύργο του Κανάρι Γουάρφ και το νοτιοανατολικό Λονδίνο. Μα η δυτική πλευρά της πόλης είναι για τους τουρίστες!

– Μα και μεις τουρίστες είμαστε, του είπε η Ρεβέκα.

Ο Μαρκ την κοίταξε περιφρονητικά.

– Θα πάμε στην ανατολική πλευρά! της είπε.

– Τς, τς, τς, έκανε η Ρεβέκα βαριεστημένα. Μη μου πεις ότι θα πάμε να εξιχνιάσουμε μυστήρια...

– Και βέβαια όχι, της απάντησε ο Μαρκ.

– Με εκπλήσσεις, του είπε η Ρεβέκα.

– Θα το κάνουμε κι αυτό, αλλά από αύριο, της είπε ο Μαρκ και της έδειξε μια σελίδα της εφημερίδας που κρατούσε.

Εκεί υπήρχε μια ολοσέλιδη διαφήμιση για κάποιο τσίρκο.

– Σήμερα, Ρεβέκα Στορμ, εσύ και εγώ θα πάμε στο τσίρκο! της ανακοίνωσε θριαμβευτικά.

Τσίρκο Κάλγκαρι, Πάρκο Βικτόρια, Λονδίνο
Πέμπτη, 10 Δεκεμβρίου, ώρα 19.13

Τσίρκο σαν το Κάλγκαρι ο Μαρκ και η Ρεβέκα δεν είχαν ξαναδεί ποτέ. Το ίδιο πίστευαν και οι περισσότεροι κάτοικοι του Λονδίνου. Άνθρωποι όλων των ηλικιών έβγαιναν μπουλούκια από τον υπόγειο σταθμό του μετρό και κατευθύνονταν, περπατώντας γι' αρκετή ώρα στον ανηφορικό δρόμο, προς το πάρκο του ανατολικού Λονδίνου όπου είχε κατασκηνώσει το τσίρκο και το μεγάλο λούνα-παρκ

Κάποια κομμάτια του τσίρκου θύμιζαν στη Ρεβέκα τα χριστουγεννιάτικα λούνα-παρκ που είχε επισκεφτεί στη Γερμανία, όταν η μητέρα της και ο πατέρας της εργάζονταν εκεί για τον αμερικανικό στρατό. Παντού υπήρχαν μικροσκοπικοί πάγκοι, κακόγουστοι, όπου πουλιόνταν όλων των ειδών οι λιχουδιές: από ζαχαρωμένα μήλα, ζεστά κάστανα και καραμελωμένους ξηρούς καρπούς, μέχρι μαλλί της γριάς και ψητές πατάτες. Ακόμη, μάγισσες που 'λεγαν την τύχη, με κάτι τεράστια σκουλαρίκια-κρίκους στ' αφτιά και τουρμπάνια στο κεφάλι, που παρότρυναν τους ανθρώπους να τους ασημώσουν τις παλάμες τους με κέρματα ή ακόμα καλύτερα με χαρτονομίσματα των πέντε λιρών. Επίσης ακροβάτες και ζογκλέρ ντυμένοι με ελαστικά κορμάκια, που κινούνταν ανάμεσα στο πλήθος επάνω σε ρόδες. Τέλος, ταχυδακτυλουργοί που κατάπιναν φλόγες και σπαθιά.

– Ξέρεις κάτι, Μπέκι; της είπε ο Μαρκ καθώς χάζευαν έκπληκτοι κάποιο κουκλοθέατρο μαζί με καμιά εικοσαριά ακόμα άτομα. Αυτό το τσίρκο δεν είναι απλώς παραδοσιακό και ξεπερασμένο. Είναι αρχαίο! Σε σχέση με τη Γιουροντίσνεϊ, είναι προϊστορικό. Μα σε ποιον αιώνα ζουν οι ιδιοκτήτες του;

– Εμένα μου φαίνεται χαριτωμένο, του είπε η Ρεβέκα και χειροκρότησε πρόθυμα μαζί με τους υπόλοιπους θεατές.

–Χαριτωμένο; έκανε απορημένος ο Μαρκ.

– Ναι, είναι γοητευτικό. Μοιάζει με τα τσίρκα όπου με πήγαιναν κάποτε η μαμά και ο μπαμπάς, πριν εμφανιστούν τα βιντεοπαιχνίδια κι όλα τα συναφή, είπε η Ρεβέκα και προχώρησε προς τον πάγκο με τις λιχουδιές, όπου αγόρασε ένα ζαχαρωμένο μήλο.

Ο Μαρκ σχολίασε πως φαινόταν απαίσιο, γιατί είχε τόση ζάχαρη επάνω, που σίγουρα η Μπέκι θα κατέστρεφε τα δόντια της. Παρ' όλα αυτά, έκοψε μια δαγκωνιά.

– Χαριτωμένο, ε; την ξαναρώτησε ο Μαρκ, ο οποίος δεν πίστευε στ' αφτιά του.

– Μα δεν είναι όλα παραδοσιακά, του είπε η Ρεβέκα και του έδειξε ένα χώρο του λούνα-παρκ ο οποίος ήταν περιφραγμένος για να ξεχωρίζει.

Μέσα στον περιφραγμένο αυτό χώρο υπήρχε... και τι δεν υπήρχε! Μια μηχανή που έκανε το γύρο του θανάτου (η Ρεβέκα είπε στον Μαρκ πως δε θα δοκίμαζε ακόμα κι αν την πλήρωναν), ένα παιχνίδι εικονικής πραγματικότητας που υποτίθεται πως αναπαρίστανε την τελευταία περιπέτεια επιστημονικής φαντασίας που έσπαγε ταμεία στους κινηματογράφους του Λονδίνου, κι ένα σωρό τρενάκια, όπως το τρένο του τρόμου, το τρένο του διαβόλου και το τρένο των φαντασμάτων. Όλα υπόσχονταν μοναδικές εμπειρίες, τις οποίες μάλιστα διαφήμιζαν με τις πινακίδες τους από φως νέον, που αναβόσβηναν ασταμάτητα. Έξω από τον περιφραγμένο χώρο υπήρχε ένα μικρό κουβούκλιο απ' όπου αγόραζε ο κόσμος μάρκες. Ο Μαρκ παρότρυνε τη Ρεβέκα να δοκιμάσουν κάτι απ' όλα αυτά. Μάλιστα την πήρε από το χέρι και πήγαν και στάθηκαν στην ουρά μπροστά από το κουβούκλιο όπου πουλούσαν τις μάρκες.

Πίσω από το κουβούκλιο στεκόταν ένας άντρας που φορούσε μάσκα και κοστούμι κλόουν. Μόλις ο Μαρκ του έδωσε ένα χαρτονόμισμα των δέκα λιρών για ν' αγοράσει πέντε μάρκες, ο κλόουν τους χάρισε το πιο πρόσχαρο χαμόγελό του και τους έκλεισε πονηρά ένα από τα πράσινα μάτια του. Ο Μαρκ του έκλεισε κι αυτός το μάτι. Μερικές φορές του άρεσε να παριστάνει τον άνετο και κοσμογυρισμένο τύπο, όπως είχε δει να κάνουν οι τελειόφοιτοι μαθητές του Ινστιτούτου. Άλλες, πάλι, φορές του άρεσε να συμπεριφέρεται όπως ένα μικρό παιδί που το μόνο που ζητάει είναι να το αφήσουν να παίξει με όλα τα παιχνίδια. Απόψε ήταν μία από τις φορές που ήθελε να νιώσει παιδί και πάλι, κι όχι έφηβος όπως πραγματικά ήταν.

Η Ρεβέκα, από την άλλη πλευρά, ένιωσε ένα ρίγος την ώρα που ο κλόουν έπαιρνε τα λεφτά κι έδινε στον Μαρκ τις μάρκες και τα ρέστα. Για κάποιον ανεξήγητο λόγο, οι κλόουν τη φόβιζαν πάντα. Ίσως να ήταν το ότι δεν ήξερες τι πραγματικά κρυβόταν πίσω από το βαμμένο πρόσωπό τους κι αν το ζωγραφισμένο χαμόγελό τους ήταν αληθινό ή όχι.

— Μπέκι, είσαι καλά; τη ρώτησε ο Μαρκ καθώς έπαιρνε τα ρέστα από τον κλόουν.

— Μήπως η μικρή κυρία κρυώνει; ρώτησε ο κλόουν.

Πώς στο καλό όμως να κρύωνε μέσα στο μακρύ, μάλλινο παλτό της, παρόλο που πριν από λίγο είχε αρχίσει να πέφτει χιόνι; Ύστερα ο κλόουν χαμογέλασε στη Ρεβέκα κι εκείνη παρατήρησε πως το πάνω χείλος του ήταν χωρισμένο στα δύο, σαν του λαγού, κάτι που ούτε τα φτιασίδια που είχε βάλει στο πρόσωπό του μπορούσαν να κρύψουν.

— Όχι, είμαι πολύ καλά, ευχαριστώ, του απάντησε ψυχρά η Ρεβέκα και του έριξε μια θυμωμένη ματιά.

Πώς τολμούσε να την αποκαλεί «μικρή κυρία»; σκέφτηκε.

Ο Μαρκ έβαλε τα ρέστα στην κωλότσεπη του τζιν του και τους κοίταξε.

— Μάλλον φοβάται, είπε στον κλόουν κι έβαλε τα γέλια μόλις η Ρεβέκα τον κοίταξε με μάτια που έβγαζαν φλόγες. Τι να κάνουμε, δεν παύει να είναι ένα κοριτσάκι!

Η Ρεβέκα μισόκλεισε τα μάτια και κοίταξε τον Μαρκ κατάματα.

— Να το θυμάσαι αυτό, Μαρκ Πράις, του είπε και τον τσίμπησε δυνατά στο μπράτσο. Θα σου δείξω εγώ πόσο κοριτσάκι είμαι!

— Βάζω στοίχημα πως δεν πρόκειται ν' ανέβεις μαζί μου στο τρένο του τρόμου, της είπε ο Μαρκ και της έδειξε ένα φανταχτερό τρενάκι με βαγόνια που περίμενε να γεμίσει κόσμο για να ξεκινήσει τον επόμενο γύρο του.

– Και βέβαια θ' ανέβω, του είπε αποφασιστικά η Ρεβέκα. Σιγά μην τρομάξω με κάτι τέτοιο. Μην ξεχνάς πως είμαι μαθήτρια του Ινστιτούτου!

Ο κλόουν έγειρε μπροστά και κοίταξε περίεργα τη Ρεβέκα και τον Μαρκ.

– Μαθητές του Ινστιτούτου; τους ρώτησε.

– Έτσι λένε το σχολείο μας, είπε ο Μαρκ. Είναι το Ινστιτούτο Μπρέντμαουθ για παιδιά με ιδιαίτερη ευφυΐα. Ίσως να μην το 'χετε ακουστά. Δεν είναι και τίποτα το σπουδαίο.

– Κάνεις λάθος. Έχω ακούσει για το Ινστιτούτο, είπε ο κλόουν και έδειχνε σκεφτικός. Δε συμφωνώ μαζί σου. Είναι κάτι το εξαιρετικό...

Ο Μαρκ και η Ρεβέκα κοιτάχτηκαν έκπληκτοι. Εντάξει, ήταν γνωστό πως το Ινστιτούτο ήταν φημισμένο παγκοσμίως, αλλά να το γνωρίζει κι ένας κλόουν από ένα περιοδεύον τσίρκο, ε, αυτό πια... Παρ' όλ' αυτά ο κλόουν συνέχισε:

– Και απ' ό,τι έχω ακούσει, μόνο τα πιο έξυπνα παιδιά πηγαίνουν εκεί...

– Ναι, μερικές φορές όμως όλο και τους ξεφεύγει και δέχονται και κάποιο χαζό, είπε η Ρεβέκα κι έκλεισε το μάτι στον Μαρκ, σαν να του 'λεγε «Σου την έφερα». Δεν έχω δίκιο, Μαρκ;

Ο Μαρκ δεν «τσίμπησε».

– Λοιπόν, θα 'ρθεις ή όχι; ρώτησε μουτρωμένος τη Ρεβέκα.

Εκείνη γέλασε και τον ακολούθησε. Ο κλόουν τούς παρατηρούσε καθώς απομακρύνονταν. Μόλις ο Μαρκ και η Ρεβέκα χάθηκαν μέσα στον κόσμο, έβγαλε ένα κινητό τηλέφωνο από την τσέπη της στολής του και πληκτρολόγησε έναν αριθμό, αδιαφορώντας για τον κόσμο που περίμενε στην ουρά για ν' αγοράσει μάρκες.

– Μπέλα εδώ, είπε ο κλόουν στο κινητό. Δυο παιδιά. Δε μ' αρέσει η φάτσα τους. Το κορίτσι έχει μακριά κόκκινα μαλλιά και πράσινο μάλλινο παλτό. Το αγόρι, ανοιχτόξανθα μαλλιά, σκουλαρίκι και δερμάτινο μπουφάν. Είπαν πως είναι από το Ινστιτούτο.

Φαίνεται πως ο συνομιλητής του Μπέλα στο κινητό τηλέφωνο του έκανε κάποιες ερωτήσεις. Εντωμεταξύ αυτός που ήταν πρώτος στην ουρά μπροστά από το κουβούκλιο άρχισε να χάνει την υπομονή του και να χτυπά νευρικά τα δάχτυλά του πάνω στο ταμείο.

– Και πώς θες να το ξέρω; φώναξε ο Μπέλα στο κινητό τηλέφωνο. Μα παραείναι μεγάλη σύμπτωση, δε νομίζεις; Και μάλιστα τώρα. Για πες μου, τι πρέπει να κάνω τώρα;

Ο συνομιλητής του προφανώς κάτι του απάντησε, γιατί αμέσως στα χείλη του Μπέλα σχηματίστηκε ένα σαρδόνιο χαμόγελο.

– Ευχαρίστησή μου, απάντησε ο Μπέλα και έκλεισε το κινητό τηλέφωνο.

Μετά γύρισε προς τον άντρα που χτυπούσε νευρικά τα δάχτυλά του στο ταμείο και του ανακοίνωσε ξερά πως έκλεινε και πως, αν ήθελε να προμηθευτεί μάρκες, να πήγαινε σ' ένα άλλο ταμείο.

Ο κλόουν Μπέλα είχε πιο σημαντική δουλειά να κάνει.

Τσίρκο Κάλγκαρι, Πάρκο Βικτόρια, Λονδίνο
Πέμπτη, 10 Δεκεμβρίου, ώρα 20.32

– Δε μ' αρέσει, Μπέκι, της είπε ο Μαρκ όταν το φανταχτερό τρενάκι τούς είχε ήδη κάνει κάμποσες βόλτες με απίθανη ταχύτητα και απίθανες κλίσεις και ξαναγύριζε στην αφετηρία του.

– Δε μ' εκπλήσσει καθόλου, του είπε η Ρεβέκα, η οποία έμοιαζε υπερβολικά ήρεμη, ενώ ο Μαρκ είχε γίνει άσπρος από το φόβο του. Φοβήθηκες, ε;

– Φυσικά και δε φοβήθηκα, της είπε ο Μαρκ και προσπάθησε γρήγορα ν' αλλάξει θέμα. Όταν βρισκόμαστε στην κορυφή, έριξα μια ματιά σ' ολόκληρο το λούνα-παρκ.

– Με εκπλήσσεις, του είπε εκείνη καθώς άνοιγε δρόμο ανάμεσα στον κόσμο προς το ταμείο όπου πουλούσαν μάρκες για το παιχνίδι εικονικής πραγματικότητας που αναπαρίστανε την τελευταία ταινία επιστημονικής φαντασίας.

Η ιδέα ενός αγώνα μπροστά στο βίντεο με αντίπαλο τον Μαρκ, της φαινόταν ιδιαίτερα ελκυστική. Τώρα θα του έδειχνε πόσο κοριτσάκι ήταν πραγματικά!

– Μα εσύ, αγόρι μου, την πιο πολλή ώρα έκλεινες τα μάτια με τα χέρια σου! του είπε.

– Θ' αλλάξουμε θέμα; τη ρώτησε ο Μαρκ.

– Συγγνώμη, του είπε η Ρεβέκα, η οποία κατάλαβε πως το 'χε παρακάνει με τα πειράγματά της. Εντάξει. Τι ήταν αυτό που είδες;

– Ζώα σε κλούβες, της απάντησε ο Μαρκ, εκεί όπου τελειώνει το λούνα-παρκ.

– Μάλλον θα τα χρησιμοποιούν για τα νούμερα του τσίρκου, είπε η Ρεβέκα και έκανε μια γκριμάτσα. Δεν είναι αηδιαστικό; Νόμιζα ότι είχαν σταματήσει να χρησιμοποιούν ζώα στα τσίρκα εδώ και χρόνια. Μα δεν υπάρχει νόμος που να τα προστατεύει από την κακομεταχείριση;

– Αν υπάρχει, τότε αυτοί οι ιδιοκτήτες τον παραβιάζουν, της είπε ο Μαρκ καθώς περνούσαν μπροστά από μια καμπίνα ζωγραφισμένη με έντονα χρώματα, η οποία είχε κρεμασμένο μπροστά ένα πανό που έγραφε:

Μέντιουμ Σοσόστρις
Οραματίστρια του υπερφυσικού
Συμβουλευτείτε τη
Ανακαλύψτε τι λένε τ' αστέρια για τη μοίρα σας

Μόλις πέρασαν μπροστά από την καμπίνα, μια μεσήλικη γυναίκα βγήκε έξω από αυτή. Ήταν ντυμένη με ρούχα τσιγγάνικα: φαρδιά λευκή μπλούζα, μακριά βελούδινη φούστα και ολοκέντητο γιλέκο. Στ' αφτιά της φορούσε ένα σωρό σκουλαρίκια και στα χέρια της κουδούνιζαν αμέτρητα βραχιόλια. Τα μαλλιά της, που τα είχε λυτά κι έφταναν σχεδόν μέχρι τη μέση της, είχαν αρχίσει να γκριζάρουν. Κάτω από τα μάτια της, που έλαμπαν σαν διαμάντια, υπήρχαν μαύροι κύκλοι.

Παρακολούθησε τον Μαρκ και τη Ρεβέκα να χάνονται μέσα στο πλήθος. Ύστερα έβγαλε ένα κινητό τηλέφωνο από τη βελούδινη φούστα της και σχημάτισε έναν αριθμό. Ήδη λοιπόν κάποιοι παρακολουθούσαν όλες τις κινήσεις του Μαρκ και της Ρεβέκας μέσα στο τσίρκο, χωρίς βεβαίως οι ίδιοι να το γνωρίζουν.

– Οι ιδιοκτήτες του τσίρκου μάλλον δεν είναι Άγγλοι, είπε η Ρεβέκα στον Μαρκ καθώς συνειδητοποίησε πως ο Μαρκ δεν την οδηγούσε προς τις καμπίνες με τα παιχνίδια εικονικής πραγματικότητας, αλλά προς τις κλούβες που είχε δει. Από την προφορά κάποιων υπαλλήλων κατάλαβα πως πρέπει να είναι από την Ανατολική Ευρώπη.

– Συγγνώμη, είπε ο Μαρκ. Και αυτό σημαίνει πως έχουν δικαίωμα να κρατούν ζώα σκλαβωμένα μέσα σε κλούβες;

— Δεν είπα κάτι τέτοιο, του απάντησε εκείνη, αλλά ίσως στην πατρίδα τους να έχουν διαφορετικούς νόμους για τη μεταχείριση των ζώων. Αυτό που εννοώ είναι ότι μπορεί να 'ναι φτωχοί και ο μόνος τρόπος για να προσελκύσουν κόσμο στο τσίρκο να 'ναι τα ζώα.

— Ρεβέκα, ή άρχισες να το χάνεις ή δεν ξέρεις τι λες! της είπε ο Μαρκ.

— Δε μ' αρέσει να βλέπω παντού κακή προαίρεση, τουλάχιστον μέχρι να γνωρίσω τους ανθρώπους καλύτερα, του είπε η Ρεβέκα.

— Αποκλείεται οι ιδιοκτήτες του τσίρκου να 'ναι φτωχοί, της είπε ο Μαρκ και συνέχισε να περπατάει.

Ο κόσμος σ' αυτό το χώρο του τσίρκου ήταν αραιός. Οι πάγκοι επίσης. Αριστερά και δεξιά υπήρχαν παρκαρισμένα τροχόσπιτα και φορτηγάκια. Από κάπου μακριά ακουγόταν ο θλιβερός βρυχηθμός των φυλακισμένων ζώων.

— Πρόσεξες τον εξοπλισμό του λούνα-παρκ; ρώτησε ο Μαρκ τη Ρεβέκα. Έχουν πανάκριβα πράγματα.

Η Ρεβέκα έπρεπε να παραδεχτεί πως ο Μαρκ είχε δίκιο. Αν εξαιρέσει κανείς όσα δημιουργούσαν μια πρώτη εντύπωση, όπως οι παραδοσιακές χαρτορίχτρες που λένε τη μοίρα, το μαλλί της γριάς, τα παιχνίδια της σκοποβολής ή του ψαρέματος και οι ακροβάτες, υπήρχαν κάποια παιχνίδια που ήταν πανάκριβα και που θα τα ζήλευε ακόμα και η Ντίσνεϊλαντ. Αυτό το περίεργο μίγμα του παλιού και του μοντέρνου ήταν παράξενο, σκέφτηκε η Ρεβέκα.

— Ποιο είναι λοιπόν το μεγάλο σου σχέδιο; ρώτησε τον Μαρκ, αφού πέρασαν μια σειρά παρκαρισμένων τροχόσπιτων.

Όμως ούτε η Ρεβέκα ούτε ο Μαρκ πρόσεξαν την πόρτα κάποιου τροχόσπιτου που μισάνοιξε ξαφνικά, ούτε τον άντρα που βγήκε από αυτή και άρχισε να τους παρακολουθεί με τα μάτια. Ήταν κοντά στα τριάντα, τα μαλλιά του ήταν σκούρα και κοντοκουρεμένα και φορούσε ένα μαύρο δερμάτινο μπουφάν σαν αυτά που φορούν οι αεροπόροι.

– Μεγάλο σχέδιο; τη ρώτησε ο Μαρκ και χαμογέλασε, γιατί η έκφραση «μεγάλο σχέδιο» παραήταν βαρύγδουπη γι' αυτό που είχε στο μυαλό του.

– Θα το παίξεις μεγάλος ήρωας και θα ελευθερώσεις όλα τα ζώα; συνέχισε η Ρεβέκα.

– Όχι, της απάντησε ο Μαρκ. Αυτό όμως που μπορώ να κάνω, είναι να ελέγξω και να σιγουρευτώ πως τα φροντίζουν σωστά.

– Και αν όχι; τον ρώτησε η Ρεβέκα.

– Τότε θα έρθω σε επαφή με την Εταιρεία Προστασίας των Ζώων, της απάντησε εκείνος.

– Σ' αυτό μάλιστα, συμφωνώ και εγώ μαζί σου, του είπε η Ρεβέκα.

Είχαν ήδη φτάσει στις κλούβες με τα ζώα. Οι περισσότερες ήταν φορτωμένες πάνω σε ρυμουλκούμενα και, απ' ό,τι φαίνεται, εκεί ζούσαν τα ζώα όταν δεν εκτελούσαν νούμερα.

Μερικοί από τους ανθρώπους του τσίρκου τριγύριζαν εκεί και κατευθύνονταν όλοι μαζί προς τα κάπου. Κανείς δεν έδειχνε να προσέχει τον Μαρκ και τη Ρεβέκα. Αντιθέτως η Ρεβέκα τους παρατηρούσε.

Ήταν όλοι φοβερά άσχημοι και κανένας δεν είχε αναπτυγμένα τα πάνω μέλη του σώματός του.

Στο μυαλό της Ρεβέκας ήρθαν οι φωτογραφίες κάποιων παιδιών από τη Ρωσία που είχε δει ύστερα από το ατύχημα στο πυρηνικό εργοστάσιο του Τσέρνομπιλ το 1986, ένα από τα χειρότερα ατυχήματα στην ιστορία της πυρηνικής ενέργειας. Αυτά τα παιδιά είχαν όλα γεννηθεί μετά το πυρηνικό ατύχημα και είχαν υποστεί τις συνέπειες της διαρροής ραδιενέργειας ενώ βρίσκονταν ακόμη μέσα στην κοιλιά της μάνας τους, έμβρυα στους πρώτους μήνες της εγκυμοσύνης.

Λίγο μακρύτερα ένα ζευγάρι σκελετωμένα, φαλακρά άτομα με μεγάλα μάτια και μια απλοϊκή, παιδική έκφραση στο πρόσωπο, διόρθωναν ο ένας τα ρούχα του άλλου και χτένιζαν και περιποιούνταν ο ένας τον άλλο σαν ζευγάρι χιμπατζήδων. Έμοιαζαν τόσο πολύ, που η Ρεβέκα μάντεψε αμέσως πως ήταν δίδυμοι, παρόλο που δεν ήταν σίγουρη αν ήταν άντρες ή γυναίκες. Οι καφέ ρόμπες που φορούσαν δε βοηθούσαν να καταλάβει κανείς το φύλο τους. Είδαν τον Μαρκ και τη Ρεβέκα και τους χαμογέλασαν.

Λίγο πιο πέρα ένας φοβερά χοντρός άντρας, ντυμένος με μια βελούδινη ρόμπα, παρατηρούσε τους δύο διδύμους και κάπνιζε μια μακριά πίπα. Την πίπα την κρατούσε με το ένα χέρι, όπου η Ρεβέκα μπόρεσε στα γρήγορα να μετρήσει έξι δάχτυλα αντί για πέντε. Ο άντρας αυτός είχε μακριά και πυκνά μαλλιά, ενώ στο πρόσωπό του φύτρωναν σκληρά και άγρια γένια. Μόνο όταν η Ρεβέκα κοίταξε πιο προσεκτικά, κατάλαβε πως «αυτός» ήταν στην πραγματικότητα «αυτή».

– Να και η γυναίκα με τα γένια, είπε στον Μαρκ καθώς πλησίαζαν τα κλουβιά με τα ζώα. Δεν πίστευα πως υπάρχουν τέτοια πλάσματα στην πραγματικότητα.

– Μάλλον το τσίρκο έχει παράσταση με αλλόκοτα πλάσματα, της είπε ο Μαρκ, ο οποίος συνήθως αποστρεφόταν τέτοιου είδους θεάματα.

Ύστερα προχώρησε προς το πιο κοντινό κλουβί. Μέσα υπήρχε ένα λιοντάρι που περπατούσε πάνω-κάτω. Μόλις τους είδε, γύμνωσε τα δόντια του και βρυχήθηκε.

– Μου φαίνεται μια χαρά, είπε η Ρεβέκα στον Μαρκ.

Παρόλο που μισούσε να βλέπει τα άγρια ζώα φυλακισμένα σε κλουβί, αυτό εδώ φαινόταν να το φροντίζουν καλά, γιατί δεν ήταν σκελετωμένο. Επιπλέον σε μια άκρη του κλουβιού του υπήρχε ένα μεγάλο μπολ με νερό και ένα γύρω αρκετά κομμάτια κρέας, καθώς κι ένα στρώμα από άχυρα.

— Πρόσεξες τίποτα παράξενο; τη ρώτησε ο Μαρκ.

Η Ρεβέκα κοίταξε πιο προσεκτικά το λιοντάρι.

— Αχ, το καημένο, δεν έχει ουρά, είπε. Ίσως να την έχασε σε κάποιο καβγά.

— Μα δε φαίνεται να έχει κάποιο σημάδι, είπε ο Μαρκ. Δεν εννοούσα όμως αυτό... Κοίταξε τα πέλματά του.

Η Ρεβέκα ακολούθησε το βλέμμα του Μαρκ και κατόπιν στράφηκε έκπληκτη προς αυτόν.

— Έχει μόνο τρία δάχτυλα σε κάθε πέλμα, είπε. Θα 'πρεπε να 'χει πέντε.

— Ακριβώς, της είπε ο Μαρκ, όπως και η γυναίκα με τα γένια, θα έπρεπε να έχει πέντε δάχτυλα αντί για έξι.

Ύστερα προχώρησαν στο επόμενο κλουβί. Στην αρχή η Ρεβέκα νόμιζε πως το ζώο που ήταν κλεισμένο εκεί μέσα ήταν πολική αρκούδα. Μετά κατάλαβε το λάθος της, αλλά το λάθος αυτό την έκανε να ανατριχιάσει ολόκληρη.

— Μια λευκή τίγρη; ρώτησε με δυσπιστία τον Μαρκ, καθώς αναγνώρισε το ζώο μέσα στο κλουβί. Αυτό είναι αδύνατον!

— Καθόλου αδύνατον, της είπε ο Μαρκ, του οποίου ένα από τα αγαπημένα μαθήματα στο Ινστιτούτο ήταν η βιολογία. Απλώς πολύ πολύ σπάνιο και σίγουρα όχι ότι θα περίμενε να δει κανείς ένα τόσο σπάνιο ζώο σε τσίρκο. Ξέρεις, Μπέκι, αυτά τα ζώα αξίζουν πολλά εκατομμύρια.

— Κάτι δεν πάει καλά... Εννοώ πως κάτι είναι διαφορετικό με όλα αυτά τα ζώα, είπε η Ρεβέκα καθώς άρχισαν να περπατάνε πιο γρήγορα μπροστά από τα διάφορα κλουβιά, παραξενεμένοι απ' όλα αυτά που έβλεπαν.

Σ' ένα κλουβί είδαν ένα λύκο με τρία αφτιά, δύο από τη μια μεριά του κεφαλιού και ένα από την άλλη. Σε άλλο κλουβί ένα γάιδαρο με τρία πόδια και με κάτι που έμοιαζε με αρχή μιας δεύτερης ουράς. Στο επόμενο κλουβί ένα γορίλα που έμοιαζε περισσότερο με άνθρωπο παρά με πίθηκο και που την περισσότερη ώρα περπατούσε μέσα στο κλουβί του σε όρθια στάση, σαν άνθρωπος.

— Δε μου λέτε, παιδιά, τι κάνετε εδώ; ακούστηκε μια φωνή.

Ο Μαρκ και η Ρεβέκα γύρισαν για να δουν ποιος είχε μιλήσει. Αντίκρισαν έναν άντρα να τους κοιτάει αγριωπά από τα σκαλοπάτια ενός τροχόσπιτου.

Η Ρεβέκα πισωπάτησε, γιατί ένιωσε τον κίνδυνο. Και δεν ήταν μόνο το αγριωπό βλέμμα του άντρα ούτε και η ουλή που χάραζε το δεξιό μέρος του προσώπου του ούτε και τα χέρια του, που ήταν γεμάτα ψώρα. Ήταν κυρίως ο τρόπος που είχε μιλήσει, που έμοιαζε περισσότερο με γρύλισμα παρά με ανθρώπινη φωνή.

— Απλώς κοιτούσαμε τα ζώα, του είπε η Ρεβέκα. Δεν κάναμε τίποτα.

Ο άντρας έκανε ένα βήμα προς το μέρος τους.

— Γιατί; τη ρώτησε και η προφορά του ακουγόταν ξενική.

— Και σένα τι σε νοιάζει; τον ρώτησε ο Μαρκ προκλητικά, ενώ πρόσεξε πως όλοι οι άλλοι άνθρωποι του τσίρκου που περιφέρονταν εκεί γύρω είχαν εξαφανιστεί, ως διά μαγείας. Καταλαβαίνεις πως μπορείτε να βρείτε τον μπελά σας έτσι που κρατάτε τα ζώα κλεισμένα μέσα σε κλουβιά; συνέχισε ο Μαρκ.

– Τι είδατε; τον ρώτησε ο άντρας με απειλητικό ύφος. Τι ξέρετε;

Ο Μαρκ σούφρωσε τα φρύδια του. Μέσα του αναρωτιόταν τι ακριβώς εννοούσε ο άντρας. Παρ' όλ' αυτά αποφάσισε να περάσει στην αντεπίθεση, γιατί τη θεώρησε την καλύτερη άμυνα για την περίπτωση που αντιμετώπιζαν.

– Αρκετά, είπε στον άντρα και τον κοίταξε με αναίδεια. Και όταν γυρίσουμε στο σπίτι θα...

Ο άντρας γέλασε.

– Πολύ φοβάμαι πως κανένας από τους δυο σας δε θα γυρίσει στο σπίτι ή στο Ινστιτούτο, είπε.

– Το Ινστιτούτο; Πώς ξέρεις ότι είμαστε από το..., άρχισε να λέει η Ρεβέκα, αλλά δεν ολοκλήρωσε την ερώτησή της, γιατί ο άντρας έβαλε αργά το χέρι του στην τσέπη του μπουφάν του κι έβγαλε έξω ένα περίστροφο!

– Έχετε δει περισσότερα απ' όσα έπρεπε, τους είπε και τους σημάδεψε με το περίστροφο.

Ένα φάντασμα στην ομίχλη

Τσίρκο Κάλγκαρι, Πάρκο Βικτόρια, Λονδίνο
Πέμπτη, 10 Δεκεμβρίου, ώρα 20.54

– Αλεξέι, τι κάνεις εκεί; ακούστηκε μια φωνή.

Ο άντρας έβαλε γρήγορα το περίστροφο μέσα στην τσέπη του μπουφάν του και έκανε επιτόπου στροφή, όταν άκουσε τη φωνή με την έντονη προφορά της Αυστραλίας.

Ένα νεαρό αγόρι και ένα κορίτσι, ίσως καναδυό χρόνια μεγαλύτερα από τον Μαρκ και τη Ρεβέκα, τον κοίταζαν. Ήταν και οι δυο πάνω σε μια μοτοσικλέτα. Το αγόρι ήταν αυτό που είχε μιλήσει.

– Τι θέλεις; ρώτησε ο Αλεξέι φανερά εκνευρισμένος το αγόρι.

Η Ρεβέκα ακούμπησε την πλάτη της στο κλουβί του γορίλα, ενώ η καρδιά της κόντευε να σπάσει και τα πόδια της έτρεμαν. Ύστερα κοίταξε τον Μαρκ. Ήταν κάτι παραπάνω από χλομός και προσπαθούσε να πάρει βαθιές ανάσες. Προφανώς είχε τρομάξει πάρα πολύ. Αν δεν έρχονταν το αγόρι και η κοπέλα, ο Αλεξέι μπορεί και να είχε πατήσει τη σκανδάλη...

– Εγώ τίποτα. Η Ελένα σε ζητά, είπε το αγόρι στον Αλεξέι. Θέλει να σε δει αμέσως στην καμπίνα της χαρτορίχτρας.

Στο άκουσμα του ονόματος της γυναίκας, ο Αλεξέι σαν να ηρέμησε. Παρ' όλ' αυτά έριξε ένα βλοσυρό βλέμμα στον Μαρκ και στη Ρεβέκα, έσπρωξε το κορίτσι και το αγόρι και κατευθύνθηκε με μεγάλα βήματα προς το κεντρικό μέρος του λούνα-παρκ. Το αγόρι πήδησε από τη μοτοσικλέτα και προχώρησε προς τον Μαρκ και τη Ρεβέκα.

– Σας τρόμαξε ο Αλεξέι; τους ρώτησε και ύστερα τους είπε το όνομά του: Στεφάν.

Ο Στεφάν ήταν αρκετά μελαψός, κι αν δεν είχε αυτή τη χαρακτηριστική προφορά, ο Μαρκ κι η Ρεβέκα δε θα μάντευαν ποτέ πως καταγόταν από το νότιο ημισφαίριο. Έμοιαζε περισσότερο με τσιγγάνο. Τα μαύρα, μακριά μαλλιά του και το σκουλαρίκι στο δεξιό του αφτί έκαναν αυτή την εντύπωση πιο έντονη. Η σύντροφός του, η Λεάνα, όπως τους τη σύστησε, ήταν μια χαριτωμένη Αφρικανή με σκανταλιάρικο προσωπάκι. Φορούσε κι αυτή δερμάτινο μπουφάν, όπως κι ο Στεφάν, μόνο που το δικό της έμοιαζε χιλιοταλαιπωρημένο.

– Αυτός ο τρελός μάς απείλησε με πιστόλι! είπε ο Μαρκ στον Στεφάν όταν ηρέμησε κάπως και ξαναβρήκε τη γνωστή ορμητικότητά του.

Παρ' όλ' αυτά δοκίμασε μεγάλη έκπληξη όταν είδε ότι αυτό που είχε πει δεν είχε κάνει την παραμικρή εντύπωση στον Στεφάν ή στη Λεάνα. Για όνομα του Θεού, σκέφτηκε ο Μαρκ, θα μπορούσε να μας είχε σκοτώσει!

– Δε μου φαίνεται καθόλου παράξενο, είπε η Λεάνα, εάν τριγυρνούσατε κοντά στα ζώα του. Τα θεωρεί δικά του και δε θέλει να τα πειράζει κανείς.

—Και αυτό σημαίνει πως έχει το δικαίωμα να μας απειλεί; τη ρώτησε η Ρεβέκα και πήρε μερικές βαθιές ανάσες, προσπαθώντας να καλμάρει την ταραχή της.

—Μα δε θα το χρησιμοποιούσε, είπε ο Στεφάν με βεβαιότητα. Δε θα παθαίνατε τίποτα.

Ύστερα προχώρησε αμέριμνα προς το κλουβί του γορίλα και πήρε μια μπανάνα από τον κουβά που βρισκόταν εκεί. Στη συνέχεια την έδωσε στο γορίλα. Ο γορίλας την πήρε από τα χέρια του κι άρχισε να την ξεφλουδίζει με εκπληκτική ευελιξία και λεπτότητα. Ο Στεφάν χαμογέλασε, πέρασε τα χέρια του μέσα από τα κάγκελα και τον χάιδεψε στο κεφάλι. Ο γορίλας μούγκρισε με ευχαρίστηση.

—Καλέ μου γερο-Γιούρι, είπε στο γορίλα. Μερικές φορές νομίζω πως είσαι ο πιο έξυπνος απ' όλους τους ανθρώπους του τσίρκου.

—Ναι, είπε κι η Λεάνα. Έχει μια έκφραση στο πρόσωπο, που σε κάνει να πιστεύεις πως δεν του ξεφεύγει τίποτα.

Ο Μαρκ δεν ήταν καθόλου ευχαριστημένος με την τροπή που είχε πάρει η συζήτηση. Κάποιος είχε απειλήσει τη ζωή τη δική του και της Ρεβέκας και τώρα αυτό το ζευγαράκι καθόταν και ανέλυε τις πνευματικές ικανότητες ενός γορίλα! Έβηξε δυνατά.

—Γιατί κρατάει πιστόλι ο Αλεξέι; ρώτησε τον Στεφάν και τη Λεάνα. Και γιατί είναι τόσο προστατευτικός μ' αυτά τα ζώα;

—Μου είναι ανυπόφορο να βλέπω ζώα σε κλουβιά, πρόσθεσε η Ρεβέκα θυμωμένα.

—Είναι απαραίτητο, όχι μόνο για την ασφάλεια των άλλων, αλλά και για τη δική τους, του απάντησε ο Στεφάν και συνέχισε να χαϊδεύει το κεφάλι του Γιούρι.

Ο γορίλας άρχισε να τρίβεται πάνω στα κάγκελα του κλουβιού, σημάδι πως πραγματικά το απολάμβανε. Ο Στεφάν άρχισε να του σιγοτραγουδά.

– Από τότε που το τσίρκο έφτασε στη Βρετανία, σύμφωνα πάντα μ' αυτά που λέει ο Αλεξέι, τα ζώα δέχονται συνεχώς επιθέσεις, είπε η Λεάνα. Η πρώτη επίθεση ήταν στη Σκοτία, κοντά στο Ίνβερνες. Ύστερα στο Καρλάιλ.

– Επιθέσεις; Τι είδους επιθέσεις; τη ρώτησε ο Μαρκ.

Η Ρεβέκα έμενε σιωπηλή, ενώ μέσα της σκεφτόταν πως στη διαδρομή του μέχρι το Λονδίνο το τσίρκο είχε περάσει κοντά από τα πυρηνικά εργοστάσια του Ουίντερσινς και του Σέλαφιλντ, όπου, σύμφωνα με το ντοκιμαντέρ που είχαν δει στην τηλεόραση, είχαν σημειωθεί διαρροές ραδιενέργειας.

– Πολλά ζώα βρέθηκαν νεκρά, με κομμένο το λαρύγγι, είπε ο Στεφάν καθώς άφηνε τον Γιούρι και ερχόταν προς το μέρος τους. Κάποιος είχε στραγγίξει όλο τους το αίμα...

– Κι άντε μετά απ' όλ' αυτά να πεις τίποτα στον Αλεξέι, πρόσθεσε η Λεάνα. Είναι, ξέρετε, ο υπεύθυνος του τσίρκου για τα ζώα.

– Μα αυτό είναι απαίσιο, είπε η Ρεβέκα.

– Τους είχαν ρουφήξει το αίμα; επανέλαβε ο Μαρκ λες και το απολάμβανε, ενώ κοιτούσε τον Στεφάν και τη Λεάνα με ενθουσιασμό. Νομίζετε πως έχει κάποια σχέση με αυτές τις επιθέσεις βρικολάκων στην ανατολική πλευρά και τα ζώα που βρίσκουν νεκρά εκεί;

– Δεν υπάρχουν βρικόλακες, πετάχτηκε η Ρεβέκα. Και κανείς από τους ανθρώπους που δέχτηκαν επίθεση, δε δολοφονήθηκε.

Ο Μαρκ αποφάσισε ν' αγνοήσει την παρατήρησή της.

– Το τσίρκο των βρικολάκων! Αυτός ο τίτλος ακούγεται ωραία, έτσι δεν είναι; είπε και έτριψε τα χέρια του με χαρά. Ίσως να υπάρχουν βρικόλακες μέσα σ' αυτό το τσίρκο!

– Και συ μάλλον χρειάζεσαι γιατρό, του είπε η Ρεβέκα χαμογελώντας.

– Μην είσαι ανόητος, του είπε η Λεάνα και προσπάθησε να πνίξει ένα χαμόγελο. Δεν υπάρχουν βρικόλακες!

– Μην είσαι και τόσο σίγουρη, μουρμούρισε ο Στεφάν μέσα από τα δόντια του, αλλά πολύ σιγά.

– Η Ελένα λέει πως κάποιος τα 'χει βάλει με το τσίρκο, συνέχισε η Λεάνα. Υπάρχουν πολλοί που ζηλεύουν την επιτυχία του.

– Η Ελένα; τη ρώτησε ο Μαρκ.

– Το μέντιουμ Σοσόστρις, η χαρτορίχτρα, του εξήγησε ο Στεφάν. Σοσόστρις δεν είναι το πραγματικό της όνομα βεβαίως. Λέγεται Ελένα Ποπόβα και γεννήθηκε στη Ρωσία. Είναι η διευθύντρια του τσίρκου.

– Μια χαρτορίχτρα, είπε ο Μαρκ. Ίσως να μπορεί να μου πει πώς θα τα πάω στα διαγωνίσματα την επόμενη χρονιά.

Δε χρειάζεσαι χαρτορίχτρα για να σ' το πει, του είπε η Ρεβέκα και γύρισε προς τον Στεφάν και τη Λεάνα. Για να δούμε. Έχουμε λοιπόν και λέμε: λιοντάρια με τρία δάχτυλα, ευέξαπτοι φύλακες ζώων και γριές χαρτορίχτρες από τη Ρωσία. Εσείς, πού κολλάτε μέσα σε όλα αυτά;

Ο Στεφάν χαμογέλασε. Μέσα του είχε θαυμάσει την προσπάθεια της Ρεβέκας να εξηγήσει λογικά τα πράγματα.

– Η Λεάνα κι εγώ ταξιδεύουμε σ' όλο τον κόσμο και δουλεύουμε για τα έξοδά μας, της απάντησε.

— Μα και βέβαια, του είπε η Ρεβέκα και χαμογέλασε. Γιατί όμως κάθε Αυστραλός που γνωρίζω γυρίζει τον κόσμο μ' ένα σακίδιο στην πλάτη;

— Αν είχες γεννηθεί στο Μπρισμπέιν, θα καταλάβαινες γιατί, της απάντησε ο Στεφάν. Το πιο καλό πράγμα που έχω κάνει ως τώρα, ήταν που το παράτησα.

— Τώρα, βεβαίως, θέλουμε να γυρίσουμε πίσω, αλλά δεν μπορούμε, είπε η Λεάνα και κατόπιν διόρθωσε τον εαυτό της: Τουλάχιστον εγώ δεν μπορώ να επιστρέψω.

Ο Μαρκ πρόσεξε το λυπημένο τόνο στη φωνή της και της ζήτησε να του εξηγήσει το γιατί.

— Ο Στεφάν και εγώ συναντηθήκαμε στην Πράγα, όταν αυτός ταξίδευε στην Ανατολική Ευρώπη, του είπε. Τώρα θέλω να πάω στην Αυστραλία μαζί του, αλλά οι Αρχές δε μου δίνουν άδεια.

— Δεν μπορείς να πάρεις βίζα; τη ρώτησε η Ρεβέκα.

Η Λεάνα κούνησε καταφατικά το κεφάλι της. Η Ρεβέκα συνέχισε, αν και μέσα της ένιωθε λίγο άβολα με αυτό που θα 'λεγε:

— Ξέρεις... αν τον παντρευόσουν, τότε δε θα υπήρχε κανένα πρόβλημα, έτσι δεν είναι; είπε.

Δίπλα της ο Μαρκ άφησε ένα μουγκρητό δυσαρέσκειας, που ήταν σαν να 'λεγε ότι, αν τον έβαζαν να διαλέξει ανάμεσα σε βρικόλακες που ρουφούν το αίμα και σε γάμο, δε θα δίσταζε ούτε στιγμή: θα διάλεγε τους βρικόλακες!

— Χρειάζομαι χρήματα για να μπορέσω να στήσω μια δουλειά στην Αυστραλία, είπε ο Στεφάν. Και οι γονείς μου δε θα μου δώσουν τα χρήματα αυτά παρά μόνο αν αφήσω τη Λεάνα.

— Βρίσκεστε, λοιπόν, σε αδιέξοδο, είπε η Ρεβέκα.

— Ακριβώς, είπε ο Στεφάν και κατόπιν γέλασε ειρωνικά. Λένε πως η Λεάνα δε θα νιώθει άνετα στην Αυστραλία. Είμαι σίγουρος ότι αυτό που τους πειράζει όμως είναι πως η Λεάνα είναι μαύρη. Και αυτό είναι πραγματικά λυπηρό, γιατί η γιαγιά και ο παππούς είχαν τα ίδια προβλήματα όταν μετακόμισαν στο Μπρισμπέιν για πρώτη φορά πριν από σαράντα περίπου χρόνια. Ήταν πρόσφυγες, βλέπετε, από τη Ρουμανία και κανένας δεν τους συμπαθούσε.

— Γι' αυτό ταιριάζεις τόσο καλά με τους ανθρώπους του τσίρκου, του είπε η Λεάνα και χαμογέλασε λυπημένα. Κανείς δε συμπαθεί τους ανθρώπους του τσίρκου. Μπορεί όλοι να απολαμβάνουν το τσίρκο, αλλά τους ανθρώπους που δουλεύουν σ' αυτό δεν τους έχουν σε μεγάλη υπόληψη.

Μα γιατί θα 'πρεπε να σε εκπλήσσει αυτό, όταν υπάρχουν τρελοί σαν τον Αλεξέι που τραβούν πιστόλια και σε απειλούν! σκέφτηκε ο Μαρκ αλλά δεν το είπε.

Ο Στεφάν κοίταξε το ρολόι του. Τους είπε ότι η ώρα ήταν περασμένη κι ότι είχαν ακόμα πολλή δουλειά να κάνουν. Έπρεπε να αντικαταστήσει τον Μπόρις, τον υπεύθυνο για το τρένο των φαντασμάτων, γιατί είχε μια δουλειά.

— Έπρεπε να δοκιμάσετε το τρένο των φαντασμάτων, τους είπε η Λεάνα την ώρα που καβαλούσε τη μοτοσικλέτα πίσω από τον Στεφάν.

— Ίσως αύριο, της είπε η Ρεβέκα. Περιμένουμε να έρθουν δυο φίλοι μας. Είμαι σίγουρη πως ο Τζόε, τουλάχιστον, θα ενθουσιαστεί με την ιδέα. Δεν ξέρω, όμως, τι γνώμη έχει ο Μαρκ από δω. Αν κρίνω από την τρομάρα του στο τρένο του τρόμου, μπορώ να μαντέψω πώς θ' αντιδρούσε στο τρένο των φαντασμάτων...

— Με προκαλείτε, δεσποινίς Στορμ; τη ρώτησε ο Μαρκ ειρωνικά.

— Και βέβαια σε προκαλώ! του απάντησε η Ρεβέκα και γύρισε.

— Τότε θα σας δούμε αύριο! τους είπε ο Στεφάν και έβαλε μπροστά τη μοτοσικλέτα του.

Όταν έφυγαν, η Ρεβέκα και ο Μαρκ αποφάσισαν πως ήταν ώρα πια να γυρίσουν και αυτοί στο ξενοδοχείο. Είχε νυχτώσει, η θερμοκρασία είχε πέσει ακόμα πιο χαμηλά και το χιόνι γινόταν ολοένα και πιο πυκνό. Για να λέμε την αλήθεια, ο Μαρκ και η Ρεβέκα δεν έβλεπαν την ώρα να φύγουν από το τσίρκο, όσο κι αν δεν ήθελαν να το ομολογήσουν. Διότι παρά τις διαβεβαιώσεις του Στεφάν, κανείς από τους δύο δεν είχε πειστεί ότι ο Αλεξέι δε θα τους πυροβολούσε τελικά, εάν ο Στεφάν και η Λεάνα δεν είχαν μπει στη μέση έγκαιρα.

Ο Μαρκ κούνησε φιλικά το χέρι του στον Γιούρι, το γορίλα, σε αποχαιρετισμό. Ο Γιούρι, προς μεγάλη έκπληξη του Μαρκ και της Ρεβέκας, τους ανταπέδωσε το χαιρετισμό και τους παρακολούθησε με τα μάτια καθώς απομακρύνονταν.

Όταν ο Μαρκ με τη Ρεβέκα είχαν απομακρυνθεί πια αρκετά, μια φιγούρα πετάχτηκε πίσω από το κλουβί του Γιούρι. Ήταν ο Άνταμ Άντερς, ο οποίος έβγαλε ένα κινητό τηλέφωνο από την εσωτερική τσέπη του κομψού σακακιού του.

Σχημάτισε ένα δωδεκαψήφιο αριθμό. Μόλις η φωνή του υπολογιστή ζήτησε τον κωδικό πρόσβασης, ο Άντερς σχημάτισε έναν πενταψήφιο αριθμό. Την ώρα που η φωνή από τον υπολογιστή επιβεβαίωνε το δικαίωμα πρόσβασης του Άντερς, ο Γιούρι κόλλησε το αφτί του στα κάγκελα του κλουβιού του.

Αν τον έβλεπε κανείς εκείνη την ώρα θα ορκιζόταν ότι, παρότι γορίλας, ο Γιούρι κρυφάκουγε.

Τσίρκο Κάλγκαρι, Πάρκο Βικτόρια, Λονδίνο
Πέμπτη, 10 Δεκεμβρίου, ώρα 21.34

Το τσίρκο Κάλγκαρι ετοιμαζόταν να κλείσει για τη νύχτα. Οι περισσότεροι επισκέπτες κατευθύνονταν προς τις εξόδους, απ' όπου θα έπαιρναν το μετρό ή το λεωφορείο. Υπήρχαν ακόμα μερικοί που επέμεναν να εξαντλήσουν και τα τελευταία χρονικά περιθώρια, μέχρι το τσίρκο να κλείσει τελείως τις πόρτες του στις δέκα η ώρα.

Στη λίγη ώρα που έμενε μέχρι να κλείσει το τσίρκο, η Ρεβέκα και ο Μαρκ έφαγαν κάτι –η Ρεβέκα ένα σάντουιτς για χορτοφάγους κι ο Μαρκ ένα λουκάνικο με μουστάρδα– και άρχισαν σιγά σιγά να κατευθύνονται προς την έξοδο. Την ώρα που περνούσαν έξω από την καμπίνα του μέντιουμ Σοσόστρις, είδαν τη γυναίκα να στέκεται απ' έξω. Εκείνη, μόλις τους είδε, έτρεξε προς το μέρος τους και έπιασε τη Ρεβέκα από το μπράτσο.

– Θέλεις να ανακαλύψεις τα μυστικά που κρύβει το μέλλον για σένα, δεσποινίς; τη ρώτησε με έντονη ανατολικοευρωπαϊκή προφορά. Θέλεις να μάθεις τι σου επιφυλάσσει η τύχη;

Η Ρεβέκα χαμογέλασε ευγενικά και κούνησε αρνητικά το κεφάλι της.

– Όχι ευχαριστώ, είπε στη γυναίκα, πρέπει να επιστρέψουμε.

– Έλα τώρα, Μπέκι, θα γελάσουμε, της είπε ο Μαρκ κι άρχισε να ψάχνει τις τσέπες του για ψιλά.

— Δεν πιστεύω σ' αυτές τις ανοησίες! είπε η Ρεβέκα και τράβηξε το μπράτσο της από το χέρι του μέντιουμ, ενώ με την άκρη του ματιού της είδε τον κλόουν Μπέλα να τους πλησιάζει.

— Μήπως η μικρή κυρία φοβάται αυτά που της επιφυλάσσει το μέλλον; τη ρώτησε ο Μπέλα όταν έφτασε κοντά τους.

— Δεν είμαι μικρή κυρία! είπε αγανακτισμένη η Ρεβέκα και κατόπιν πρόσθεσε: Ούτε και φοβητσιάρα!

— Τότε πάμε να μας το αποδείξεις, Μπέκι, της είπε ο Μαρκ.

Η Ρεβέκα του 'ριξε ένα παγερό βλέμμα, σαν να του 'λεγε «Θα τα πούμε οι δυο μας αργότερα», και προχώρησε με θάρρος προς την καμπίνα του μέντιουμ. Ο Μαρκ και το μέντιουμ την ακολούθησαν.

Όταν μπήκαν μέσα, ο Μπέλα έβγαλε το κινητό του και σχημάτισε έναν αριθμό.

Στο εσωτερικό της καμπίνας ήταν σκοτεινά και στον αέρα πλανιόταν μια μυρωδιά από αιθέρια έλαια. Η μυρωδιά έβγαινε από κάτι αρωματικά ραβδάκια που έκαιγαν μέσα σ' ένα άδειο μπουκάλι κρασιού, στο τραπεζάκι της γωνίας. Σε μια άλλη γωνιά υπήρχε ένα κασετόφωνο το οποίο έπαιζε μια παράξενη μελωδία, βαριά και μελαγχολική. Όλα ήταν ακριβώς όπως τα περίμενε, σκέφτηκε κυνικά η Ρεβέκα. Όταν θέλεις να υποβάλεις και να εξαπατήσεις τους ανθρώπους, πρέπει πρώτα να δημιουργήσεις τη σωστή ατμόσφαιρα.

Όταν ο Μαρκ έδωσε τα ψιλά στο μέντιουμ, το μέντιουμ τους ζήτησε να καθίσουν γύρω από το μικρό, στρογγυλό τραπέζι που υπήρχε στο κέντρο της καμπίνας. Πάνω στο τραπέζι υπήρχε μια μεγάλη, γυάλινη σφαίρα η οποία στηριζόταν σε μία βάση διακοσμημένη με διάφορα περίεργα σύμβολα. Η Ρεβέκα αναρωτήθηκε πού στο καλό είχε ξαναδεί αυτά τα σύμβολα.

Πίσω από το μέντιουμ Σοσόστρις υπήρχε μια βαριά, διαφανής κουρτίνα που χώριζε την καμπίνα περίπου στα δύο. Ο Μαρκ με τη Ρεβέκα μπόρεσαν να διακρίνουν πίσω από την κουρτίνα ένα άγαλμα σε μια στάση που θύμιζε πολύ τα αγάλματα του Βούδα. Όπως τους είπε η Σοσόστρις, ήταν το ιερό πνεύμα που θα μετέφερε τα μηνύματα των πνευμάτων. Ήταν ένα ιερό κειμήλιο της οικογένειάς της που είχε περάσει από γενιά σε γενιά. Όταν ο Μαρκ τη ρώτησε αν μπορούσε να το δει, η Σοσόστρις του απάντησε πως μόνο αυτοί που γεννήθηκαν και μεγάλωσαν στη Ρουμανία μπορούσαν να πλησιάσουν ένα τέτοιο κειμήλιο.

Κατόπιν η Σοσόστρις τους χαμογέλασε και άρχισε να κουνά τα χέρια της γύρω από τη γυάλινη σφαίρα, ενώ ταυτόχρονα κουνιόταν κι η ίδια και σιγοτραγουδούσε. Η Ρεβέκα αντιστάθηκε στον πειρασμό να χαμογελάσει, ενώ ο Μαρκ παραδεχόταν μέσα του πως τόσο αδέξια παράσταση από μέντιουμ δεν είχε ξαναδεί ποτέ στη ζωή του.

Η Σοσόστρις κοίταξε επίμονα πρώτα τη Ρεβέκα και μετά τον Μαρκ.

Διαισθάνομαι ιδιαίτερη ευφυΐα και στους δυο σας, είπε.

Η Ρεβέκα δεν εντυπωσιάστηκε καθόλου.

– Ίσως στον έναν από μας, είπε στη Σοσόστρις κι έκανε μια γκριμάτσα προς το μέρος του Μαρκ.

Εκείνος την κλότσησε κάτω από το τραπέζι και έβαλε το δάχτυλό του μπροστά από τα χείλη, για να της πει να σωπάσει και να είναι σοβαρή.

– Όμως ο ένας από τους δυο σας πιστεύει λιγότερο από τον άλλο στα πνεύματα, συνέχισε η Σοσόστρις.

Σώπα, καλέ! σκέφτηκε μέσα της η Ρεβέκα. Τότε η

Σοσόστρις, σαν να είχε διαβάσει τη σκέψη της Ρεβέκας, είπε:

— Αμφισβητείς τα πάντα, αγαπητή μου, και αυτό είναι καλό. Είναι ακριβώς ό,τι θα ήθελε ο στρατηγός Έξφορντ.

Στο άκουσμα αυτού του ονόματος, η μεν Ρεβέκα αναπήδησε ολόκληρη στο κάθισμά της, ο δε Μαρκ έμεινε εντελώς ακίνητος.

Η Σοσόστρις είδε την έκπληκτη έκφραση στο πρόσωπο της Ρεβέκας και χαμογέλασε με ικανοποίηση.

— Μου φαίνεται πως τώρα δε με αμφισβητείς και τόσο, ε; της είπε. Υπάρχουν κάποια πράγματα σ' αυτόν τον κόσμο που δεν τα ξέρουν οι επιστήμονες αλλά τα ξέρουν οι άνθρωποι της φυλής μου, οι τσιγγάνοι.

Αν και ο Μαρκ είχε εντυπωσιαστεί, υπήρχε κάτι στην όλη ατμόσφαιρα που δεν τον άφηνε να πιστέψει απόλυτα στις ικανότητες της Σοσόστρις.

Έριξε μια ματιά πίσω από τη Σοσόστρις, στο ιερό κειμήλιο έτσι όπως φαινόταν μέσα από τη διαφανή κουρτίνα. Αχ, αν μπορούσα να το δω από κοντά, σκέφτηκε...

Η Σοσόστρις έπιασε τη ματιά του Μαρκ και βούτηξε αμέσως τα χέρια του Μαρκ και της Ρεβέκας και τα τοποθέτησε πάνω στη γυάλινη σφαίρα.

— Για να δούμε, τι θα μας πει η σφαίρα για σας, παιδιά μου, είπε με στόμφο. Ας την αφήσουμε ν' ανοίξει τα κρυμμένα μυστικά του νου σας. Συγκεντρωθείτε... συγκεντρωθείτε...

Ο Μαρκ έκανε όπως του είπε η Σοσόστρις. Η Ρεβέκα προσπάθησε να κάνει το ίδιο, αν και μέσα της ντρεπόταν για λογαριασμό της, αυτή, μια επιστήμονας, να κάνει τέτοιες χαζομάρες. Η Σοσόστρις άρχισε να σιγοτραγουδά κάτι που έμοιαζε με ψαλμό. Μερικά δευτερόλεπτα αργότερα η γυάλινη σφαίρα άρχισε να κινείται ελαφρά, όμως ο Μαρκ και η Ρεβέκα δεν το πρόσεξαν.

Ξαφνικά η Σοσόστρις σταμάτησε να ψέλνει και τους είπε να βγάλουν τα χέρια τους από τη σφαίρα. Δυστυχώς η ενέργεια του νου τους είχε απορροφηθεί από τη σφαίρα, όπως τους είπε. Ο Μαρκ και η Ρεβέκα κοιτάχτηκαν απορημένοι. Δεν είχαν ιδέα για ποιο πράγμα μιλούσε η Σοσόστρις. Ύστερα η Σοσόστρις τους είπε να κοιτάξουν όλοι μαζί τη σφαίρα, για να δουν τι θα τους έλεγε. Η Ρεβέκα με τον Μαρκ έσκυψαν για να δουν.

– Μα δεν υπάρχει τίποτα, άρχισε να λέει η Ρεβέκα αλλά σταμάτησε.

Κι όμως, κάτι κουνιόταν στο βάθος της σφαίρας· κάτι που έμοιαζε με νιφάδες χιονιού που στροβιλίζονταν. Σιγά σιγά οι νιφάδες άρχισαν να παίρνουν ένα πιο συγκεκριμένο σχήμα και να δημιουργούν στην αρχή φουσκάλες κι ύστερα κάτι μακρόστενα σχήματα που χωρίζονταν στα δύο και ενώνονταν με τα γειτονικά τους.

Τα σχήματα αυτά κάτι θύμιζαν και στους δυο τους, ιδιαίτερα στον Μαρκ, ο οποίος έστυβε το μυαλό του. Τελικά θυμήθηκε. Έμοιαζαν με τους μικροοργανισμούς που παρατηρούσαν στο μικροσκόπιο στα μαθήματα της χημείας και της βιολογίας. Κι όμως, είπε από μέσα του ο Μαρκ, οι μικροοργανισμοί έχουν πιο ακαθόριστο σχήμα, ενώ τούτα δω...

Και ξαφνικά κατάλαβε! Τα σχήματα που παρατηρούσαν μέσα στη γυάλινη σφαίρα έμοιαζαν πάρα πολύ με τα αμυντικά κύτταρα του ανθρώπινου οργανισμού. Αίμα, σκέφτηκε ο Μαρκ και ανατρίχιασε ολόκληρος.

Ξαφνικά δεν έβλεπαν τίποτα μέσα στη σφαίρα. Η Σοσόστρις άφησε ένα θεατρινίστικο αναστεναγμό και κοίταξε προς τα πάνω.

– Συγγνώμη, τους είπε καθώς έσπρωχνε προς τα πίσω την καρέκλα της για να σηκωθεί. Δεν υπάρχει τίποτα στη σφαίρα σήμερα. Το πνεύμα δεν επικοινωνεί μαζί μου.

– Όμως εμείς είδαμε κάτι, έτσι δεν είναι, Μπέκι; είπε ο Μαρκ καθώς η Σοσόστρις τους οδηγούσε προς την πόρτα της καμπίνας.

Η Ρεβέκα κούνησε το κεφάλι της.

– Δεν ξέρω, είπε. Ίσως να ήταν κάποιο παιχνίδισμα του φωτός...

– Πιστεύεις πως θα σας κορόιδευα; τη ρώτησε η Σοσόστρις, αλλά ο τόνος της φωνής της ακουγόταν ειρωνικός. Ίσως αν έρθετε αύριο, ε;

– Και να σου ασημώσουμε ξανά το χέρι; τη ρώτησε πονηρά η Ρεβέκα, αλλά δεν έλαβε απάντηση.

– Λοιπόν, θα σας ξαναδώ, παιδιά μου, τους είπε η Σοσόστρις με τραγουδιστή φωνή καθώς άνοιγε την πόρτα της καμπίνας για να τους αφήσει να φύγουν.

Ο Μαρκ στράφηκε την τελευταία στιγμή κι έριξε μια ματιά στο ιερό κειμήλιο πίσω από τη διαφανή κουρτίνα. Αν δεν ήταν άγαλμα, θα 'παιρνε όρκο πως το είδε να κινείται!

Όταν βγήκαν έξω από την καμπίνα, άρχισαν να προχωρούν γρήγορα μαζί με άλλους αργοπορημένους προς την έξοδο του τσίρκου. Εντωμεταξύ οι άνθρωποί του χωρίζονταν σε ομάδες για να μαζέψουν από κάτω τα σκουπίδια. Η Ρεβέκα είδε τους διδύμους να κάνουν γκριμάτσες και να μουρμουρίζουν κάτι μεταξύ τους καθώς μάζευαν κουτάκια από αναψυκτικά κι ό,τι άλλο υπήρχε πεταμένο κάτω. Κάποια στιγμή χαμογέλασαν κι αποκάλυψαν τα κοφτερά, λευκά τους δόντια. Τότε η Ρεβέκα θυμήθηκε την τρελή θεωρία του Μαρκ για τους βρικόλακες.

Έξω από το τσίρκο οι δρόμοι ήταν άδειοι. Η Ρεβέκα σκέφτηκε πως έπρεπε να περπατήσουν αρκετά μέχρι τον πιο κοντινό σταθμό του μετρό κι ύστερα να πάρουν την ανταπόκριση με άλλο μετρό για το Ντόκλαντς. Έτσι πρότεινε στον Μαρκ να πάρουν ταξί.

– Και με τι θα το πληρώσεις; τη ρώτησε ο Μαρκ, ο οποίος θεωρούσε ότι είχαν ξοδέψει όλα τα λεφτά τους στο τσίρκο.

Η Ρεβέκα του χαμογέλασε πονηρά και τράβηξε από την τσέπη του παλτού της ένα χαρτονόμισμα των δέκα λιρών.

– Μπέκι, αν ήξερα πως είχες λεφτά, τότε θ' ανέβαινα καναδυό φορές ακόμα στο τρένο του τρόμου, της είπε ο Μαρκ.

– Ό,τι πρέπει για να κάνεις εμετό το λουκάνικο που έφαγες, του είπε η Ρεβέκα. Κρίμα που δε σ' άφησα, καημένε. Τέλος πάντων. Η μαμά μού έχει πει να κρατάω πάντα χρήματα για περίπτωση ανάγκης. Αν βρούμε ταξί, μπορεί να φτάσουμε στο ξενοδοχείο πριν από τη μητέρα μου.

– Αν γυρίσει το βράδυ, της είπε ο Μαρκ. Διότι μπορεί να μείνει να βοηθήσει τον Άντερς και τους τύπους από το υπουργείο...

– Έλα τώρα, Μαρκ. Ξέρεις πολύ καλά πως η μαμά δε θα τους βοηθούσε αν δεν ήταν σίγουρη ότι δεν υπάρχει κάτι ύποπτο, του είπε η Ρεβέκα.

– Εντάξει, Μπέκι, σε πειράζω, της είπε ο Μαρκ και τύλιξε σφιχτά τα μπράτσα του γύρω από το μπουφάν του, για να ζεσταθεί. Μα δε θα φανεί κανένα ταξί;

Πράγμα περίεργο για γιορτές Χριστουγέννων, όμως

οι δρόμοι ήταν άδειοι. Κανένας δεν κυκλοφορούσε. Βεβαίως υπήρχε παντού χιόνι και το κρύο ήταν τσουχτερό, αλλά απ' αυτά το Λονδίνο είναι συνηθισμένο. Ίσως να ήταν αυτή η περίεργη ομίχλη που σκέπαζε το Λονδίνο τις τελευταίες μέρες που είχε κρατήσει τον κόσμο στα σπίτια του. Δεν έμοιαζε με τη γνωστή υγρασία αυτής της μεγαλούπολης και μύριζε πολύ έντονα. Η Ρεβέκα θυμήθηκε τις αναλύσεις στην τηλεόραση, που έλεγαν πως η ατμοσφαιρική ρύπανση είχε ξανακάνει την εμφάνισή της στον ουρανό του Λονδίνου.

Η Ρεβέκα κι ο Μαρκ έψαχναν με τα μάτια για κάνα ταξί. Πουθενά όμως ταξί. Έτσι αποφάσισαν να περπατήσουν μέχρι το σταθμό του μετρό. Καθώς περπατούσαν και τα βήματά τους αντηχούσαν στους άδειους δρόμους, η ομίχλη γινόταν ολοένα και πιο πυκνή. Ο Μαρκ άρχισε να φοβάται. Το ίδιο κι η Ρεβέκα, η οποία του έσφιγγε το μπράτσο. Ο Μαρκ το κατάλαβε, αποφάσισε όμως να μην της πει τίποτα, για να μην τη φοβίσει ακόμα περισσότερο.

– Άδικος ο κόπος μας, Μαρκ, έχουμε χαθεί, του είπε κάποια στιγμή η Ρεβέκα, καθώς σταμάτησαν κάτω από το φως μιας λάμπας του δρόμου.

Η πορτοκαλιά λάμψη της λάμπας φώτιζε αμυδρά μέσα στην ομίχλη μια πινακίδα με το όνομα του δρόμου. Κανείς από τους δυο δεν ήξερε το όνομα αυτό.

– Μήπως να ρωτούσαμε κάποιον; είπε ο Μαρκ.

– Εντάξει, αλλά δεν υπάρχει ψυχή εδώ πέρα, του είπε η Ρεβέκα. Εξάλλου βλέπεις πουθενά εδώ γύρω φώτα κτιρίων;

Ο Μαρκ κοίταξε προς όλες τις κατευθύνσεις. Πραγματικά δεν υπήρχαν κτίρια ένα γύρω. Παρ' όλ' αυτά, όταν έρχονταν στο τσίρκο από το σταθμό του μετρό, είχαν δει κτίρια, και μάλιστα με φωτισμένα κάποια παράθυρά τους. Μάλλον είχαν χάσει το δρόμο τους και πήγαιναν προς λάθος κατεύθυνση.

– Έχεις το κινητό μαζί σου; ρώτησε ο Μαρκ τη Ρεβέκα.

– Το άφησα στο ξενοδοχείο, του απάντησε εκείνη. Δε σκέφτηκα πως θα το χρειαστούμε. Μάλλον έκανα λάθος, ε;

Τι να της πει τώρα ο Μαρκ; Δεν της είπε τίποτα. Ξαφνικά μέσα στην ομίχλη φάνηκαν φώτα αυτοκινήτου. Ο Μαρκ τράβηξε γρήγορα το μπράτσο του από το χέρι της Ρεβέκας και πήγε και στάθηκε στη μέση του δρόμου. Εκείνη τον ακολούθησε. Ο Μαρκ έκανε σήμα με τα χέρια του στο αυτοκίνητο να σταματήσει. Όταν το αυτοκίνητο σταμάτησε κοντά τους, ο Μαρκ και η Ρεβέκα είδαν ότι ήταν ταξί.

Ο οδηγός κατέβασε το παράθυρό του.

– Θέλετε ταξί; τους ρώτησε.

Την ώρα που ο Μαρκ έλεγε «ναι», η Ρεβέκα σκεφτόταν πως το πρόσωπο του οδηγού τής ήταν γνωστό και πως η προφορά του ήταν ξενική και την είχε ξανακούσει. Πού όμως είχε ξαναδεί αυτόν τον άντρα γύρω στα πενήντα με τα μικροσκοπικά πράσινα μάτια, το λαγόχειλο και τα μαύρα μαλλιά τα χτενισμένα προσεκτικά προς τα πίσω;

Ο Μαρκ δεν της έδωσε περιθώριο να συνεχίσει τις σκέψεις της, γιατί άνοιξε την πίσω πόρτα του ταξί και μπήκε μέσα, ενώ ταυτόχρονα έλεγε στον οδηγό:

– Δεν ξέρετε πόσο ευτυχείς είμαστε που σας βρήκαμε!

Η Ρεβέκα δίστασε για μια στιγμή. Ύστερα σκέφτηκε πως αφού ο Μαρκ ήταν μαζί της, δεν υπήρχε πρόβλημα. Έτσι μπήκε κι αυτή στο ταξί και κάθισε δίπλα στον Μαρκ. Για να βολευτεί καλύτερα, χρειάστηκε να μετακινήσει κάτι πράγματα που υπήρχαν στο κάθισμα. Η ανακούφισή της που είχαν επιτέλους βρει ταξί ήταν τόση, που δεν πρόσεξε πως ανάμεσα στα πράγματα που είχε μετακινήσει ήταν η στολή και η περούκα ενός κλόουν.

Η Ρεβέκα είπε στον οδηγό πού πάνε. Εκείνος πάτησε γκάζι και ξεκίνησαν μέσα στη νύχτα.

Ανατολική πλευρά, Λονδίνο
Πέμπτη, 10 Δεκεμβρίου, ώρα 22.31

Η Ρεβέκα κοίταξε έξω από το παράθυρο και προσπάθησε να αναγνωρίσει μέσα στην ομίχλη τα ονόματα των δρόμων πάνω στις πινακίδες. Κάποια απ' αυτά τα αναγνώρισε, άλλα όχι.

Παρ' όλ' αυτά δεν έμοιαζε να κατευθύνονται προς το Ντόκλαντς, γιατί η Ρεβέκα δεν μπορούσε πουθενά να εντοπίσει κάποια γνωστά μέρη, όπως ο Πύργος ή το Στάδιο του Λονδίνου.

Έσκυψε μπροστά και χτύπησε τον οδηγό στον ώμο.

– Είσαι σίγουρος πως ξέρεις πού πας; τον ρώτησε.

– Και βέβαια είμαι σίγουρος, της απάντησε ο οδηγός, ο οποίος, όπως θα το έχετε καταλάβει, ήταν ο Μπέλα. Γίνονται κάποια οδικά έργα στο Ντόκλαντς και έπρεπε να κάνω αυτή την παράκαμψη.

– Α, καλά, εντάξει, είπε η Ρεβέκα και έγειρε πίσω.

Λίγα λεπτά αργότερα ο Μπέλα πάτησε απότομα φρένο και σταμάτησε στη μέση του δρόμου, χωρίς όμως να σβήσει τη μηχανή.

– Τι συμβαίνει φίλε; τον ρώτησε ο Μαρκ όταν τον είδε να κοιτάζει επίμονα κάτι μέσα από το παρμπρίζ.

— Μου φάνηκε πως είδα κάτι στη μέση του δρόμου, του είπε ο Μπέλα.

— Πραγματικά, δίκιο έχεις! του είπε ο Μαρκ, καθώς κι εκείνος είχε δει κάτι να κάθεται ασάλευτο στη μέση του δρόμου.

Ο Μαρκ κατέβασε το παράθυρο. Μια άσχημη αλλά γνωστή μυρωδιά τον χτύπησε αμέσως στα ρουθούνια.

— Τι είναι αυτό το πράγμα; τον ρώτησε η Ρεβέκα κι άνοιξε διάπλατα τα μάτια της μήπως και μπορέσει να δει πιο καθαρά μέσα στην ομίχλη.

Ο Μαρκ ξαφνικά κατάλαβε τι ήταν αυτή η μυρωδιά. Την είχε μυρίσει αρκετές φορές στο χασάπικο απ' όπου ψώνιζαν οι γονείς του. Ήταν η μυρωδιά του φρεσκοσφαγμένου κρέατος.

— Εσύ περίμενε εδώ, είπε στη Ρεβέκα. Θα πάω να ρίξω μια ματιά.

Παρ' όλ' αυτά η Ρεβέκα βγήκε έξω από το αυτοκίνητο μαζί του, γιατί δεν είχε καμία όρεξη να μείνει μόνη με τον οδηγό.

Προχώρησε βιαστικά πίσω από τον Μαρκ, ο οποίος ήδη γονάτιζε στη μέση του δρόμου. Όταν την άκουσε να πλησιάζει, γύρισε προς τα πίσω και της είπε:

— Μην κοιτάξεις, Μπέκι.

Όμως η Ρεβέκα τον παραμέρισε κι έσκυψε για να δει. Αυτό που είδε την έκανε να παγώσει ολόκληρη.

— Είναι φοβερό, είπε με κομμένη την ανάσα και προσπάθησε απελπισμένα να ελέγξει την έντονη τάση της για εμετό.

Ήταν ένας σκύλος με κομμένο το λαιμό! Κάτι τον είχε ξεσκίσει. Το τρίχωμα του ζώου ήταν λεκιασμένο από το ίδιο του το αίμα, που κυλούσε αργά από το λαιμό του βάφοντας κόκκινο το χιόνι γύρω του.

— Βρικόλακες! είπε ο Μαρκ και σηκώθηκε.

– Μη λες βλακείες, του είπε η Ρεβέκα. Είναι δουλειά κάποιων αρρωστημένων νεαρών, αυτό είναι όλο.

Ο Μαρκ έριξε μια τελευταία ματιά στο πτώμα του σκύλου. Δεν ανέπνεε. Φαίνεται πως ο θάνατός του ήταν ακαριαίος.

– Αρρωστημένοι νεαροί; ρώτησε με δυσπιστία τη Ρεβέκα. Αυτός ο σκύλος είναι σκύλος Αλσατίας, Μπέκι. Θα μπορούσε εύκολα να τρομάξει οποιοδήποτε μεγάλο παιδί.

– Μήπως θα έπρεπε να ενημερώσουμε τον ιδιοκτήτη του; είπε η Ρεβέκα και προσπάθησε να διαβάσει το όνομα στο κολάρο του σκύλου, αλλά ήταν πνιγμένο στο αίμα.

Ξαφνικά άκουσαν το ταξί να φεύγει κάνοντας όπισθεν με αρκετή ταχύτητα. Ο Μαρκ με τη Ρεβέκα έτρεξαν φωνάζοντας στον οδηγό, μάταια όμως. Το ταξί βγήκε με την όπισθεν από το μικρό δρομάκι όπου βρίσκονταν κι ύστερα χάθηκε από τα μάτια τους. Τώρα ήταν μόνοι σ' ένα άγνωστο μέρος του Λονδίνου, με την ομίχλη να πέφτει ολοένα και πιο πυκνή και το κρύο να γίνεται ολοένα και πιο τσουχτερό όσο προχωρούσε η νύχτα.

– Μαρκ, φοβάμαι, του είπε η Ρεβέκα.

– Το ίδιο κι εγώ, αποκρίθηκε ο Μαρκ, εάν αυτό σε παρηγορεί λιγάκι.

– Δε με παρηγορεί καθόλου, του απάντησε εκείνη, αλλά σ' ευχαριστώ.

Κοίταξαν γύρω τους για να δουν πού βρίσκονταν. Το μόνο που έβλεπαν ήταν μια σειρά αποθήκες κι από τις δυο μεριές του μικρού δρόμου. Επιπλέον ο δρόμος ήταν γεμάτος κάδους απορριμμάτων που ξεχείλιζαν από σκουπίδια. Ο δρόμος αυτός έμοιαζε να καταλήγει σε αδιέξοδο. Προφανώς ο οδηγός το ήξερε, γι' αυτό κι είχε φύγει κάνοντας όπισθεν. Άρα αυτό που έπρεπε να κάνουν, ήταν ν' ακολουθήσουν με τα πόδια την κατεύθυνση που είχε πάρει το ταξί. Από κάπου μακριά έφτανε μέχρι τ' αφτιά τους θόρυβος αυτοκινήτων. Θα πρέπει να ήταν κάποιος κεντρικός δρόμος. Αν έφταναν μέχρι εκεί, όλο και κάποια λύση θα έβρισκαν...

– Ξέρεις κάτι, Μπέκι; Νομίζω πως ξέρω πού είμαστε, της είπε ο Μαρκ όταν διάβασε το όνομα του δρόμου πάνω σε μια πινακίδα: οδός Τότερς.

– Πώς δεν ξέρω; του είπε η Ρεβέκα. Είμαστε μέχρι το λαιμό χωμένοι στο πρόβλημα. Δε χρειάζεται να μου το πεις.

– Όχι, είμαστε στην ανατολική πλευρά, της είπε ο Μαρκ, στο μέρος όπου ο Τζακ ο Αντεροβγάλτης συνήθιζε να σκοτώνει τα θύματά του.

– Σ' ευχαριστώ για την παρηγοριά, του είπε σαρκαστικά η Ρεβέκα.

– Ηρέμησε Μπέκι, αυτό έγινε πριν από εκατό περίπου χρόνια, της είπε ο Μαρκ. Είμαστε απόλυτα ασφαλείς!

– Ασφαλείς; τον ρώτησε η Ρεβέκα και του έδειξε μια φιγούρα που τους πλησίαζε αργά μέσα από την ομίχλη.

Η φιγούρα περπατούσε σαν γορίλας, γέρνοντας πότε από τη μια μεριά και πότε από την άλλη, επάνω σε δυο λεπτά πόδια που φαίνονταν πολύ μακριά σε σχέση με το κοκαλιάρικο, ζαρωμένο και γυμνό κορμί, που έλαμπε μ' ένα φωσφορίζον πράσινο χρώμα και ήταν όλο καλυμμένο από λέπια.

Τα χέρια του πλάσματος σέρνονταν στο έδαφος καθώς τους πλησίαζε. Υπήρχε μια απαίσια μυρωδιά στον αέρα. Η Ρεβέκα κατάλαβε πως ήταν αμμωνία. Τώρα το πλάσμα βρισκόταν αρκετά κοντά τους κι έτσι η Ρεβέκα με τον Μαρκ μπορούσαν να δουν τα σάλια του να τρέχουν από το στόμα του και να πέφτουν πάνω στο χιόνι κάνοντας έναν τσιριχτό θόρυβο, όπως το καυτό νερό όταν πέφτει πάνω σε μια επιφάνεια.

Ό,τι κι αν ήταν αυτό το πλάσμα, σίγουρα δεν ήταν άνθρωπος και σίγουρα τους έφραζε τη μοναδική έξοδο από το δρομάκι.

Ο Μαρκ και η Ρεβέκα πισωπάτησαν προς τους κάδους των σκουπιδιών. Τα καπάκια των κάδων έπεσαν στο έδαφος κι έκαναν θόρυβο. Το πλάσμα αναπήδησε προς τα πίσω αιφνιδιασμένο και άρχισε να στρίβει το κεφάλι του πότε προς τη μια κατεύθυνση και πότε προς την άλλη. Ύστερα επικέντρωσε το βλέμμα του στον Μαρκ κι άρχισε να προχωρεί σταθερά προς το μέρος του. Ο Μαρκ έβγαλε μια κραυγή τρόμου κι οπισθοχώρησε κι άλλο. Το πλάσμα σταμάτησε να προχωράει, μούγκρισε κι ύστερα μύρισε τον αέρα. Κατόπιν έστρεψε το βλέμμα του στη Ρεβέκα, ξαναμούγκρισε και άρχισε τώρα να προχωρεί σταθερά προς το μέρος της, λες και ο Μαρκ δεν το ενδιέφερε πια. Ταυτόχρονα άρχισε να γλείφει τα χείλη του άπληστα.

Η Ρεβέκα πάγωσε όταν είδε το πλάσμα να την πλησιάζει με γουρλωμένα τα κόκκινα μάτια του. Ένιωθε ανίκανη να αντιδράσει, λες κι αυτά τα μάτια την υπνώτιζαν και της αφαιρούσαν κάθε δύναμη.

Στη συνέχεια το πλάσμα άρχισε ν' ανοιγοκλείνει τα ρουθούνια του και να αποκαλύπτει τα δόντια του.

Βρικόλακας! σκέφτηκε ο Μαρκ.

– Τρέχα, Μπέκι, τρέχα! της φώναξε.

Όμως η Ρεβέκα δεν έκανε τίποτα. Έμενε ακίνητη, παγωμένη από το φόβο και την τρομάρα.

Το πλάσμα ζύγισε το βάρος του επάνω στα πόδια του κι ετοιμάστηκε να πηδήσει πάνω στη Ρεβέκα.

ΑΠΑΓΟΡΕΥΜΕΝΗ ΖΩΝΗ

Οδός Τότερς, αριθμός 13

Οδός Τότερς, Λονδίνο
Πέμπτη, 10 Δεκεμβρίου, ώρα 23.13

Το πλάσμα πήδησε πάνω στη Ρεβέκα και την έριξε κάτω στο δρόμο με ορμή. Τα χέρια του βούτηξαν το λαρύγγι της και τράβηξαν το λαιμό της πιο κοντά στα κοφτερά, σαν ξυράφι, δόντια του.

Η Ρεβέκα προσπάθησε να παλέψει, της ήταν όμως αδύνατον. Η πείνα και η λαιμαργία είχαν κάνει το πλάσμα φοβερά επιθετικό, αν και δεν έδειχνε και τόσο δυνατό.

Η Ρεβέκα άρχισε να ουρλιάζει. Ο Μαρκ όλη αυτή την ώρα είχε μείνει άφωνος από τον τρόμο και δεν είχε αντιδράσει. Μόνο όταν η Ρεβέκα ούρλιαξε συνειδητοποίησε πως έπρεπε να κάνει κάτι.

Ξεχνώντας το φόβο του, όρμησε πάνω στο πλάσμα και προσπάθησε να το τραβήξει μακριά από τη Ρεβέκα. Τότε εκείνο γύρισε προς το μέρος του και τον έφτυσε!

Ο Μαρκ ούρλιαξε από τον πόνο και έκανε πίσω. Το

σάλιο του πλάσματος τον είχε κάψει σαν οξύ στο πρόσωπο! Μόλις τότε συνειδητοποίησε γιατί όλο το δρομάκι μύριζε αμμωνία. Το πλάσμα έβγαζε αυτή τη μυρωδιά σε κάθε εκπνοή του, όπως τα ανθρώπινα πλάσματα εισπνέουν οξυγόνο και εκπνέουν διοξείδιο του άνθρακα.

Το πλάσμα δεν ξανασχολήθηκε με τον Μαρκ, ο οποίος σφάδαζε από τον πόνο και κρατούσε το πρόσωπό του με τα χέρια του. Ξαναστράφηκε στη Ρεβέκα, άνοιξε διάπλατα το στόμα του και ετοιμαζόταν να χώσει τα κοφτερά του δόντια στο λαιμό της.

Ήταν το τέλος. Τίποτα και κανείς –ούτε ακόμα και ο Μαρκ– δεν μπορούσε να σώσει τη Ρεβέκα.

Ξαφνικά ακούστηκε το μούγκρισμα μιας μοτοσικλέτας και το αδιέξοδο δρομάκι φωτίστηκε από τον προβολέα της. Η μοτοσικλέτα ήρθε και φρενάρισε στριγκλίζοντας μερικά μόνο εκατοστά από τον Μαρκ και τη Ρεβέκα.

– Στεφάν! είπε ο Μαρκ όταν αναγνώρισε τον αναβάτη της μοτοσικλέτας. Βοήθα μας! Πρέπει να μας βοηθήσεις!

– Να σας βοηθήσω; Γιατί χρειάζεστε βοήθεια; τους ρώτησε ο Στεφάν και κατέβηκε από τη μοτοσικλέτα. Έι, Ρεβέκα, είσαι εντάξει;

Η Ρεβέκα σηκώθηκε από κάτω και άρχισε να κοιτάει τρομοκρατημένη γύρω της. Το πλάσμα δε φαινόταν πουθενά, λες και είχε ανοίξει η γη και το κατάπιε. Ο Μαρκ διηγήθηκε στα γρήγορα στον Στεφάν την επίθεση που είχαν δεχτεί.

– Αυτό είναι αδύνατον, μουρμούρισε καθώς προσπαθούσε με τον Μαρκ να ηρεμήσουν τη Ρεβέκα. Δεν μπορεί να 'γινε καπνός!

Η Ρεβέκα τους καθησύχασε ότι ήταν εντάξει και μετά άρχισε να κοιτάει το δρόμο μια πάνω, μια κάτω. Ύστερα έλεγξε έναν έναν τους κάδους των σκουπιδιών. Τέλος κοίταξε προς τις αποθήκες. Το πλάσμα είχε γίνει άφαντο!

– Μήπως το φανταστήκατε και οι δυο σας; τους ρώτησε ο Στεφάν.

– Αποκλείεται! του είπε ο Μαρκ και του έδειξε πρώτα το έγκαυμα στο μάγουλό του από το σάλιο του πλάσματος κι ύστερα τις μελανιές γύρω από το λαιμό της Ρεβέκας.

Ο Στεφάν πήρε μια βαθιά ανάσα. Στα τσιγγάνικα μάτια του υπήρχε μια παράξενη έκφραση· μια έκφραση ανησυχίας και τρόμου.

– Νοσφεράτου, είπε τελικά.

– Νοσφερ... τι; τον ρώτησε η Ρεβέκα κι ένιωσε να ανατριχιάζει ολόκληρη στο άκουσμα και μόνο της λέξης αυτής.

– Νοσφεράτου, επανέλαβε αργά ο Στεφάν. Είναι το όνομα που χρησιμοποιούσαν οι παππούδες μου στις ιστορίες που μου έλεγαν από την πατρίδα τους με βρικόλακες.

– Βρικόλακες! αναφώνησε ο Μαρκ. Τα βλέπεις, Μπέκι, σ' το είπα!

– Ανοησίες, του είπε η Ρεβέκα, αν και μέσα της πίστευε το αντίθετο. Δεν υπάρχουν τέτοια πράγματα.

– Κι εσύ πώς το ονομάζεις αυτό που εμφανίζεται ξαφνικά από το πουθενά, έχει φοβερή δύναμη, σου επιτίθεται για να σου πιει το αίμα και εξαφανίζεται μέσα στη νύχτα; τη ρώτησε ο Στεφάν.

– Όχι βρικόλακα πάντως, επέμεινε η Ρεβέκα. Δεν υπάρχουν βρικόλακες. Και είμαι αποφασισμένη να μάθω τι πραγματικά ήταν αυτό το πλάσμα.

– Πρέπει να πάμε στην αστυνομία, είπε ο Μαρκ. Είναι φανερό πως αυτό το πράγμα βρίσκεται τελικά πίσω απ' όλες τις επιθέσεις που έχουν γίνει στην ανατολική πλευρά.

– Όχι, δε θα πάμε στην αστυνομία, του είπε η Ρεβέκα αυστηρά.

– Μπέκι, παραλίγο να πεθάνεις! της υπενθύμισε ο Μαρκ.

– Κανείς από τους άλλους δεν πέθανε, απάντησε η Ρεβέκα. Δε βλέπω για ποιο λόγο εγώ θα πέθαινα...

– Ακόμα και αν έχανες το μισό σου αίμα; τη ρώτησε ο Μαρκ.

– Μην υπερβάλλεις, του απάντησε η Ρεβέκα.

Παρ' όλ' αυτά ο Μαρκ επέμεινε:

– Εγώ νομίζω πως, αν σου 'πινε το μισό σου αίμα, σίγουρα θα πέθαινες, είπε.

Η Ρεβέκα δεν άντεξε άλλο τη λογική του και του είπε εκνευρισμένη:

– Και νομίζεις πως η αστυνομία θα με πίστευε, αν τους έλεγα πως μου επιτέθηκε ένα τέρας με σακούλες στα μάτια, που έφτυνε οξύ και, όταν προσπαθήσαμε να το κυνηγήσουμε, εκείνο διαλύθηκε μέσα στην ομίχλη; Οι αστυνομικοί θα 'βαζαν τα γέλια μαζί μας, ιδιαίτερα αν άρχιζες να τους μιλάς για βρικόλακες. Σίγουρα θα σε ξαπόστελναν στο πιο κοντινό τρελάδικο.

Ο Μαρκ και ο Στεφάν παραδέχτηκαν σκεφτικοί πως είχε δίκιο.

– Τι προτείνεις λοιπόν; τη ρώτησε σοβαρά ο Μαρκ. Δε νομίζω πως έχουμε αρκετά στοιχεία για να συνεχίσουμε την έρευνα.

– Θα περιμένουμε πρώτα τον Τζόε και την Κολέτ, που έρχονται αύριο, του είπε η Ρεβέκα.

– Τον Τζόε και την Κολέτ; ρώτησε ο Στεφάν, γιατί προφανώς τα ονόματα δεν του έλεγαν τίποτα.

– Είναι φίλοι μας από το Ινστιτούτο, του απάντησε ο Μαρκ και κατόπιν διόρθωσε βιαστικά τον εαυτό του: Ο Τζόε είναι από το Ινστιτούτο. Η Κολέτ είναι απλώς μια φίλη.

– Γιατί πρέπει να τους περιμένουμε; τους ρώτησε ο Στεφάν.

Ο Μαρκ και η Ρεβέκα κοιτάχτηκαν.

– Ας πούμε πως, αν θέλει κανείς να ψάξει για κάτι, ο Τζόε και η Κολέτ είναι οι κατάλληλοι άνθρωποι! είπε ο Μαρκ.

– Ο Τζόε και η Κολέτ είναι ιδιαίτερα άτομα, πρόσθεσε η Ρεβέκα.

– Ιδιαίτερα; έκανε απορημένος ο Στεφάν.

– Στεφάν, του είπε ο Μαρκ, σε θέματα που έχουν σχέση με το υπερφυσικό, ο Τζόε και η Κολέτ είναι μοναδικοί. Όταν τους γνωρίσεις, θα δεις ότι η Σοσόστρις είναι ένα τίποτα μπροστά τους!

– Μα βέβαια, η Σοσόστρις... Κόντευα να το ξεχάσω, είπε ο Στεφάν κι έβαλε το χέρι του στην εσωτερική τσέπη του δερμάτινου μπουφάν του, απ' όπου έβγαλε ένα σφραγισμένο καφέ φάκελο, τον οποίο και έδωσε στον Μαρκ και στη Ρεβέκα. Μου ζήτησε να παραδώσω αυτό το γράμμα για λογαριασμό της. Είπε πως ήταν επείγον και πως θα 'πρεπε να το παραδώσω σήμερα. Γι' αυτό βρίσκομαι εδώ.

Η Ρεβέκα, η οποία ετοιμαζόταν να ρωτήσει τον Στεφάν τι γύρευε σ' αυτή την πλευρά του Λονδίνου, πρόσεξε τη διεύθυνση πάνω στο φάκελο: Οδός Τότερς 13, Λονδίνο, ανατολική πλευρά. Παρ' όλ' αυτά πάνω στο φάκελο δεν υπήρχε όνομα.

– Τι λέει το γράμμα; ρώτησε τον Στεφάν.

– Δεν έχω ιδέα, της απάντησε ο Στεφάν. Είμαι απλώς ο ταχυδρόμος, τίποτε άλλο.

Ο Μαρκ απομακρύνθηκε από κοντά τους κι άρχισε να κοιτάει τους αριθμούς πάνω στις κλειστές πόρτες των αποθηκών. Ύστερα τους ξαναπλησίασε με μια έκφραση απορίας στο πρόσωπό του.

– Δεν υπάρχει αριθμός δεκατρία, τους είπε.

– Μα πρέπει να υπάρχει, είπε η Ρεβέκα και ξαναδιάβασε για σιγουριά τη διεύθυνση στο φάκελο: Οδός Τότερς 13.

– Δες και μόνη σου, αν δε με πιστεύεις, της είπε ο Μαρκ.

Η Ρεβέκα πήγε πάνω-κάτω στο δρόμο κι ύστερα επέστρεψε κοντά τους.

– Έχεις δίκιο, του είπε. Δεν υπάρχει ο αριθμός δεκατρία.

– Μα δεν το καταλαβαίνω, είπε ο Στεφάν. Γιατί με έστειλε να παραδώσω ένα γράμμα σε μια διεύθυνση που δεν υπάρχει;

– Ίσως να έγραψε λάθος τη διεύθυνση, είπε η Ρεβέκα.

Ο Μαρκ γέλασε.

– Ξύπνα, Μπέκι! της είπε. Γνωρίσαμε τη γυναίκα αυτή και οι δυο μας. Νομίζεις πως θα μπορούσε να κάνει τέτοιο λάθος;

– Έχεις δίκιο, του είπε η Ρεβέκα και ύστερα γύρισε προς τον Στεφάν. Καλύτερα ν' ανοίξουμε το φάκελο.

– Είσαι σίγουρη; τη ρώτησε ο Στεφάν.

– Μα είναι ο μόνος τρόπος για να μάθουμε πού θέλει να δώσεις το γράμμα, του απάντησε η Ρεβέκα και το επιχείρημά της ακουγόταν λογικό.

Παρ' όλ' αυτά ο Στεφάν δεν ήταν σίγουρος αν ήταν σωστό ν' ανοίξουν το γράμμα, γι' αυτό και δίσταζε. Τότε ο Μαρκ του άρπαξε το φάκελο από τα χέρια και τον άνοιξε. Ύστερα έβγαλε από μέσα ένα τραπουλόχαρτο. Ο φάκελος δεν είχε τίποτ' άλλο. Ο Μαρκ κοίταξε απορημένος το τραπουλόχαρτο. Μάλιστα το γύρισε και μπρος και πίσω, για να δει μήπως υπήρχε τίποτα γραμμένο επάνω του. Ύστερα το έδειξε στους άλλους.

– Δεν πρόκειται γι' απλό τραπουλόχαρτο, είπε ο Στεφάν και το πήρε από τα χέρια του Μαρκ. Είναι μια κάρτα του ταρό.

– Από αυτές που χρησιμοποιούν για να λένε την τύχη, είπε η Ρεβέκα. Ένα μάτσο ανοησίες!

– Όχι απαραίτητα, της είπε ο Μαρκ. Κανείς δε γνωρίζει την προέλευση των ταρό. Μερικοί λένε πως τα εφηύραν οι τσιγγάνοι της Ανατολικής Ευρώπης εκατοντάδες, ίσως και χιλιάδες χρόνια πριν. Οι κάρτες αυτές σχηματίζουν μια μυστική, συμβολική γλώσσα που μόνο λίγοι άνθρωποι μπορούν να διαβάσουν.

– Εννοείς κάτι σαν κώδικα; τον ρώτησε η Ρεβέκα με δυσπιστία. Κάτι που χρησιμοποιούσαν πριν εφευρεθούν τα αόρατα μελάνια και τα μικροφίλμ;

– Δεν ακούγεται παράλογο, έτσι δεν είναι; είπε ο Στεφάν και στριφογύρισε την κάρτα στα χέρια του σκεφτικός. Αν ανήκες σε μια κυνηγημένη φυλή όπως οι τσιγγάνοι, θα ήταν λογικό να είχες ένα μυστικό κώδικα για να μπορείς να συνεννοείσαι με τους δικούς σου ανθρώπους.

– Ίσως, είπε η Ρεβέκα, αν και μέσα της πίστευε πως τα ταρό κι όλες αυτές οι κάρτες δεν ήταν παρά ένας ακόμη τρόπος για να προσελκύουν οι διάφοροι τσαρλατάνοι όπως η Σοσόστρις τους εύπιστους ανθρώπους και να τους παίρνουν χρήματα.

– Αλλά γιατί η Σοσόστρις να έδωσε στον Στεφάν μια κάρτα του ταρό για να τη μεταφέρει σε μια ανύπαρκτη διεύθυνση; αναρωτήθηκε φωναχτά ο Μαρκ.

– Κοίτα την κάρτα, του είπε ο Στεφάν και τους έδειξε την μπροστινή πλευρά της.

Έδειχνε ένα σκελετό ο οποίος θέριζε μ' ένα δρεπάνι ένα χωράφι σπαρμένο με νεκρά σώματα.

– Η κάρτα νούμερο δεκατρία, τους ανακοίνωσε ο Στεφάν και κατσούφιασε.

– Όπως ο αριθμός στη διεύθυνση, είπε η Ρεβέκα ενώ την ίδια στιγμή ένιωσε ένα ρίγος να της διαπερνάει τη σπονδυλική στήλη.

Το ρίγος αυτό θα γινόταν εντονότερο λίγα δευτερόλεπτα αργότερα, όταν ο Στεφάν θα έλεγε απλά πριν καβαλήσει τη μοτοσικλέτα του:

– Είναι η κάρτα του θανάτου.

Κανάρι Γουάρφ, Λονδίνο
Παρασκευή, 11 Δεκεμβρίου, ώρα 10.23

– Φίλε μου, αυτά είναι τα καλύτερα νέα που άκουσα τον τελευταίο καιρό, είπε ο Τζόε Ουίλιαμς στον Μαρκ κι έτριψε τα χέρια του με ευχαρίστηση.

Ο Τζόε ήταν ένα μαύρο, νεαρό παιδί από τις φτωχογειτονιές της Νέας Υόρκης. Αν και ήταν μόνο δεκατριών ετών, ήταν ένας από τους πιο έξυπνους μαθητές του Ινστιτούτου και ένας από τους πιο στενούς φίλους του Μαρκ και της Ρεβέκας. Οι τρεις τους είχαν περάσει πολλά μαζί και δεν ήταν λίγες οι φορές που ο Τζόε, με τις ιδιαίτερες ικανότητές του, είχε σώσει τη ζωή των δύο φίλων του.

– Τζόε, πραγματικά δε νομίζω ότι υπάρχει κανείς άλλος στον κόσμο που θα χαιρόταν αν άκουγε ότι ένας από τους καλύτερούς του φίλους παραλίγο να πεθάνει χθες το βράδυ, ακούστηκε μια κοριτσίστικη φωνή.

Ήταν της Κολέτ Ράσελ, ενός αγοροκόριτσου με χαριτωμένο πρόσωπο και ξανθά μαλλιά. Ήταν η τέταρτη της παρέας, η οποία, παρότι δεν ήταν μαθήτρια του Ινστιτούτου, ήταν πολύ καλή φίλη τους. Μάλιστα διέθετε τις ίδιες ικανότητες μ' αυτές του Τζόε, αν και όχι στον ίδιο βαθμό, και είχε βοηθήσει αρκετές φορές τους τρεις τους να ξεμπλέξουν από δύσκολες καταστάσεις.

Το πρόσωπο του Τζόε σοβάρεψε.

– Μα δεν τη σκότωσαν, έτσι δεν είναι; είπε. Όπως λέει και η Ρεβέκα, κανένας απ' όσους δέχτηκαν επίθεση δεν έχασε παραπάνω από δυο λίτρα αίμα.

Η Ρεβέκα χαχάνισε και έσκυψε μπροστά στην τηλεόραση για να χαμηλώσει την ένταση. Οι πρωινές ειδήσεις έφταναν στο τέλος τους χωρίς τίποτα το αξιόλογο, εκτός ίσως από κάποια προβλήματα που είχαν παρουσιαστεί στους αντιδραστήρες του πυρηνικού εργοστασίου του Κέρνες.

– Ευχαριστώ πολύ για το μεγάλο ενδιαφέρον που έδειξες για την υγεία μου,Τζόε, του είπε σαρκαστικά η Ρεβέκα.

– Παρακαλώ, της απάντησε ο Τζόε, ο οποίος δεν κατάλαβε αμέσως ότι η Ρεβέκα τον ειρωνευόταν.

– Η αλήθεια είναι πως δεν πρόκειται για καναδυό λίτρα, είπε η Ρεβέκα, αλλά για ένα τέταρτο του λίτρου μόνο. Ένας αιμοδότης δίνει περισσότερο.

Η Κολέτ ανατρίχιασε.

– Αηδία, είπε. Δε θα μ' άρεσε να δώσω αίμα.

– Κι όμως, πρέπει, της είπε ο Τζόε και ξαφνικά σοβάρεψε. Αν δε μου είχαν κάνει μετάγγιση κάποτε, ίσως σήμερα να μη βρισκόμουν εδώ...

– Να μη βρισκόσουν εδώ; τον ρώτησε απορημένη η Ρεβέκα.

— Ναι, της απάντησε ο Τζόε. Έγινε όταν ήμουν ακόμη στη Νέα Υόρκη και με χτύπησε ένα αυτοκίνητο.

— Μα αυτό πρέπει να 'ταν φοβερό, είπε η Ρεβέκα με συμπόνια.

— Είχε καμία σχέση με το άλλο ατύχημα; τον ρώτησε διστακτικά η Κολέτ, γιατί φοβόταν μην ανοίξει παλιές πληγές.

Η ερώτηση της Κολέτ είχε να κάνει με το αυτοκίνητο που χτύπησε και εγκατέλειψε την αδελφή του Τζόε, τη Σάρα, η οποία έπειτα από λίγο πέθανε. Αυτό είχε ως αποτέλεσμα να ενεργοποιηθούν οι ιδιαίτερες ικανότητες του Τζόε, όπως ακριβώς το σχεδίαζαν οι δολοφόνοι της αδελφής του — γιατί το δυστύχημα δεν ήταν τυχαίο· κάποιος είχε σκοτώσει επίτηδες τη Σάρα.

Ο Τζόε κούνησε το κεφάλι του και προσπάθησε να διώξει τη θλιβερή ανάμνηση από το μυαλό του.

— Όχι, δεν είχε καμιά σχέση με το πρόγραμμα, είπε με πίκρα. Απλώς κάποια τρελόπαιδα είχαν βγει βόλτα με τ' αυτοκίνητο. Έχασαν τον έλεγχο και έπεσαν πάνω μου. Έχασα πολύ αίμα. Μιλάω σοβαρά.

— Αυτό είναι τρομερό, είπε η Κολέτ, που και μόνο η ιδέα του αίματος που τρέχει, την ανατρίχιαζε.

— Αν δε φρόντιζαν εκείνα τα παλικάρια στο νοσοκομείο, σήμερα δε θα σας μιλούσα, είπε ο Τζόε. Άνοιξαν την τράπεζα αίματος και μου έδωσαν όσο αίμα χρειαζόμουν. Και μη νομίζετε πως ήταν τόσο απλό όσο ακούγεται.

— Μα τι θα μπορούσε να είχε πάει στραβά; τον ρώτησε ο Μαρκ. Στα νοσοκομεία κάνουν μεταγγίσεις αίματος κάθε μέρα.

— Όχι σαν αυτή που έκαναν σε μένα, του απάντησε ο Τζόε και το στήθος του φούσκωσε από περηφάνια. Έπρεπε να ψάξουν να βρουν αίμα σε άλλη πολιτεία.

Έχω την πιο σπάνια ομάδα αίματος που υπάρχει. Και όχι μόνο αυτό, αλλά και κάποια παράξενα αντιγόνα που κάνουν τα πράγματα ακόμα πιο δύσκολα. Δεν μπορεί ο οποιοσδήποτε να μου δώσει αίμα. Πάντα σας έλεγα πως είμαι ξεχωριστός. Ορίστε! Τώρα έχετε και την απόδειξη!

– Λες οι βρικόλακες ν' αφήσουν την Μπέκι ήσυχη τώρα που ήρθες εσύ στην πόλη; τον ρώτησε χασκογελώντας ο Μαρκ και κατόπιν κοίταξε πονηρά τη Ρεβέκα. Έτσι κι αλλιώς, αν το καλοσκεφτείς, ποιος θα 'θελε να πιει αίμα δεύτερης ποιότητας, όταν το δικό σου είναι από τα καλύτερα;

– Βλάκα! του είπε η Ρεβέκα κι ύστερα στράφηκε προς τον Τζόε, για ν' ανταποδώσει το πείραγμα του Μαρκ. Δε φαντάζεσαι πόσο χάρηκα που ήρθες, Τζόε. Επιτέλους θα 'χω κοντά μου κάποιον ενδιαφέροντα και έξυπνο.

– Κι εγώ; διαμαρτυρήθηκε ο Μαρκ.

– Αυτό ακριβώς εννοώ, είπε η Ρεβέκα και γέλασε κοροϊδευτικά. Ύστερα ξαναστράφηκε στον Τζόε, σοβαρή όμως αυτή τη φορά. Πώς τα κατάφερες να φύγεις από το σχολείο τόσο νωρίς; Εμένα η μητέρα μου πίεσε τον Έξφορντ αρκετά, λέγοντάς του ότι θα είχα την ευκαιρία να συναναστραφώ επιστήμονες στο συνέδριο κι άλλα τέτοια. Κι αν ο Μαρκ βρίσκεται εδώ, βρίσκεται γιατί ο Έξφορντ δεν ήθελε να χαλάσει το χατίρι σ' έναν εκπρόσωπο του Υπουργείου Άμυνας.

– Και δε μας λες, έχεις συναναστραφεί τίποτα επιστήμονες μέχρι τώρα; τη ρώτησε η Κολέτ για να την προκαλέσει.

– Και βέβαια όχι, πετάχτηκε ο Μαρκ αντί για τη Ρεβέκα. Παρ' όλ' αυτά γλιτώσαμε μία ακόμα εβδομάδα μαθημάτων... Αλλά, Τζόε, η Μπέκι έχει δίκιο. Πώς τα κατάφερες και σ' άφησε ο Έξφορντ; Το εξάμηνο τελειώνει την επόμενη εβδομάδα.

– Δεν έχω ιδέα, τους απάντησε ο Τζόε ανασηκώνοντας τους ώμους του. Ένιωσα και εγώ την ίδια έκπληξη με σας. Η Εύα, όμως, επέμενε πως έπρεπε να 'ρθω και εγώ στο Λονδίνο, για να σας συναντήσω.

– Η Εύα; είπε η Ρεβέκα κι έφερε στο μυαλό της τη βοηθό του στρατηγού Έξφορντ στο Ινστιτούτο, αυτή τη μυστηριώδη γυναίκα που κανένας δεν ήξερε τι ρόλο παίζει. Θα 'πρεπε να το είχα καταλάβει. Δεν υπάρχει περίπτωση να συμβαίνει κάτι παράξενο, κι αυτή να μην έχει βάλει το χεράκι της.

– Μα ποιος νοιάζεται τώρα για την Εύα; είπε ο Μαρκ. Φτάνει που εμείς είμαστε εδώ κι αυτή στο Ινστιτούτο.

– Μα δεν είναι στο Ινστιτούτο, πετάχτηκε η Κολέτ.

– Δεν είναι; τη ρώτησε ο Μαρκ, που είχε μείνει άφωνος για λίγο. Κι εσύ πώς το ξέρεις;

– Όταν πήγα με τον μπαμπά μου στο Ινστιτούτο για να πάρουμε τον Τζόε, την είδαμε να φεύγει, τους είπε η Κολέτ. Και μάλιστα με μια μαύρη λιμουζίνα. Όχι, τι νομίζατε...

– Πού πήγαινε; τη ρώτησε η Ρεβέκα.

– Ποιος ξέρει; πετάχτηκε ο Τζόε. Αλλά και τι μας νοιάζει εμάς;

– Εμένα προσωπικά καθόλου, αρκεί να μην είναι μέσα στα πόδια μας, είπε ο Μαρκ.

– Κι εμένα το ίδιο, είπε ο Τζόε. Αλλά τώρα ας συζητήσουμε κάτι σοβαρό.

– Σοβαρό; έκανε η Κολέτ απογοητευμένη, γιατί ερχόταν στο Λονδίνο μαζί με τον Τζόε νομίζοντας ότι θα περνούσαν μια εβδομάδα διασκεδάζοντας.

– Μα ναι, βρε χαζούλα, της είπε ο Τζόε κι έκανε μια γκριμάτσα. Δεν είναι σοβαρό θέμα το πού θα διασκεδάσουμε μια εβδομάδα; Μαρκ, είπες πως το λούνα-παρκ ήταν καταπληκτικό, έτσι;

Η Κολέτ κούνησε θλιμμένα το κεφάλι της, γιατί φανταζόταν πως τα αγόρια θα τις συνόδευαν για χριστουγεννιάτικα ψώνια, θα χάζευαν τις βιτρίνες και γενικά θα έκαναν μαζί τους αυτά που συνήθως αρέσουν στα κορίτσια.

– Φοβάσαι; τη ρώτησε ο Τζόε πονηρά. Βεβαίως ξέρω πως είσαι απλώς ένα κοριτσάκι...

– Τζόε, θα σου δείξω εγώ πόσο κοριτσάκι είμαι! του είπε η Κολέτ περνώντας στην αντεπίθεση, αν και μέσα της αμέσως το μετάνιωσε, γιατί είχε «τσιμπήσει» με το πρώτο στο πείραγμα του Τζόε.

– Θαυμάσια! είπε ο Μαρκ και χτύπησε τον Τζόε στην πλάτη. Απ' ό,τι βλέπω, πάμε πάλι για το τσίρκο Κάλγκαρι!

– Και ευτυχώς που είναι μέρα, γιατί έτσι δε θα χαθούμε, σχολίασε η Ρεβέκα.

Ύστερα πήγε στο παράθυρο του σαλονιού και κοίταξε έξω. Ο ουρανός ήταν πεντακάθαρος κι όλα φάνταζαν ειρηνικά μέσα στο λεπτό στρώμα χιονιού που τα σκέπαζε· τόσο ειρηνικά μάλιστα, που τα γεγονότα της προηγούμενης νύχτας έμοιαζαν με μια μακρινή, θλιβερή ανάμνηση.

– Όμως σήμερα θα πάρουμε το κινητό σου μαζί μας, εντάξει; είπε ο Μαρκ. Έτσι, αν αργήσουμε, θα 'χουμε το κεφάλι μας ήσυχο.

– Τι εννοείς αν αργήσουμε; τον ρώτησε η Ρεβέκα. Το πρωί στο λούνα-παρκ και το βράδυ έχω πει στη μητέρα μου να πάρει εισιτήρια για όλους μας για ένα καταπληκτικό μιούζικαλ.

– Τι μιούζικαλ μας λες, κορίτσι μου; πετάχτηκε ο Τζόε. Απόψε θα κυνηγήσουμε όλοι μαζί βρικόλακες!

– Δεν πιστεύω να σοβαρολογείς, του είπε η Ρεβέκα αυστηρά.

– Μα και βέβαια σοβαρολογεί, πετάχτηκε ο Μαρκ. Γιατί, Μπέκι, φοβάσαι;

Ένα από τα πράγματα που ξετρέλαιναν τον Μαρκ, ήταν να «κάνει κόμμα» με τον Τζόε και να προκαλεί τα κορίτσια.

Η Ρεβέκα ήταν έτοιμη να του απαντήσει, όταν ξαφνικά άνοιξε η πόρτα του δωματίου και μπήκε μέσα η μητέρα της. Στα χέρια της κρατούσε ένα σωρό φακέλους και δισκέτες, ενώ το πρόσωπό της έδειχνε κουρασμένο. Πίσω της ακολουθούσε ο άψογος στην εμφάνιση, όπως πάντα, κύριος Άνταμ Άντερς.

– Γεια σου, μαμά, είπε η Ρεβέκα καθώς η Έμα άφηνε τα χαρτιά της να πέσουν με δύναμη στο τραπέζι του σαλονιού.

Η Ρεβέκα έριξε μια λοξή ματιά στους φακέλους. Μερικοί από αυτούς έμοιαζαν με ιατρικούς φακέλους. Μάλιστα ορισμένοι είχαν στο πάνω δεξιό μέρος μια κίτρινη βούλα, σημάδι ότι το άτομο το οποίο αφορούσαν έπασχε από μια ιδιαίτερα κολλητική ασθένεια.

Η Έμα χασμουρήθηκε και έτριψε τα μάτια της. Φαίνεται πως η κούραση της προηγούμενης νύχτας την είχε καταβάλει, μιας και δεν είχε επιστρέψει καθόλου στο ξενοδοχείο. Αντίθετα ο Άντερς έδειχνε φρέσκος φρέσκος, λες και είχε μόλις ξυπνήσει από ένα βαθύ ύπνο.

Η Έμα χαιρέτησε τον Τζόε και την Κολέτ και τους είπε πόσο χαρούμενη ήταν που τους ξανάβλεπε. Τους είπε επίσης πως λυπόταν που δεν μπορούσε να τους περιποιηθεί εκείνη τη στιγμή, αλλά είχε ανάγκη να ξαπλώσει και να κοιμηθεί λιγάκι.

– Μα τότε να σε αφήσω, είπε ο Άντερς. Θα σε περιμένουμε στο υπουργείο στις τρεις το απόγευμα.

Ο τόνος της φωνής του φανέρωνε περισσότερο μια απαίτηση παρά μια παράκληση.

Η Έμα αναστέναξε.

– Τι να κάνουμε, αφού πρέπει, είπε, αν και ήταν φανερό πως η ιδέα δεν την ενθουσίαζε καθόλου. Ιδιαίτερα μετά από αυτό που έγινε χθες το βράδυ...

– Χθες το βράδυ; τη ρώτησε η Ρεβέκα, η οποία σκέφτηκε μήπως η μητέρα της έμαθε για την επίθεση που δέχτηκαν.

– Έγινε άλλη μια επίθεση χθες το βράδυ, τους είπε η Έμα.

– Τι ώρα; βιάστηκε να ρωτήσει ο Μαρκ, χωρίς όμως να προσέξει το έντονο ενδιαφέρον στο πρόσωπο του Άντερς. Πού;

– Λίγο μετά τα μεσάνυχτα, έτσι δεν είναι, Άνταμ; είπε η Έμα και ο Άντερς κούνησε το κεφάλι του. Στο... πώς το 'παμε αυτό το μέρος;

–Χάκνεϊ Μάρσις, απάντησε ο Άντερς.

Και αφού αυτός δεν έδειχνε διάθεση να τους δώσει περισσότερες πληροφορίες, η Έμα άρχισε να τους αφηγείται τι είχε συμβεί.

– Ευτυχώς που ο δράστης ενοχλήθηκε από κάποιους που είχαν βγάλει το σκύλο τους βόλτα, είπε. Το καημένο το κορίτσακι που δέχτηκε την επίθεση, είναι σοκαρισμένο. Δεν έχασε όμως καθόλου αίμα.

Η Κολέτ την κοίταξε με απορία.

– Δεν ήξερα πως εργάζεστε για την αστυνομία, κυρία Στορμ, της είπε.

– Μα δεν εργάζομαι, της απάντησε εκείνη και κοίταξε τον Άντερς.

Το πρόσωπό του είχε συνοφρυωθεί, σημάδι ότι πίστευε πως η μητέρα της Ρεβέκας είχε πει περισσότερα απ' όσα έπρεπε.

— Νομίζω πως είναι καλύτερα να πας για ύπνο, Έμα, είπε ο Άντερς και χαμογέλασε, ενώ ύστερα έδειξε τους φακέλους που είχε αφήσει η Έμα στο τραπέζι. Και αυτά να τα βάλεις σ' ένα ασφαλές μέρος, μακριά από περίεργα μάτια, συμπλήρωσε και κοίταξε με νόημα τον Μαρκ, τη Ρεβέκα και τον Τζόε.

Όλοι κατάλαβαν τι εννοούσε. Η Έμα Στορμ του 'ριξε μια θυμωμένη ματιά, αλλά, παρ' όλ' αυτά, αμέσως μετά του απάντησε πως είχε δίκιο.

— Υπάρχει ένα εντοιχισμένο χρηματοκιβώτιο στην κάμαρά σου, είπε ο Άντερς.

— Απ' ό,τι βλέπω, το υπουργείο τα 'χει προβλέψει όλα, είπε η Έμα και προχώρησε προς το τραπέζι, από όπου μάζεψε όλους τους φακέλους και τις δισκέτες.

Ύστερα κατευθύνθηκε προς το υπνοδωμάτιό της.

— Προσπαθεί να πετύχει το καλύτερο, είπε ο Άντερς στα τέσσερα παιδιά.

Ύστερα κοίταξε το ρολόι του —μια πολύ ακριβή μάρκα, όπως παρατήρησε η Κολέτ— και τους ζήτησε συγγνώμη που θα τους άφηνε. Είχε ένα επείγον ραντεβού με τον εργοδότη του, όπως τους είπε.

— Μα δεν είστε υπάλληλος του Υπουργείου Άμυνας; τον ρώτησε η Ρεβέκα χωρίς να μπορεί να κρύψει έναν τόνο καχυποψίας στη φωνή της.

— Και βέβαια, της απάντησε ο Άντερς χωρίς να χάσει στο ελάχιστο την ψυχραιμία του.

Ύστερα άπλωσε το χέρι του προς τον Μαρκ και τη Ρεβέκα. Η χειραψία του ήταν σταθερή και δυνατή.

— Και χάρηκα πολύ για τη γνωριμία, είπε στην Κολέτ όταν τη χαιρέτησε κι αυτή. Συγγνώμη, αλλά δε συγκράτησα τ' όνομά σου.

— Κολέτ Ράσελ, του απάντησε η Κολέτ και χαμήλωσε τα μάτια της, καθώς ο Άντερς την κοιτούσε επίμονα και διεισδυτικά, λες και μελετούσε κάποιο παράξενο ον.

Ύστερα ο Άντερς γύρισε στον Τζόε.

— Χάρηκα που σε γνώρισα, Τζόζεφ, του είπε.

— Τζόε, τον διόρθωσε ο Τζόε.

— Μα βέβαια, είπε ο Άντερς, και μ' ένα τελευταίο χαμόγελο προς όλους, έφυγε.

— Άλλη μια επίθεση του βρικόλακα! είπε ο Μαρκ μόλις ο Άντερς έκλεισε την πόρτα πίσω του. Και μόνο σαράντα πέντε λεπτά μετά την επίθεση που δεχτήκαμε εμείς!

— Σσστ! του έκανε η Ρεβέκα και έδειξε με νόημα την πόρτα του υπνοδωματίου της μητέρας της.

— Μα δεν μπορεί να είναι ο ίδιος που επιτέθηκε και σε σας, είπε η Κολέτ ψιθυριστά, για να μην την ακούσει η μητέρα της Ρεβέκας.

— Τι εννοείς; τη ρώτησε ο Τζόε.

— Η δεύτερη επίθεση έγινε στο Χάκνεϊ Μάρσις, είπε η Κολέτ απλά, λες και αυτό εξηγούσε τα πάντα.

Όμως στον Μαρκ, στη Ρεβέκα και στον Τζόε, που δε γνώριζαν καλά το Λονδίνο, αυτό δεν έλεγε τίποτα.

— Το Χάκνεϊ είναι τουλάχιστον τρία χιλιόμετρα μακριά από το Γουάιτσαπελ, όπου σας επιτέθηκαν, συνέχισε η Κολέτ και τους εξήγησε πως κάποτε είχε επισκεφτεί την περιοχή με τον πατέρα της, όταν εκείνος έψαχνε να νοικιάσει ένα γραφείο στο ανατολικό Λονδίνο. Με τα πόδια, θα χρειαζόταν κάποιος τουλάχιστον μισή ώρα για να φτάσει από το Γουάιτσαπελ στο Χάκνεϊ, ιδιαίτερα με την ομίχλη που είχε χθες...

— Μα τότε μιλάμε για στρατό από βρικόλακες! είπε ο Μαρκ και έτριψε τα χέρια του με χαρά.

— Βλάκα! του είπε η Ρεβέκα αλλά δε συγκρατήθηκε και χαμογέλασε.

— Μα πώς αλλιώς μπορείς να το εξηγήσεις; τη ρώτησε ο Μαρκ. Λες να πήδησε πάνω στο πρώτο λεωφορείο και να 'φτασε μέχρι εκεί;

— Όχι..., είπε αόριστα η Ρεβέκα.

— Ίσως να μεταμορφώθηκε σε νυχτερίδα και να πέταξε, πρότεινε ο Τζόε, ο οποίος κατάλαβε ότι ο Μαρκ ήθελε να πειράξει τα κορίτσια κι αποφάσισε να μπει κι αυτός στο παιχνίδι.

— Δεν ξέρω, είπε η Ρεβέκα, κάτι το οποίο ήταν πρωτοφανές γι' αυτή, ιδιαίτερα αν κάποιο πράγμα δεν είχε λογική εξήγηση.

— Ίσως πρέπει να το αναφέρεις στον Άντερς, της είπε η Κολέτ.

Η Ρεβέκα της πέταξε ένα κοφτό «όχι» και συνέχισε:

— Αν μας πίστευε –που πολύ αμφιβάλλω– θα ήθελε να αναλάβει την υπόθεση προσωπικά.

— Εγώ πάντως δεν τον εμπιστεύομαι, είπε ο Μαρκ. Εννοώ έτσι όπως εμφανίστηκε από το πουθενά και σας έβαλε σ' αυτό το εντυπωσιακό δωμάτιο και ύστερα είπε στη μητέρα σου πως έπρεπε να κάνει κάποια δουλειά για το υπουργείο. Και το ότι την έβαλε να υπογράψει μια δήλωση, ότι δε θα αποκαλύψει κρατικά μυστικά, αυτό πού το βάζεις; Και να την αναγκάσει να βάλει τους φακέλους στο χρηματοκιβώτιο για να μην τους δούμε... Όλα αυτά είναι ύποπτα.

— Συμφωνώ, είπε η Ρεβέκα.

— Εμένα πάντως μου φαίνεται όμορφος... Πρέπει να 'ναι τουλάχιστον τριάντα χρόνων, είπε η Κολέτ κι έφερε στο νου της τα πράσινα μάτια του να την κοιτούν διαπεραστικά μόλις λίγα λεπτά πριν.

— Πράγματι είναι όμορφος, είπε η Ρεβέκα. Μάλιστα θα 'λεγα πως παραείναι όμορφος!

Ο Μαρκ και ο Τζόε μούγκρισαν.

– Τι εννοείς; τη ρώτησε η Κολέτ.

– Πόσων ετών νομίζετε ότι είναι, παιδιά; ρώτησε η Ρεβέκα τον Μαρκ και τον Τζόε.

Ο Μαρκ ανασήκωσε τους ώμους του.

– Τριάντα με τριάντα πέντε, είπε. Αν όμως έχει υψηλή θέση στο υπουργείο, τότε ίσως λίγο παραπάνω.

– Και δεν έχει ούτε μια ρυτίδα στο πρόσωπό του, είπε η Ρεβέκα. Και ούτε ένα γραμμάριο λίπους στο κορμί του...

– Ίσως να γυμνάζεται τακτικά, είπε ο Τζόε. Υπάρχει, όμως, κάτι που με βάζει σε πολλές υποψίες. Με φώναξε Τζόζεφ.

– Και λοιπόν; τον ρώτησε η Ρεβέκα. Αφού έτσι σε λένε.

– Ναι, είπε ο Τζόε, αλλά εγώ δεν του είπα το όνομά μου, ενώ εσένα, Κολέτ, σε ρώτησε.

– Δίκιο έχεις, του είπε η Κολέτ. Άρα πώς ήξερε το όνομά σου;

– Δεν έχω ιδέα, είπε ο Τζόε. Και υπάρχει μόνο ένας άνθρωπος που με φωνάζει Τζόζεφ και ποτέ Τζόε.

– Και ποιος είναι αυτός; τον ρώτησε ο Μαρκ.

– Η Εύα, του απάντησε ο Τζόε.

ΑΠΑΓΟΡΕΥΜΕΝΗ
ΖΩΝΗ

Το τρένο των φαντασμάτων

Τσίρκο Κάλγκαρι, Πάρκο Βικτόρια, Λονδίνο
Παρασκευή, 11 Δεκεμβρίου, ώρα 15.09

Αν και ήταν μεσημέρι, το τσίρκο Κάλγκαρι είχε πολύ κόσμο.

Την ώρα που ο Μαρκ, η Ρεβέκα, ο Τζόε και η Κολέτ κατευθύνονταν προς τα τρενάκια, η Σοσόστρις βγήκε έξω από την καμπίνα της και τους ακολούθησε με τα μάτια. Όταν πια δεν τους έβλεπε, έβγαλε αμέσως το κινητό της.

– Οι μαθητές του Ινστιτούτου πρέπει να μπουν κάτω από στενή παρακολούθηση, είπε στο κινητό και κατόπιν έκλεισε.

Αμέσως μόλις αγόρασαν τις μάρκες τους από τον Μπέλα, ο οποίος βρισκόταν και σήμερα πίσω από το ταμείο, τα τέσσερα παιδιά ξεκίνησαν για το τρένο των φαντασμάτων, όπως είχε προτείνει η Λεάνα, η κοπέλα του Στεφάν, στον Μαρκ και τη Ρεβέκα.

Και δεν είχε άδικο. Το τρενάκι ήταν πολύ εντυπωσιακό. Είχε το σχήμα μιας τεράστιας μαύρης αράχνης με γιγαντιαία πόδια κι ένα στόμα που έσταζε ψεύτικο αίμα. Τα βαγόνια ήταν κατάμαυρα επίσης. Ήταν όλο σχεδιασμένο έτσι, ώστε να έχεις την εντύπωση πως τα βαγόνια θα περνούσαν μέσα από το στομάχι της αράχνης.

Ένα σωρό φωτάκια, σχεδιασμένα μάλλον για να αναπαριστούν τα μυριάδες μάτια της αράχνης, αναβόσβηναν και σε υπνώτιζαν. Στην κορυφή του σώματος της αράχνης βρισκόταν ένας δυνατός προβολέας, ο οποίος αναβόσβηνε συνέχεια, προφανώς για να προσελκύει κόσμο.

Από το εσωτερικό άκουγες βογκητά, μουγκρητά και στριγκλιές. Κανένας όμως δεν μπορούσε να καταλάβει αν ήταν ουρλιαχτά ευχαρίστησης ή τρόμου ή ένας συνδυασμός και των δύο.

Στο θώρακα της αράχνης ήταν ζωγραφισμένες τρομαχτικές εικόνες κρανίων που ούρλιαζαν, μακάβρια τέρατα που έκαναν γκριμάτσες και νυχτερίδες βαμπίρ, δηλαδή η διακόσμηση που συνήθως βρίσκει κανείς σε τέτοια τρενάκια σ' όλα τα τσίρκα του κόσμου. Ανάμεσα στις ζωγραφιές υπήρχαν σχέδια από κάποια περίεργα σύμβολα.

Σε μια γωνιά υπήρχε μια μεγάλη γεννήτρια, η οποία τροφοδοτούσε με ηλεκτρικό ρεύμα το τρενάκι. Σε μια πρώτη ματιά, η γεννήτρια αυτή δεν έμοιαζε να συνδέεται με τίποτε άλλο, εκτός από το τρενάκι. Όμως αν κάποιος παρατηρούσε καλύτερα, θα έβλεπε ότι υπήρχε και δεύτερο καλώδιο, εκτός από το κεντρικό. Αν μάλιστα το ακολουθούσε, θα έβλεπε ότι κατέληγε στην καμπίνα της Σοσόστρις.

Δίπλα στη γεννήτρια στέκονταν δυο άντρες με άγριες φάτσες. Είναι λογικό, σκέφτηκε ο Τζόε μόλις τους είδε, γιατί αν κάποιος πείραζε τη γεννήτρια, το τρενάκι δε θα λειτουργούσε κι έτσι θα στερούσε το τσίρκο από ένα σημαντικό πόλο έλξης του κόσμου που το επισκεπτόταν.

– Καταπληκτικό μηχάνημα, είπε ο Μαρκ όταν είδε τη γεννήτρια. Θα 'θελα να το δω από κοντά.

– Ας δοκιμάσουμε πρώτα το τρενάκι, είπε ο Τζόε και κοίταξε τα δυο κορίτσια. Θα μπούμε όλοι, έτσι;

Η Κολέτ δεν ήταν σίγουρη, έτσι όπως άκουγε όλα αυτά τα ουρλιαχτά από μέσα.

– Εγώ μάλλον όχι, είπε.

– Μα μας το υποσχέθηκες! διαμαρτυρήθηκε ο Τζόε.

– Είπα πως θα μπω μαζί σας στο τρένο του τρόμου, όχι σ' αυτό εδώ, είπε η Κολέτ.

– Έλα τώρα, Κολέτ, της είπε η Ρεβέκα. Αν είμαστε όλοι μαζί, θα το διασκεδάσουμε.

– Μα το τρένο του τρόμου είναι πολύ πιο τρομακτικό από αυτό, της είπε ο Μαρκ. Αφού δε φοβάσαι να πας εκεί, γιατί φοβάσαι αυτό εδώ;

– Δεν ξέρω, απάντησε η Κολέτ. Απλώς ένα προαίσθημα...

– Τι είδους προαίσθημα; τη ρώτησε ο Τζόε, που εμπιστευόταν τη διαίσθησή της.

– Δεν ξέρω, ξαναείπε η Κολέτ και παρατήρησε αυτούς που μόλις έβγαιναν από το τρενάκι, οι οποίοι ήταν όλοι χλομοί και άσπροι σαν πανί.

– Γιατί, λοιπόν, δε θέλεις ν' ανέβεις; επέμεινε ο Μαρκ.

– Γιατί έτσι, του απάντησε αποφασιστικά η Κολέτ και κοίταξε προς την αντίθετη κατεύθυνση του τσίρκου, προς τα εκεί όπου ο Μαρκ και η Ρεβέκα της είχαν πει ότι είχαν δει τα ζώα. Εξάλλου θέλω να πάω να δω τα ζώα. Δεν αντέχω να τα σκέφτομαι κλεισμένα μέσα σε κλουβιά. Θέλω να δω αν είναι σε καλή κατάσταση.

– Εντάξει, της είπε ο Μαρκ και στήθηκε μαζί με τον Τζόε και τη Ρεβέκα στην ουρά για να επιβιβαστούν.

Όταν έφτασε η σειρά τους, είδαν μπροστά τους τον Στεφάν. Αυτός μάζευε τις μάρκες απ' όσους θα επιβιβάζονταν. Τον χαιρέτησαν. Ο Στεφάν τους χαιρέτησε κι αυτός αλλά αρνήθηκε να πάρει τις μάρκες τους. Τους είπε ότι αυτόν το γύρο τούς τον έκανε δώρο. Έτσι κι αλλιώς θα τους άρεσε τόσο πολύ, που θα ήθελαν να ξαναπάνε!

Η Κολέτ παρατήρησε τους τρεις φίλους της την ώρα που επιβιβάζονταν σ' ένα βαγονάκι. Η Ρεβέκα έκατσε στη μέση και τα δυο αγόρια αριστερά και δεξιά της. Τους κούνησε διστακτικά το χέρι, αλλά δεν ήταν σίγουρη αν εκείνοι την είδαν.

Μέσα της δεν μπορούσε ακόμα να εξηγήσει λογικά γιατί δεν είχε πάει μαζί τους. Ήταν βεβαίως αυτό το προαίσθημα... αλλά ήταν αόριστο, όχι κάτι συγκεκριμένο. Αποφάσισε να μην το σκεφτεί άλλο και άρχισε να προχωράει προς τα κλουβιά με τα ζώα.

Την ώρα που η Κολέτ κατευθυνόταν προς τα κλουβιά με τα ζώα, ένας γεροδεμένος άντρας πενήντα περίπου χρόνων πλησίασε τον Στεφάν, αντάλλαξε μερικές κουβέντες μαζί του κι έδειξε την Κολέτ, χωρίς όμως εκείνη να το προσέξει. Ύστερα ο άντρας χτύπησε φιλικά τον Στεφάν στην πλάτη κι άρχισε να ακολουθεί την Κολέτ από μακριά.

Τσίρκο Κάλγκαρι
Παρασκευή, 11 Δεκεμβρίου, ώρα 15.13

Σ' αυτή τη μεριά του τσίρκου δεν υπήρχε παρά ελάχιστος κόσμος. Η Κολέτ απογοητεύτηκε όταν έψαξε ένα γύρω με τα μάτια και δεν είδε πουθενά τη γυναίκα με τα γένια που της είχαν πει ο Μαρκ με τη Ρεβέκα. Επίσης στο τροχόσπιτο του Αλεξέι δε φαινόταν να υπάρχει ψυχή.

Οι μόνοι άνθρωποι που αντίκρισε εκεί κοντά ήταν οι φαλακροί δίδυμοι. Την είδαν κι αυτοί κι άρχισαν να λένε κάτι μεταξύ τους, σε μια γλώσσα όμως που η Κολέτ δεν καταλάβαινε.

Η Κολέτ πήγε πρώτα στο κλουβί με τη λευκή τίγρη, ύστερα στο λύκο με τα τρία αφτιά και κατόπιν στο γάιδαρο με τη διπλή ουρά.

– Φτωχούλια μου, τους είπε κάποια στιγμή, αν μπορούσα να σας ελευθερώσω, θα το 'κανα αμέσως.

Τα ζώα, λες και κατάλαβαν αυτό που είχε πει, άρχισαν να μετακινούνται μέσα στα κλουβιά τους. Αυτό δεν παραξένεψε καθόλου την Κολέτ. Ήξερε πως ανάμεσα στα ζώα και στον άνθρωπο μπορεί να αναπτυχθεί ένας ιδιαίτερος κώδικας, έστω κι αν τα ζώα λειτουργούν με το ένστικτο κι όχι με τη λογική.

Ύστερα πλησίασε το κλουβί του γορίλα. Ο Γιούρι ήταν κουλουριασμένος σε μια γωνιά. Όταν είδε την Κολέτ, σηκώθηκε και πλησίασε τα κάγκελα του κλουβιού του. Ύστερα άρχισε να τα ταρακουνά ενώ ταυτόχρονα κοιτούσε την Κολέτ με τα μεγάλα, σκούρα και λυπημένα μάτια του.

Η Κολέτ κοίταξε και αυτή το γορίλα μέσα στα μάτια. Της φάνηκε τρομερά έξυπνος. Του χαμογέλασε και, έκπληκτη, τον είδε να της χαμογελάει κι εκείνος. Αναρωτήθηκε αν ο γορίλας είχε καταλάβει την έκφρασή της και της την ανταπέδιδε.

Γύρισε τα μάτια της προς τα πάνω και διάβασε την πινακίδα που βρισκόταν καρφωμένη στα κάγκελα του κλουβιού. Έγραφε το όνομα του Γιούρι στα ρωσικά και από κάτω στα αγγλικά.

– Γεια σου, Γιούρι, του είπε. Είμαι η Κολέτ.

Ο Γιούρι άφησε ένα μουγκρητό, σαν να της απαντούσε. Ύστερα έκανε το εξής καταπληκτικό: σούφρωσε τα χοντρά του χείλη και άφησε να του ξεφύγουν δυο μικροσκοπικοί ήχοι! Δεν ήταν ακριβώς γρυλίσματα, αλλά δεν ήταν και λέξεις. Αν δεν ήταν γορίλας, θα 'παιρνε κανείς όρκο πως προσπαθούσε να μιλήσει!

Ο Γιούρι συνέχισε να σουφρώνει τα χοντρά του χείλη και να βγάζει μικροσκοπικούς ήχους. Η Κολέτ τον παρατηρούσε άναυδη. Μέσα της σκέφτηκε πως ο Γιούρι μάλλον προσπαθούσε να πει τ' όνομά της, όσο κι αν η λογική της της έλεγε πως κάτι τέτοιο ήταν αδύνατον.

Η Κολέτ κάρφωσε τα μάτια της στον Γιούρι κι άρχισε να τον παρατηρεί. Το ίδιο έκανε κι ο Γιούρι. Υπήρχε κάτι το σχεδόν ανθρώπινο στον τρόπο που ο φυλακισμένος γορίλας ανταπέδιδε το βλέμμα της. Συνέχισε να κοιτά τον Γιούρι βαθιά μέσα στα μάτια... ολοένα και πιο βαθιά.

Ξαφνικά ένιωσε να κρυώνει. Μια παγωνιά τής τρυπούσε τα κόκαλα. Δεν ήταν το συνηθισμένο κρύο του Λονδίνου ένα δεκεμβριάτικο απόγευμα, αλλά ένα κρύο διαφορετικό, από μια άλλη χώρα· μια χώρα κοντά στο Βόρειο Πόλο!

Κοίταξε τον Γιούρι ακόμα πιο βαθιά μέσα στα μάτια. Της φάνηκε πως έβλεπε εικόνες: δέντρα ριγμένα κάτω να καίγονται, ένα φως πιο δυνατό και από εκατό ήλιους, ένα μικροσκοπικό πλάσμα κουλουριασμένο μέσα στο χιόνι, να ερευνά νευρικά το σκοτάδι με τα μεγάλα κόκκινα μάτια του.

Η Κολέτ ανοιγόκλεισε τα μάτια της. Το πρόσωπο του Γιούρι ήταν τώρα πολύ κοντά στο δικό της. Σχεδόν ένιωθε την καυτή ανάσα του στα μάγουλά της.

– Γιούρι, μπορείς να με καταλάβεις; ψιθύρισε σιγανά και άπλωσε το χέρι της για να χαϊδέψει το κεφάλι του μεγάλου γορίλα.

Ξαφνικά ένιωσε δύο χέρια να τη βουτάνε από τους ώμους και να την τραβάνε μακριά από το κλουβί. Η Κολέτ γύρισε προς τα πίσω.

Ήταν οι δίδυμοι, οι οποίοι άρχισαν να τη φτύνουν και να τη βρίζουν. Επίσης της κουνούσαν απειλητικά τα χέρια τους, που έμοιαζαν με δαγκάνες, και ανοιγόκλειναν το στόμα τους, απ' όπου πρόβαλλαν κάτι δόντια κοφτερά σαν ξυράφι.

Η Κολέτ πισωπάτησε και κόλλησε ασυναίσθητα την πλάτη της στα κάγκελα του κλουβιού του Γιούρι. Οι δυο δίδυμοι άρχισαν να στριγκλίζουν δυνατά. Το ίδιο κι ο Γιούρι. Η Κολέτ φοβήθηκε ότι ο Γιούρι θα την άρπαζε μέσα από το κλουβί του, γι' αυτό και άρχισε να κοιτάει ανήσυχα δεξιά κι αριστερά, μήπως μπορούσε να ξεφύγει.

Όμως δεν υπήρχε κανένας τρόπος να ξεφύγει. Οι δίδυμοι τσίριζαν τώρα πάρα πολύ δυνατά. Για κάποιο λόγο, έδειχναν φοβερά εκνευρισμένοι. Η Κολέτ κατάλαβε πως, αν έκανε έστω και ένα βήμα, θα ρίχνονταν πάνω της με τ' απαίσια, κοφτερά τους δόντια.

Με μια ματιά που έριξε προς τ' αριστερά της, είδε ένα σωρό νάνους να την πλησιάζουν με μια απειλητική έκφραση στο πρόσωπό τους, ενώ από τα δεξιά ερχόταν αργά προς το μέρος της ένας φρικτά παραμορφωμένος άντρας χωρίς πόδια. Το πρόσωπό του ήταν μια άμορφη μάζα από σάρκα και οστά.

Η Κολέτ ήθελε να ουρλιάξει, όμως το ουρλιαχτό πνιγόταν στο λαιμό της. Από την αγωνία της δάγκωσε τα χείλη της τόσο δυνατά, που το αίμα άρχισε να κυλά στο σαγόνι της.

Πίσω της ο Γιούρι χοροπηδούσε μανιασμένα πάνω-κάτω μέσα στο κλουβί του και ταρακουνούσε με τα δυνατά του χέρια τα κάγκελα του κλουβιού, σαν να 'θελε να τα σπάσει. Ακόμα και μέσα στον πανικό της, η Κολέτ πρόσεξε πόσο μακριά και λεπτά ήταν τα δάχτυλα του γορίλα, σαν ανθρώπινα.

— Σταματήστε! Αφήστε την ήσυχη, όλοι σας! ακούστηκε μια αντρική φωνή.

Η Κολέτ γύρισε. Ένας άντρας έτρεχε προς το μέρος της. Ήταν ο ίδιος άντρας που είχε μιλήσει με τον Στεφάν και ύστερα την είχε ακολουθήσει, χωρίς βεβαίως η ίδια να το καταλάβει.

Ο άντρας πρέπει να 'ταν γύρω στα σαράντα πέντε και είχε στο πρόσωπό του ένα περιποιημένο γενάκι. Αν το δεξιό μέρος του προσώπου του δεν ήταν σημαδεμένο και παραμορφωμένο από κάτι που έμοιαζε με έγκαυμα, θα μπορούσες να τον πεις όμορφο.

— Σταματήστε! φώναξε ξανά. Αφήστε την ήσυχη, είπα! Θέλετε να καταστρέψετε τα πάντα; Αφήστε την ήσυχη!

Όλοι τον υπάκουσαν αμέσως και άρχισαν να απομακρύνονται. Ακόμα κι ο Γιούρι σταμάτησε να κουνάει τα κάγκελα του κλουβιού του και να χοροπηδάει πάνω-κάτω.

Ο άντρας πλησίασε την Κολέτ.

— Είσαι καλά; τη ρώτησε με βαριά ρωσική προφορά.

Η Κολέτ δεν του απάντησε, παρά έκανε ένα βήμα

προς τα πίσω για να μην είναι κοντά του. Τα μάτια της κοιτούσαν επίμονα το δεξιό μέρος του προσώπου του, όσο κι αν δεν το 'θελε.

— Σε ρώτησα, δεσποινίς, είσαι εντάξει; την ξαναρώτησε ο άντρας.

— Έτσι νομίζω, του απάντησε η Κολέτ και κούνησε το κεφάλι της.

— Νόμιζαν πως απειλούσες τον Γιούρι, αυτό είναι όλο, είπε ο άντρας. Βλέπεις, όλοι προσπαθούμε να προστατέψουμε τον Γιούρι, πρόσθεσε κι έστρεψε το βλέμμα του προς το κλουβί του γορίλα.

Ο Γιούρι μούγκρισε και άρχισε να ξύνει αφηρημένα το πάτωμα του κλουβιού του.

Η Κολέτ κοίταξε κι αυτή τον Γιούρι.

— Είναι πολύ έξυπνος, είπε.

— Τι εννοείς; τη ρώτησε απότομα ο άντρας.

— Τίποτα, του απάντησε η Κολέτ.

Ο άντρας φάνηκε να ηρεμεί.

— Ναι, είπε με κουρασμένο ύφος, είναι πολύ έξυπνος.

— Ποιος είσαι; τον ρώτησε η Κολέτ.

— Με λένε Μπόρις, Μπόρις Γιέκουλβο, της απάντησε εκείνος. Είμαι υπεύθυνος στο τρένο των φαντασμάτων.

— Μα δε σε είδα εκεί όταν μπήκαν οι φίλοι μου, του είπε η Κολέτ.

Ο Μπόρις της απάντησε πως επειδή είχε κάποια δουλειά να κάνει, τον αντικαθιστούσε ο Στεφάν. Όλη αυτή την ώρα η Κολέτ δεν μπορούσε να ξεκολλήσει τα μάτια της από το παραμορφωμένο μέρος του προσώπου του. Ο Μπόρις το πρόσεξε.

— Ικανοποιήθηκε η περιέργειά σου; τη ρώτησε ξερά.

Η Κολέτ κατέβασε τα μάτια της από ντροπή.

— Συγγνώμη, του είπε.

— Δεν πειράζει, της είπε ο Μπόρις. Το 'χω συνηθίσει πια... Όλοι το 'χουμε συνηθίσει. Τα τέρατα του τσίρκου Κάλγκαρι. Έτσι μας φωνάζουν.

— Μα εσύ δεν είσαι τέρας, του είπε η Κολέτ. Είσαι απλώς σημαδεμένος.

— Μπορεί ναι, μπορεί και όχι, είπε ο Μπόρις. Ο Σεργκέι, όμως;

— Ο Σεργκέι; τον ρώτησε παραξενεμένη η Κολέτ.

— Ο άντρας που δεν έχει πόδια, της απάντησε ο Μπόρις. Ή η Άννα και η Μάσα, οι δίδυμες;

Μόλις τότε η Κολέτ συνειδητοποίησε πως οι φαλακροί δίδυμοι ήταν γυναίκες κι όχι άντρες. Βεβαίως ήταν τόσο δύσμορφες, που κανένας δε θα μπορούσε να καταλάβει τι είναι.

— Τι τους συνέβη; ρώτησε τον Μπόρις.

— Όλοι γεννήθηκαν έτσι, της απάντησε εκείνος. Ο Σεργκέι χωρίς πόδια, η Άννα και η Μάσα νάνοι και καθυστερημένες στο μυαλό. Και γω επίσης γεννήθηκα μ' αυτό, πρόσθεσε και της έδειξε την ουλή στο πρόσωπό του.

Η Κολέτ παρατήρησε πως είχε μόνο τρία δάχτυλα στο δεξιό του χέρι.

— Μα αυτό είναι τρομερό, του είπε.

— Αυτά τα πράγματα συμβαίνουν σ' όλο τον κόσμο, της είπε ο Μπόρις αόριστα. Κοίτα τα παιδιά που γεννήθηκαν μετά το ατύχημα στο Τσέρνομπιλ. Κοίτα επίσης τα παιδιά που γεννήθηκαν στη Χιροσίμα και το Ναγκασάκι μετά την ατομική βόμβα. Φταίει η ραδιενέργεια.

Η Κολέτ δεν είπε τίποτα. Ύστερα ο Μπόρις κοίταξε πρώτα τον Γιούρι και μετά ξανά εκείνη.

— Γιατί σ' ενδιαφέρει τόσο πολύ ο Γιούρι; τη ρώτησε.

— Ήθελα να δω αν είναι σε καλή κατάσταση, του

απάντησε η Κολέτ και πρόσθεσε: Δε μ' αρέσει να βλέπω τα ζώα σκλαβωμένα σε κλουβιά.

– Μα τα φροντίζουμε, της είπε ο Μπόρις και αμέσως μετά πρόσεξε το αίμα που είχε κυλήσει στο πιγούνι της. Τραυματίστηκες;

– Α μπα, δεν είναι τίποτα, του είπε η Κολέτ.

– Άσε με να δω, της είπε ο Μπόρις και άγγιξε με το δεξιό του χέρι, αυτό με τα τρία δάχτυλα αντί για πέντε, το πιγούνι της.

Αμέσως η Κολέτ έκανε μια ενστικτώδη κίνηση προς τα πίσω.

– Είμαι μια χαρά, του είπε.

Αυτό που ακολούθησε την άφησε άναυδη. Ο Μπόρις έφερε τα δάχτυλά του στο στόμα κι έγλειψε το λίγο αίμα που είχαν επάνω τους από το πιγούνι της! Βρικόλακας, σκέφτηκε με τρόμο η Κολέτ και τα μάτια της άνοιξαν διάπλατα.

– Κοίτα, πρέπει να φύγω, του είπε νευρικά. Οι φίλοι μου θα με περιμένουν.

– Δεν υπάρχει λόγος να βιάζεσαι, της είπε ο Μπόρις. Δε θα 'χουν βγει ακόμα από το τρενάκι.

– Πώς το ξέρεις; τον ρώτησε η Κολέτ.

– Το ξέρω, της απάντησε αινιγματικά ο Μπόρις. Αν όμως πρέπει να πας, πήγαινε. Δε θα σε σταματήσω.

– Τι εννοείς; τον ρώτησε η Κολέτ.

– Τίποτα, της είπε ο Μπόρις και της χαμογέλασε. Και την επόμενη φορά που θα ξαναπεράσεις από εδώ, να είσαι πιο προσεκτική με το γερο-Γιούρι, εντάξει;

– Εντάξει, είπε η Κολέτ και απομακρύνθηκε γρήγορα, για να μην καταλάβει ο Μπόρις πόσο πολύ την είχε τρομάξει.

Ο Γιούρι και ο Μπόρις την παρακολουθούσαν καθώς απομακρυνόταν. Ύστερα ο γορίλας γύρισε προς τον Μπόρις και στα μάτια του υπήρχε ένα ερωτηματικό βλέμμα. Ο Μπόρις κούνησε το κεφάλι του, λες και απαντούσε σε μια ερώτηση του γορίλα. Στη συνέχεια έβγαλε το κινητό του από την τσέπη του μπουφάν του και σχημάτισε έναν αριθμό.

Το κορίτσι δεν είχε μεγάλη σημασία γι' αυτούς, είπε σε κάποιον στην άλλη άκρη της γραμμής. Υπήρχαν όμως τρεις ακόμα που θα μπορούσαν ίσως να εξυπηρετήσουν το σκοπό τους.

Τσίρκο Κάλγκαρι, το τρένο των φαντασμάτων
Παρασκευή, 11 Δεκεμβρίου, ώρα 15.13

Όταν το βαγονάκι της Ρεβέκας, του Μαρκ και του Τζόε μπήκε μέσα στο στόμα της αράχνης, το πρώτο που αντίκρισαν ήταν ένα τείχος πράσινης φωτιάς. Η Ρεβέκα σήκωσε αυθόρμητα τα χέρια της για να προστατευτεί και κατόπιν άρχισε να βρίζει τον εαυτό της, όταν είδε τα πρόσωπα του Μαρκ και του Τζόε να την κοροϊδεύουν μέσα στο σκοτάδι.

– Ψυχραιμία, Ρεβέκα! της είπε ο Τζόε καθώς το βαγονάκι τους κατρακυλούσε προς το στομάχι της αράχνης. Είναι ψεύτικο, ξέρεις...

– Κι όμως, μοιάζει με αληθινή φωτιά, μόνο που είναι πράσινη! είπε ο Μαρκ κι έκανε τη φωνή του μπεμπεκίστικη, για να κοροϊδέψει τη Ρεβέκα.

Παρ' όλ' αυτά αμέσως μετά ήταν αυτός που έβαλε πρώτος τις φωνές, καθώς μια τεράστια νυχτερίδα εμφανίστηκε από το πουθενά και πέρασε ξυστά πάνω από τα κεφάλια τους.

– Χαλάρωσε, Μαρκ, δεν είναι αληθινή, ξέρεις! του

είπε η Ρεβέκα για να του ανταποδώσει την κοροϊδία.

Ο Στεφάν τους είχε υποσχεθεί ότι θα περνούσαν καταπληκτικά. Και δεν είχε άδικο. Καθώς το βαγονάκι άρχισε ν' ανηφορίζει πάνω στις ράγες μέσα από τα διάφορα τούνελ κι ύστερα να βουτά με ιλιγγιώδη ταχύτητα μέσα στο στομάχι της αράχνης, οι τρεις φίλοι παρατήρησαν πως το όλο σκηνικό ήταν εξοπλισμένο με την τελευταία λέξη της τεχνολογίας.

Εκτός από τις νυχτερίδες, τους σκελετούς που κροτάλιζαν, τις αράχνες μέσα στην καρδιά των τεράστιων ιστών τους, τους παράξενους θορύβους και τις ακόμα πιο παράξενες μυρωδιές που γνώριζαν κι από άλλες φορές σε άλλα τσίρκα, υπήρχαν ειδικά εφέ που δεν είχαν ξαναδεί ποτέ πριν: πρώτα πρώτα κάτι περίεργα, φαντασμαγορικά τέρατα με δύο ή περισσότερα κεφάλια που χόρευαν μεταξύ τους ένα μακάβριο χορό και ύστερα έκαναν επίθεση στα διάφορα βαγονάκια. Βεβαίως μη φανταστεί κανείς πραγματική επίθεση, γιατί τα σώματά τους περνούσαν ανάμεσα από τους επιβάτες σαν αέρας και χάνονταν. Ακόμη, ένα σωρό χνουδωτά πλοκάμια τσιμπούσαν τους επιβάτες στο πρόσωπο, πριν το βαγονάκι τους πάρει μια απότομη στροφή πάνω στις ράγες και κινηθεί με τρομερή ταχύτητα προς τα κάτω, στέλνοντάς τους στο ανοιχτό στόμα ενός τεράστιου διαβόλου, που έχασκε λες και περίμενε να τους καταπιεί.

Επιπλέον από παντού ξεπηδούσαν ψεύτικες φλόγες που έκαναν τον αέρα μέσα στα τούνελ να είναι πνιγηρός. Για μια στιγμή οι τρεις φίλοι σκέφτηκαν πως το τρένο των φαντασμάτων είχε πιάσει φωτιά – τόσο ρεαλιστικά ήταν τα ειδικά εφέ. Από μακριά ακουγόταν το κροτάλισμα από τις αλυσίδες και τα βογκητά των νεκρών που είχαν καταδικαστεί σε αιώνια μαρτύρια.

Το τούνελ μέσα από το οποίο περνούσε τώρα το βαγονάκι των τριών φίλων πνιγόταν σ' έναν γκριζόλευκο καπνό και μια γλυκερή μυρωδιά, και ξάφνου ξεπήδησαν κάτι τέρατα με γουρλωμένα μάτια, έτοιμα να τους καταβροχθίσουν! Αλλά αμέσως μόλις το βαγονάκι πέρασε μπροστά από τα ανοιχτά στόματα των τεράτων, εκείνα φύσηξαν στο σβέρκο των τριών φίλων την καυτή ανάσα τους.

Μα το Θεό, ήταν καταπληκτικό! παραδέχτηκαν από μέσα τους οι τρεις φίλοι. Χρόνια είχαν να περάσουν τόσο καλά.

Ξαφνικά το τρενάκι σταμάτησε.

Πολλά από τα φώτα γύρω τους έσβησαν. Το μόνο φως μέσα στο τούνελ προερχόταν από κάποια λέιζερ, αλλά ήταν αδύναμο.

– Τι συμβαίνει; ρώτησε ο Τζόε και κοίταξε γύρω του, αλλά δεν μπορούσε να δει τίποτα.

Ύστερα έβαλε το χέρι του στο μέτωπό του. Είχε αρχίσει να τον πιάνει πονοκέφαλος.

– Σταματήσαμε, είπε η Ρεβέκα.

Ο καπνός άρχισε να γίνεται πιο πυκνός κι από κάπου ερχόταν μια μυρωδιά αμμωνίας. Ίσως γι' αυτό να νιώθω ζαλάδα, σκέφτηκε η Ρεβέκα όταν μύρισε τη μυρωδιά.

Ο Μαρκ προσπάθησε να δει μπροστά του, αλλά ούτε αυτός έβλεπε τίποτα. Είχε και ο ίδιος εντοπίσει τη μυρωδιά της αμμωνίας κι άρχισε ν' ανησυχεί λιγάκι.

– Μαρκ, δεν είμαι σίγουρη πως μ' αρέσει αυτό που συμβαίνει, του είπε διστακτικά η Ρεβέκα.

Ο χρόνος περνούσε και το βαγόνι τους έμενε καρφωμένο στο ίδιο σημείο. Επιπλέον, ο καπνός γινόταν ολοένα και πιο πυκνός και πνιγηρός. Άθελά της, η Ρεβέκα σκέφτηκε την επίθεση που είχαν δεχτεί την προηγούμενη νύχτα. Λες και τώρα να ξεπεταγόταν μέσα από τον καπνό κανένας βρικόλακας;

– Αυτό το αστείο παρατράβηξε, άκουσε τον Μαρκ να λέει κάποια στιγμή.

Η φωνή του ακουγόταν πολύ αδύναμη. Λες να τον έχουν επηρεάσει ο καπνός και η μυρωδιά; αναρωτήθηκε η Ρεβέκα. Ύστερα ο Μαρκ σηκώθηκε όρθιος στο βαγόνι κι άρχισε να φωνάζει.

– Έι, μας ακούει κανείς;

Η φωνή του αντήχησε μέσα στα τούνελ. Καμιά απάντηση.

– Μα αυτό είναι αδύνατον! είπε η Ρεβέκα. Είμαστε μόνοι μας σ' ολόκληρο το τρένο; Αφού περίμεναν τόσοι στην ουρά...

Ο Μαρκ φώναξε ξανά, πιο δυνατά αυτή τη φορά. Πάλι δεν πήρε απάντηση.

– Σσστ, είπε η Ρεβέκα. Κάτι ακούω...

Ο Μαρκ σταμάτησε. Το μόνο που άκουγαν όμως ήταν ένα αχνό μουρμούρισμα, το οποίο δεν έμοιαζε με το συνηθισμένο θόρυβο που κάνει, ας πούμε, μια γεννήτρια όταν δε δουλεύει καλά.

Μέσα στο μισόφωτο η Ρεβέκα ένιωσε τον Τζόε δίπλα της να τρέμει. Εδώ και δύο λεπτά ήταν σιωπηλός, πράγμα πολύ ασυνήθιστο γι' αυτόν. Τον ρώτησε τι συνέβαινε.

– Κρυώνω, της απάντησε ο Τζόε κι άρχισε να σφίγγει τα μπράτσα του γύρω από το κορμί του.

Ταυτόχρονα η Ρεβέκα άκουγε τα δόντια του να χτυπούν μεταξύ τους.

– Όχι μόνο δεν κάνει κρύο, αλλά η θερμοκρασία έχει ανέβει και πάρα πολύ, του είπε ο Μαρκ, ο οποίος προσπαθούσε να διώξει από το μυαλό του τη σκέψη ότι κάποιο τούνελ μπορεί να 'χε πιάσει φωτιά.

– Δεν ξέρω τι λέτε εσείς, παιδιά, αλλά εγώ κρυώνω περισσότερο απ' ό,τι κρύωνα στους δρόμους της Νέας Υόρκης τέτοια εποχή, ξαναείπε ο Τζόε.

Η Ρεβέκα έβαλε το χέρι της στο μέτωπο του Τζόε. Δε φαινόταν να έχει πυρετό. Παρ' όλ' αυτά έτρεμε σαν φύλλο.

– Κρυώνω πολύ..., ξαναείπε ο Τζόε, έκλεισε τα μάτια του και τύλιξε πιο σφιχτά το πανωφόρι του γύρω του, σε μια προσπάθεια να ζεσταθεί λιγάκι.

Του ήταν αδύνατον. Κρύωνε όλο και περισσότερο. Το κρύο που ένιωθε δεν το είχε ξαναδοκιμάσει. Ήταν ένα κρύο περίεργο, λες και προερχόταν από μια χώρα όπου τον περισσότερο καιρό βασιλεύουν το χιόνι και οι πάγοι.

Ήταν άραγε ακόμη ένα από τα ειδικά εφέ του τρένου των φαντασμάτων;

Ο Τζόε άνοιξε ξαφνικά τα μάτια του και είδε τον Μαρκ και τη Ρεβέκα να του δείχνουν το θόλο του τούνελ. Ένα περίεργο πράγμα σε σχήμα καμπάνας κατέβαινε αργά προς το μέρος τους. Τελικά σταμάτησε περίπου ενάμισι μέτρο πάνω από τα κεφάλια τους.

Οι τρεις φίλοι κοίταζαν με το στόμα ανοιχτό το περίεργο πράγμα να αιωρείται πάνω από τα κεφάλια τους. Ξαφνικά πάνω στο πράγμα άναψε ένας προβολέας και τους φώτισε μ' ένα μπλε φως. Η δέσμη του προβολέα σάρωσε πρώτα το κεφάλι του Μαρκ, στα γρήγορα, ύστερα το κεφάλι της Ρεβέκας, επίσης στα γρήγορα, και τέλος το κεφάλι του Τζόε, όπου και ακινητοποιήθηκε. Ο Τζόε άρχισε να νιώθει περίεργα. Δεν ήταν μόνο το κρύο, που του είχε γίνει πια αφόρητο, αλλά και το ότι ένιωθε λες και κάποιος στράγγιζε από μέσα του όλες τις δυνάμεις του.

Ξαφνικά ο προβολέας έσβησε και η παράξενη συσκευή σε σχήμα καμπάνας χωνεύτηκε αθόρυβα στο θόλο του τούνελ. Ο Τζόε έγειρε τρέμοντας την πλάτη του στο κάθισμα. Ένιωθε εξαντλημένος και κενός.

– Πάντως δε νομίζω πως ήταν κάποιο ειδικό εφέ, ακούστηκε σαρκαστική η φωνή του Μαρκ, ο οποίος ήταν φανερό ότι έκανε προσπάθεια να κρύψει το φόβο του. Κάνουν μεγάλο λάθος εάν νομίζουν πως αυτό το πράγμα σε διασκεδάζει!

– Σώπα, του είπε η Ρεβέκα λίγο απότομα και ύστερα γύρισε προς τον Τζόε. Είσαι καλά; τον ρώτησε.

– Αυτό το φως... τι ήταν; τους ρώτησε ο Τζόε.

Εκείνοι του απάντησαν πως ήταν ένα ακόμη ειδικό εφέ, όταν όμως ο Τζόε τους είπε πώς είχε αισθανθεί, άρχισαν ν' ανησυχούν.

– Ακριβώς όπως δε νιώσαμε και το κρύο, σχολίασε στο τέλος η Ρεβέκα και ρώτησε τον Τζόε αν το ένιωθε ακόμη.

– Όχι, της απάντησε εκείνος.

Ξαφνικά τα φώτα άναψαν πάλι. Τα τέρατα που διακοσμούσαν τους τοίχους του τούνελ εμφανίστηκαν και πάλι με τα κόκκινα μάτια τους να λάμπουν. Τα λέιζερ πάνω απ' το κεφάλι τους άρχισαν και πάλι να αναβοσβήνουν με ένταση, ενώ ξανακούστηκαν και τα βογκητά των καταδικασμένων στα αιώνια μαρτύρια.

Η Ρεβέκα κοίταξε προς τα δεξιά της, γιατί για μια στιγμή τής φάνηκε πως είδε κάποιον να περνά τρέχοντας δίπλα από το βαγόνι τους. Και δεν είχε άδικο. Πράγματι κάτι διέσχιζε τρέχοντας το τούνελ. Όπως μάλιστα πέρασε μπροστά από ένα ζωγραφισμένο τέρας, τα κόκκινα μάτια του τέρατος το φώτισαν και η Ρεβέκα αναγνώρισε με τρόμο το πλάσμα που τους είχε επιτεθεί την προηγούμενη νύχτα.

– Μαρκ! φώναξε η Ρεβέκα και τον άρπαξε από το

μπράτσο. Κοίτα! Το πλάσμα που μας επιτέθηκε χθες το βράδυ!

Ο Μαρκ κοίταξε προς τα εκεί όπου του έδειχνε η Ρεβέκα.

– Δεν υπάρχει τίποτα εκεί, Μπέκι, της είπε.

– Μα ήταν εκεί! επέμεινε η Ρεβέκα, παρόλο που και η ίδια δεν έβλεπε τίποτα πλέον.

Ήταν τόσο εκνευρισμένη, που ο Μαρκ σκέφτηκε να σκαρφαλώσει έξω από το βαγονάκι για να κοιτάξει καλύτερα. Και τότε, ξαφνικά, ακούστηκε θόρυβος από γρανάζια και το βαγονάκι ξανάρχισε να κυλάει πάνω στις ράγες. Η Ρεβέκα αναστέναξε με ανακούφιση. Γρήγορα θα έβγαιναν έξω, στον καθαρό αέρα.

Κρυμμένος μέσα στο σκοτάδι, ο Ξιτιρλίξ τους παρακολουθούσε που απομακρύνονταν μέσα στο βαγονάκι τους. Ύστερα έβγαλε τη διχαλωτή του γλώσσα από το στόμα του κι έγλειψε τα χείλη του λαίμαργα.

Τσίρκο Κάλγκαρι
Παρασκευή, 11 Δεκεμβρίου, ώρα 15.22

Η Σοσόστρις χαμογέλασε καθώς κοιτούσε μέσα στα βάθη της γυάλινης σφαίρας της. Είχε να νιώσει τόσο ενθουσιασμένη από τότε που δούλευε στην Αγία Πετρούπολη με το όνομα Ελένα Ποπόβα.

Θυμήθηκε το γενικό γραμματέα του κομμουνιστικού κόμματος της τότε Σοβιετικής Ένωσης, τον Χρουστσόφ, ο οποίος της είχε δώσει συγχαρητήρια για τη δουλειά της, πράγμα που την έκανε να λάμπει από ενθουσιασμό για πολλές μέρες. Από τότε που είχε πάρει μέρος στο διαστημικό τους πρόγραμμα, πρόοδευαν με άλματα, όπως της είχε πει. Το εκπληκτικό της ταλέντο και οι ικανότητές της θα μπορούσαν πολύ σύντομα να δοξάσουν τη Σοβιετική Ένωση και να κατατροπώσουν τον αντίπαλό τους, το καπιταλιστικό σύστημα, στέλνοντας τον πρώτο άνθρωπο στο διάστημα.

Η Σοσόστρις, γνωστή κάποτε με το όνομα Ελένα Ποπόβα, ένιωθε τώρα την ίδια περηφάνια καθώς κοίταζε μέσα στη γυάλινη σφαίρα της και ερμήνευε τα όσα έβλεπε. Ύστερα η Σοσόστρις έριξε μια ματιά στη φιγούρα πίσω από τη διαφανή κουρτίνα.

Σύντομα, της υποσχέθηκε, θα υπήρχε άφθονη τροφή, όσο αίμα ήθελαν...

ΑΠΑΓΟΡΕΥΜΕΝΗ ΖΩΝΗ

Κυνηγώντας βρικόλακες

Κανάρι Γουάρφ, Λονδίνο
Παρασκευή, 11 Δεκεμβρίου, ώρα 19.56

– Μα σας λέω πως είδα κάτι, επέμενε η Ρεβέκα στους φίλους της και έσπρωξε μακριά το πιάτο της.

Δεν είχε καθόλου όρεξη, κι αν είχε δεχτεί να παραγγείλουν πίτσα όταν επέστρεψαν στο ξενοδοχείο, ήταν για να μην τους χαλάσει το χατίρι.

Μήπως το φαντάστηκες; τη ρώτησε η Κολέτ.

– Όχι! Δε συνηθίζω να φαντάζομαι πράγματα, της απάντησε σε απότομο τόνο η Ρεβέκα. Είμαι σίγουρη πως αυτός ο τρελός που επιτίθεται στους ανθρώπους στην ανατολική πλευρά του Λονδίνου, έχει κάποια σχέση με το τσίρκο Κάλγκαρι.

– Θα μπορούσαμε να ρωτήσουμε τον Στεφάν, πρότεινε ο Μαρκ και δάγκωσε με λαιμαργία ένα κομμάτι πίτσα. Θα μπορούσε να μας πει αν υπάρχουν τίποτα περίεργοι τύποι που δουλεύουν στο τσίρκο.

– Τώρα μάλιστα..., του είπε η Ρεβέκα. Για θυμήσου

τον Αλεξέι, που μας απείλησε με περίστροφο, ή τα τέρατα που παραλίγο να επιτεθούν στην Κολέτ. Και μετά μου λες να ρωτήσουμε αν υπάρχουν περίεργοι τύποι σ' αυτό το τσίρκο...

– Ο Στεφάν δε θα ξέρει τίποτα, τους είπε ο Τζόε. Εάν το τσίρκο Κάλγκαρι μοιάζει μ' αυτά που ταξιδεύουν από πολιτεία σε πολιτεία στην Αμερική, τότε οι περισσότεροι εργάτες είναι περιστασιακοί. Όπου πάει το τσίρκο, προσλαμβάνει μερικούς εργάτες για όσο καιρό θα μείνει.

– Εδώ όμως υπάρχει ένας πυρήνας από μόνιμους υπαλλήλους που συνοδεύουν το τσίρκο όπου κι αν πάει, είπε ο Μαρκ. Και όλοι κατάγονται από τη Ρωσία.

– Και λοιπόν, τι το παράξενο βρίσκεις; τον ρώτησε η Κολέτ. Τα τσίρκα ταξιδεύουν σε διάφορες χώρες.

– Αν μιλάμε για διάσημα τσίρκα, όπως της Μόσχας, εντάξει, της απάντησε ο Μαρκ. Όμως ποιος είχε ακούσει ποτέ κουβέντα για το τσίρκο Κάλγκαρι πριν έρθει στο Λονδίνο;

– Υπάρχει και κάτι άλλο που πρόσεξα σ' αυτούς τους Ρώσους, είπε η Ρεβέκα αργά, καθώς προσπαθούσε να συγκεντρώσει τις σκέψεις της.

– Τι; ρώτησε ο Τζόε.

– Όλοι έχουν κάποια σωματική αναπηρία, συνέχισε η Ρεβέκα. Άλλοι βαριά, κι άλλοι όχι και τόσο.

– Και τι να πούμε για τα ζώα..., πρόσθεσε ο Μαρκ. Όμως τι εννοείς, Μπέκι;

– Δεν είμαι σίγουρη ακόμα, είπε η Ρεβέκα διστακτικά, αλλά δε σας φαίνεται παράξενο που οι περισσότεροι μόνιμοι υπάλληλοι αυτού του τσίρκου είναι ανάπηροι, μερικοί μάλιστα σε τέτοιο βαθμό που να μοιάζουν με τέρατα;

– Νομίζω πως τα τσίρκα μαζεύουν τέτοιους τύπους,

συνήθως, είπε ο Μαρκ καταβροχθίζοντας το τελευταίο κομμάτι πίτσα. Ύστερα πήρε στα χέρια του το τηλεχειριστήριο της τηλεόρασης. Την άνοιξε στο κανάλι τέσσερα. Είχε ειδήσεις, όμως τίποτα ενδιαφέρον, εκτός ίσως από το ότι οι επιστήμονες διαπίστωναν τελευταία μια ανησυχητική αύξηση της ακτινοβολίας στο νοτιοανατολικό τμήμα του Λονδίνου. Ο Μαρκ έκλεισε την τηλεόραση.

Η Ρεβέκα επέστρεψε στο θέμα της συζήτησής τους.

— Θα πάω πάλι στο τσίρκο απόψε το βράδυ, τους ανακοίνωσε. Θέλω να μάθω τι πραγματικά συμβαίνει εκεί πέρα και να ρωτήσω την ίδια τη Σοσόστρις γιατί έπαιξε αυτό το ανόητο παιχνίδι στον Στεφάν χθες το βράδυ.

— Όμως το ανόητο αυτό παιχνίδι σου 'σωσε τη ζωή, της είπε ο Μαρκ.

— Το ξέρω, είπε η Ρεβέκα. Λοιπόν, τι λέτε, παιδιά, θα 'ρθείτε μαζί μου;

— Εγώ θα 'ρθω, είπε η Κολέτ. Δε μ' αρέσει καθόλου που κρατάνε τα ζώα σε κλουβιά. Και ο Γιούρι, ο γορίλας, μου φάνηκε πολύ περίεργος.

— Περίεργος; τη ρώτησε ο Τζόε. Τι εννοείς;

Η Κολέτ ανασήκωσε τους ώμους της.

— Δεν είμαι σίγουρη, είπε, αλλά όταν τον κοίταξα μέσα στα μάτια, νομίζω ότι με κατάλαβε...

Η Ρεβέκα στράφηκε στον Μαρκ και στον Τζόε.

— Εσείς τι λέτε, αγόρια; τους ρώτησε. Θα 'ρθείτε μαζί μας;

Ο Μαρκ και ο Τζόε αντάλλαξαν ένα βλέμμα και κούνησαν αρνητικά τα κεφάλια τους. Όχι, δε θα πήγαιναν μαζί τους.

Η Ρεβέκα τους κοίταξε καχύποπτα. Αυτοί οι δύο κάτι σκάρωναν. Ήταν έτοιμη να τους ρωτήσει, όταν άνοιξε η πόρτα του δωματίου και μπήκε μέσα η μητέρα της. Στα χέρια της κρατούσε πάλι ένα σωρό φακέλους και δισκέτες υπολογιστή, όμως αυτή τη φορά δεν τη συνόδευε ο Άντερς.

— Γεια σου, μαμά, της είπε η Ρεβέκα.

Η Έμα ακούμπησε τα χαρτιά της πρώτα πάνω στο τραπεζάκι αλλά μετά, σαν να το ξανασκέφτηκε, τα πήρε και τα πήγε στην κρεβατοκάμαρά της.

Η Ρεβέκα την ακολούθησε και την είδε να βγάζει έναν πίνακα από τον τοίχο, ύστερα να πληκτρολογεί έναν εξαψήφιο αριθμό πάνω σ' ένα πληκτρολόγιο, να ανοίγει την πόρτα του χρηματοκιβωτίου, να στοιβάζει τα χαρτιά της πάνω στ' άλλα, να κλείνει την πόρτα του χρηματοκιβωτίου και, τέλος, να ξαναβάζει τον πίνακα στη θέση του.

— Δύσκολη μέρα, ε; τη ρώτησε η Ρεβέκα.

Η Έμα κούνησε το κεφάλι της και είπε στην κόρη της πως το μόνο που ήθελε εκείνη τη στιγμή, ήταν να κάνει ένα ζεστό μπάνιο και να ξαπλώσει.

— Απ' ό,τι βλέπω, πάλι δεν τα κατάφερες να πας στο συνέδριο σήμερα, ε; της είπε η Ρεβέκα.

— Ο Άντερς με χρειάστηκε για να κάνω ορισμένα τεστ σε... σε κάποια πράγματα, της απάντησε αόριστα η Έμα.

— Πράγματα; Τι πράγματα δηλαδή; τη ρώτησε η Ρεβέκα, παρόλο που ήξερε ότι η μητέρα της μάλλον δε θα της απαντούσε — ήταν, βλέπεις, κι εκείνη η δήλωση που είχε υπογράψει, ότι δε θα αποκάλυπτε κρατικά μυστικά.

— Σου είπα, κάποια τεστ, της απάντησε η Έμα κι ακουγόταν εκνευρισμένη.

— Τεστ; τη ρώτησε η Ρεβέκα, που δεν το έβαζε ποτέ εύκολα κάτω. Μήπως έχουν καμιά σχέση με εκείνες τις επιθέσεις στην οδό Τότερς και στο Χάκνεϊ Μάρσις;

— Στην οδό Τότερς; έκανε απορημένη η Έμα.

Η Ρεβέκα τα 'βαλε με τον εαυτό της. Τώρα μάλιστα, τα είχε θαλασσώσει κανονικά!

— Ε... άκουσα κάποιους στο τσίρκο να λένε πως ένας γέρος δέχτηκε επίθεση κάπου στην οδό Τότερς, είπε σε μια προσπάθεια να συμμαζέψει τα ασυμμάζευτα. Άραγε πού να 'ναι αυτός ο δρόμος;

— Πρώτη φορά τ' ακούω, της είπε η Έμα. Μάλλον θα πρέπει να ενημερώσεις τον Άντερς.

— Ναι, εντάξει, της είπε η Ρεβέκα, ενώ ήξερε ότι έλεγε ψέματα. Μαμά, ποιος ακριβώς είναι ο Άνταμ Άντερς;

— Σου είπα, δουλεύει για το Υπουργείο Άμυνας, της απάντησε η Έμα. Μα γιατί με ρωτάς;

— Δε μου μοιάζει για εκπρόσωπος υπουργείου, της απάντησε η Ρεβέκα. Εννοώ ότι συνήθως οι εκπρόσωποι είναι διαφορετικά ντυμένοι, έχουν μια αυστηρή έκφραση στο πρόσωπό τους...

— Και ο Άντερς δεν ταιριάζει με το στερεότυπο που έχεις στο μυαλό σου για την εμφάνιση ενός κυβερνητικού αξιωματούχου, έτσι δεν είναι; τη διέκοψε η Έμα.

— Γιατί, άδικο έχω; τη ρώτησε η Ρεβέκα. Ο Άντερς μοιάζει σαν να έχει βγει από τις σελίδες κάποιου περιοδικού μόδας. Εμένα μου θυμίζει περισσότερο μοντέλο ή κινηματογραφικό παραγωγό που μιλάει όλη την ώρα στο κινητό του.

Η Έμα χαμογέλασε.

— Ξέρεις, μερικοί από τους βοηθούς μου στο εργαστήριο λένε ακριβώς το ίδιο, είπε εμπιστευτικά στη Ρεβέκα. Παραείναι όμορφος, για να κάνει αυτή τη δουλειά!

Η Ρεβέκα κούνησε το κεφάλι της, ενώ την ίδια ώρα έφερνε στο μυαλό της τη συζήτηση που είχε με την Κολέτ, ότι δηλαδή ο Άντερς δεν είχε ούτε μια τόση δα ρυτίδα κι ας ήταν πάνω-κάτω τριάντα πέντε χρόνων.

— Μαμά, ανέφερες κάτι για βοηθούς στο εργαστήριο, είπε στη συνέχεια. Σε τι ακριβώς σε βοηθούν;

Το πρόσωπο της Έμα Στορμ σκοτείνιασε ξαφνικά.

— Μη με ρωτάς, της είπε σε κοφτό τόνο.

— Ξέρω πως έχεις υπογράψει αυτή τη δήλωση, να μην αποκαλύψεις κρατικά μυστικά, της είπε η Ρεβέκα. Όμως είσαι σίγουρη πως δεν μπορείς να μου πεις τίποτε απολύτως;

Η Έμα κούνησε αρνητικά το κεφάλι της. Δε θα το έκανε, έστω κι αν ήταν για το χατίρι της κόρης της.

— Έτσι κι αλλιώς, Ρεβέκα, της είπε, αν ο Άντερς έχει δίκιο, τότε πολύ σύντομα όλοι θα ξέρουν αυτό που ανακαλύψαμε.

— Ανακαλύψατε; τη ρώτησε η Ρεβέκα, που το ενδιαφέρον της φούντωσε ξαφνικά παρά τις προσπάθειες της μητέρας της να είναι επιφυλακτική. Τι ανακαλύψατε, μαμά; Ξέρεις κάτι γι' αυτόν που κάνει τις επιθέσεις;

Η Έμα συνοφρυώθηκε. Ήταν φανερό πως βρισκόταν στο δίλημμα, αν έπρεπε να πει στην κόρη της κάτι παραπάνω από αυτό που επιτρεπόταν ή όχι. Τελικά άνοιξε το στόμα της για να πει κάτι, όταν ξαφνικά ακούστηκε ένα χτύπημα στην πόρτα και η Κολέτ μπήκε μέσα.

— Θα 'ρθεις, Ρεβέκα; τη ρώτησε, χωρίς να καταλάβει πως είχε διακόψει τη συζήτησή τους στο πιο κρίσιμο σημείο. Τ' αγόρια φεύγουν. Δεν ξέρω πού θα πάνε αυτοί, αλλά εγώ θέλω να πάω στο τσίρκο.

Η Ρεβέκα αναστέναξε. Παρότι πανέξυπνο αυτό το κορίτσι, σκέφτηκε μέσα της, μερικές φορές φυτρώνει εκεί που δεν το σπέρνουν. Καλά, αφού μπήκε στην κρεβατοκάμαρα μαζί με τη μητέρα της, δεν κατάλαβε πως δεν ήθελε να τις διακόψουν;

– Καλά, ας ξεκινήσουμε τότε, είπε η Ρεβέκα και κατευθύνθηκε προς την ανοιχτή πόρτα. Μπορεί σήμερα να 'μαστε τυχερές και η Ελένα Ποπόβα, το φοβερό μέντιουμ, να μας πει την τύχη μας! πρόσθεσε κοροϊδευτικά.

– Ελένα Ποπόβα; ρώτησε η Έμα και ο τόνος της φωνής της έκανε τη Ρεβέκα να κοντοσταθεί και να γυρίσει προς το μέρος της.

Το πρόσωπο της μητέρας της φαινόταν ανήσυχο.

– Ή Σοσόστρις, είπε η Ρεβέκα. Έτσι τη λένε τώρα, αλλά ο Στεφάν μας είπε το πραγματικό της όνομα. Είναι η διευθύντρια του τσίρκου και παρ' όλα αυτά περνάει την ώρα της με το να λέει την τύχη.

– Μπορείτε να την περιγράψετε; επέμενε η Έμα.

– Μακριά γκρίζα μαλλιά, είπε η Ρεβέκα. Μοιάζει με γερασμένη λαϊκή τραγουδίστρια. Όσο για το ντύσιμο, είναι ντυμένη με την τελευταία λέξη της μόδας για τσιγγάνες!

– Πόσων ετών; ρώτησε η Έμα.

– Τι είπες, μαμά; τη ρώτησε η Ρεβέκα.

– Πόσων χρόνων είναι η Ελένα Ποπόβα; επανέλαβε την ερώτησή της η Έμα.

Παρόλο που η Ρεβέκα δεν ήταν σίγουρη γιατί η μητέρα της της έκανε όλες αυτές τις ερωτήσεις, της απάντησε.

– Γύρω στα σαράντα πέντε με πενήντα, όμως δείχνει νέα για την ηλικία της. Λες να συμβουλεύεται τον Άντερς; πρόσθεσε και γέλασε.

Η Έμα Στορμ αναστέναξε με ανακούφιση.

– Τι συμβαίνει, μαμά; τη ρώτησε η Ρεβέκα.

– Τι συμβαίνει; Τίποτα, είπε η Έμα. Απλώς νόμισα πως... πρόκειται για συνωνυμία, το δίχως άλλο.

– Δηλαδή; έκανε η Ρεβέκα, η οποία δεν μπορούσε

να φανταστεί ότι η μητέρα της, μια επιστήμονας, θα μπορούσε να γνωρίζει το μέντιουμ ενός περιοδεύοντος τσίρκου.

– Μάλλον πρόκειται για σύμπτωση, είπε η Έμα. Η Ελένα Ποπόβα που έχω ακουστά ήταν μια κορυφαία επιστήμονας της Σοβιετικής Ένωσης τη δεκαετία του πενήντα. Λένε πως χωρίς αυτή οι Σοβιετικοί δε θα είχαν νικήσει τους Αμερικανούς στην κούρσα για την κατάκτηση του διαστήματος. Όλοι παραδέχονται πως ήταν ιδιοφυΐα. Είχε πτυχία από το πανεπιστήμιο του Λένινγκραντ σε όλους τους τομείς, από τη βιοχημεία έως την πυρηνική φυσική. Μερικοί υποστήριζαν πως οι γνώσεις της για το διάστημα ήταν μοναδικές, αξεπέραστες μάλιστα.

– Λέτε να τα παράτησε όλα για τη γυάλινη σφαίρα της; είπε η Κολέτ με ανάλαφρο τόνο στη φωνή.

Η Έμα χαμογέλασε.

– Πολύ αμφιβάλλω, είπε. Η Ελένα Ποπόβα ήταν γύρω στα σαράντα όταν δούλευε για τους Σοβιετικούς τη δεκαετία του πενήντα. Εάν η Σοσόστρις που ξέρετε, ήταν η Ελένα Ποπόβα που ξέρω εγώ, τότε σήμερα θα πρέπει να 'ταν γύρω στα εκατό.

– Πράγμα αδύνατον, είπε η Ρεβέκα. Σου είπα, μαμά, δε δείχνει πάνω από πενήντα, άντε πενήντα πέντε.

– Και όχι μόνο αυτό, αλλά ξέρω πως έχει πεθάνει, συνέχισε η Έμα. Χάθηκε κάτω από μυστηριώδεις συνθήκες, αμέσως μόλις ο Γιούρι Γκαγκάριν* επέστρεψε στη Γη, το 1961. Μερικοί είπαν πως επρόκειτο για δολοπλοκία του Κρεμλίνου, άλλοι πως την είχαν δολοφονήσει οι Αμερικανοί.

– Δεν ήταν σίγουροι; τη ρώτησε η Κολέτ.

---

* Ο πρώτος άνθρωπος που πέταξε στο διάστημα. (Σ.τ.Μ.)

– Απ' ό,τι ακούω, κανείς δεν ήταν σίγουρος για τίποτα εκείνη την εποχή, της απάντησε η Έμα. Δεν υπάρχει όμως αμφιβολία πως πέθανε. Τρεις μήνες αργότερα βρέθηκε το πτώμα της πεταμένο στον ποταμό Νέβα. Την είχαν πυροβολήσει. Οι σοβιετικές αρχές ισχυρίστηκαν πως ήταν έργο των Αμερικανών. Η κηδεία της έγινε με κάθε μεγαλοπρέπεια. Μάλιστα δημοσιεύτηκαν φωτογραφίες σε όλες τις κυβερνητικές εφημερίδες της εποχής.

Λονδίνο, ανατολική πλευρά
Παρασκευή, 11 Δεκεμβρίου, ώρα 21.00

Ο Τζόε κοίταξε την πινακίδα επάνω στον παλιό τοίχο από τούβλα: Οδός Τότερς, Ε1. Ύστερα στράφηκε στον Μαρκ.

– Είσαι σίγουρος πως αυτό είναι το μέρος, φίλε μου; τον ρώτησε.

– Πόσοι άλλοι δρόμοι, που να είναι μάλιστα και αδιέξοδα, υπάρχουν στο Λονδίνο που να λέγονται Τότερς; τον ρώτησε εκνευρισμένος ο Μαρκ. Και βέβαια είμαι σίγουρος... Εκτός από αυτό, το έλεγξα και στο χάρτη.

– Απλώς δε μου φαίνεται και τόσο μυστηριώδης, είπε ο Τζόε, τουλάχιστον όχι όπως μου τον περιγράψατε.

– Μα σήμερα έχει ξαστεριά, είπε ο Μαρκ.

Ο Τζόε κατάλαβε πως ο φίλος του είχε δίκιο. Χωρίς ομίχλη και με το άπλετο φως από τις λάμπες του δρόμου, η οδός Τότερς δεν έδειχνε καθόλου απειλητική. Ένα λεπτό στρώμα χιονιού σκέπαζε την άσφαλτο και τα πεζοδρόμια. Οι δυο φίλοι μόλις που διέκριναν τα πατήματα του Μαρκ και της Ρεβέκας πάνω στο χιόνι. Είδαν επίσης και το πτώμα του σκύλου, παγωμένο πλέον. Αυτά ήταν και τα μόνα πράγματα που μαρτυρούσαν ότι η ιστορία του Μαρκ και της Ρεβέκας ήταν αληθινή, οι μοναδικές τους αποδείξεις

— Τι συμπέρασμα βγάζεις; ρώτησε ο Τζόε τον Μαρκ ενώ περπατούσαν παρέα στο δρομάκι.

— Δεν ξέρω, του απάντησε ο Μαρκ. Πάντως εδώ μας επιτέθηκε ο βρικόλακας. Αν έχει αφήσει ίχνη, ίσως μπορέσουμε να καταλάβουμε από ποια μεριά του δρόμου ήρθε.

— Κι αυτό που λέει η Μπέκι, ότι μπορεί, δηλαδή, να μεταμορφώθηκε σε νυχτερίδα και να πέταξε, όπως κάνουν στα έργα; ρώτησε ο Τζόε το φίλο του χαμογελώντας ελαφρά.

Ο Μαρκ τον κοίταξε επιτιμητικά.

— Δεν πά' να λέει ό,τι θέλει η Μπέκι, είπε. Αυτά συμβαίνουν μόνο στα έργα!

Ο Τζόε σήκωσε το κεφάλι του προς τα πάνω και εξέτασε με τα μάτια τον τοίχο μιας αποθήκης και μια υδρορρόη που ξεκινούσε από ψηλά κι έφτανε μέχρι το πεζοδρόμιο. Στέκονταν τώρα ακριβώς στο σημείο όπου του υπέδειξε ο Μαρκ ότι δέχτηκαν την επίθεση. Ο Τζόε έπιασε με τα χέρια του την υδρορρόη και την κούνησε. Φαινόταν αρκετά στέρεη.

— Λες να δραπέτευσε από εκεί; ρώτησε τον Μαρκ.

— Όχι, του απάντησε ο Μαρκ. Εξαφανίστηκε πολύ γρήγορα. Τη μια στιγμή ήταν εκεί και την επόμενη είχε εξαφανιστεί. Αν είχε σκαρφαλώσει στην υδρορρόη, θα τον βλέπαμε.

— Μην είσαι και τόσο σίγουρος, φίλε μου, του είπε ο Τζόε και χαμογέλασε πλατιά. Εγώ, αν είχα ξοπίσω μου την αστυνομία της Νέας Υόρκης, θα μπορούσα να σκαρφαλώσω σε μια υδρορρόη σε χρόνο μηδέν!

— Εντάξει, αλλά δεν είναι ώρα τώρα να μου πεις για το βίο σου στη Νέα Υόρκη, του είπε ο Μαρκ.

— Ε, δεν ήμουν και κανένας κακοποιός, του είπε ο Τζόε. Απλώς είχα μπλέξει με κακές παρέες. Καταλαβαίνεις τι εννοώ;

— Σίγουρα, του είπε ο Μαρκ και θυμήθηκε για μια στιγμή όσα του είχε διηγηθεί ο φίλος του για τη ζωή του στη Νέα Υόρκη.

Ο Τζόε είχε μεγαλώσει στην πιο σκληροτράχηλη συνοικία της Νέας Υόρκης, στο Χάρλεμ, και είχε μάθει να επιβιώνει δίνοντας καθημερινή μάχη. Βεβαίως έτσι είχε αποκτήσει κάποιες ικανότητες που του φάνηκαν χρήσιμες σε διάφορες περιστάσεις της ζωής του. Για παράδειγμα, ήταν μοναδικός στο να παραβιάζει γρήγορα και χωρίς θόρυβο κάθε λογής κλειδαριά. Όμως αυτό ήταν το λιγότερο, γιατί οι πραγματικές ικανότητες του Τζόε ήταν άλλες και οι τρεις φίλοι του —ο Μαρκ, η Ρεβέκα και η Κολέτ— τις είχαν εκτιμήσει αρκετές φορές.

— Τι λες, Τζόε; τον ρώτησε ο Μαρκ. Πιστεύεις ότι μπορείς να ανακαλύψεις τα ίχνη του βρικόλακα;

— Ίσως, του είπε ο Τζόε, αλλά χρειάζομαι κάτι που ν' ανήκει στον τύπο που κυνηγάμε, ας πούμε ένα ρούχο του.

— Μα σου είπα, του είπε ο Μαρκ. Ήταν γυμνός! Είχε παντού λέπια και βρομούσε αμμωνία.

— Μου θυμίζει κάποια παιδιά από το Ινστιτούτο, αστειεύτηκε ο Τζόε, όμως αμέσως μετά σοβαρεύτηκε και το βλέμμα του γέμισε ανησυχία. Και τι γίνεται αν τον βρούμε; Τον βαράμε στο κεφάλι με μια πλεξίδα από σκόρδα ή κάτι τέτοιο; Μη μου πεις πως έχεις πρόχειρα στο μπουφάν σου σταυρό και σκόρδα;

– Χα, χα, χα, πολύ αστείο, του απάντησε ο Μαρκ. Δυστυχώς δε φρόντισα και να με συγχωρεί πολύ η χάρη σου.

– Καλά, τώρα όμως κάνε ησυχία, του είπε ο Τζόε. Χρειάζομαι απόλυτη ησυχία για να μπορέσω να κάνω τη δουλειά μου!

Ο Μαρκ έκανε στην άκρη και παρακολουθούσε σιωπηλός το φίλο του να περπατάει μες στη μέση του αδιεξόδου με τα μάτια κλειστά.

Ο Τζόε προσπαθούσε ν' αυτοσυγκεντρωθεί. Όπως έκανε και άλλες φορές στο παρελθόν, ήθελε να εναρμονίσει τον εαυτό του με τον απόηχο που αφήνουν τα γεγονότα σ' έναν τόπο κι έτσι να μπορέσει να σχηματίσει στο μυαλό μια συγκεκριμένη εικόνα ή σκέψη. Συνήθως, για να το πετύχει, κρατούσε στα χέρια του ένα αντικείμενο που είχε σχέση με τα γεγονότα, αλλά σήμερα δεν είχε τίποτα τέτοιο.

Τα λεπτά κυλούσαν και στο βάθος του μυαλού του Τζόε δε σχηματιζόταν τίποτα. Απολύτως τίποτα. Το μόνο που ένιωθε ήταν μια διάχυτη παγωνιά, λες και η θερμοκρασία στο δρομάκι είχε πέσει ξαφνικά πολύ κάτω από το μηδέν.

Ο Τζόε έσφιξε ακόμα πιο πολύ τα μάτια του. Οι φλέβες στους κροτάφους του άρχισαν να χτυπούν γρήγορα. Ο ίδιος ένιωσε να ζαλίζεται. Παρ' όλ' αυτά τίποτα, εκτός από το αίσθημα της παγωνιάς. Τρέμοντας, στράφηκε στον Μαρκ, ο οποίος τον παρακολουθούσε από το πεζοδρόμιο.

– Συγγνώμη, φίλε μου, του είπε και άνοιξε τα μάτια του. Δεν μπορώ να δω τίποτα.

Ο Μαρκ αναστέναξε. Το ήξερε από πριν πως χωρίς κάποιο προσωπικό αντικείμενο του βρικόλακα, ο φίλος του μάλλον δε θα κατάφερνε και πολλά πράγματα.

— Φοβάμαι πως αυτή τη φορά δε θα μπορέσω να σας ξελασπώσω, του είπε ο Τζόε.

— Ίσως και να υπάρχει ευκολότερος τρόπος για να βρούμε τα ίχνη του βρικόλακα, του είπε ο Μαρκ.

— Τι εννοείς; τον ρώτησε ο Τζόε.

Ο Μαρκ έδειξε με το χέρι του κάποια ίχνη από βήματα πάνω στο χιόνι, τα οποία ξεκινούσαν από μία από τις κλειστές αποθήκες του δρόμου.

— Αυτά τα ίχνη δεν ήταν εκεί χθες το βράδυ, είπε στον Τζόε.

— Και λοιπόν; τον ρώτησε ο Τζόε. Πώς ξέρεις ότι ανήκουν στο βρικόλακα;

— Μα, αν ήταν άνθρωπος, θα άφηνε το πτώμα του σκύλου μες στη μέση του δρόμου, χωρίς καν να το μεριάσει με τα πόδια στην άκρη, μέχρι να 'ρθει η αρμόδια υπηρεσία να το μαζέψει; του είπε ο Μαρκ.

— Μπορεί και να 'χεις δίκιο, του είπε ο Τζόε.

Ακολούθησαν τα ίχνη μέχρι την αποθήκη. Το ρολό της, που ήταν ασφαλισμένο με λουκέτο, είχε επάνω του μια σιδερένια πινακίδα. Δεν υπήρχε όνομα, παρά μόνο ένας αριθμός, το 12, γραμμένος πρόχειρα από κάποιον με κόκκινη μπογιά.

— Νομίζεις πως μπορείς να ανοίξεις το λουκέτο; ρώτησε ο Μαρκ τον Τζόε.

— Σίγουρα, του απάντησε ο Τζόε με αυτοπεποίθηση. Είναι ένα κοινό λουκέτο. Όμως τι στο καλό περιμένεις να βρούμε μέσα; Τίποτα παλιά εργαλεία και μηχανήματα, να 'σαι σίγουρος.

Ο Τζόε ακούμπησε το χέρι του στο λουκέτο κι αμέσως το τράβηξε.

— Πιάσ' το, είπε στον Μαρκ.

Ο Μαρκ έβαλε διστακτικά το χέρι του πάνω στο λουκέτο. Ένιωσε έναν απαλό κραδασμό. Ύστερα κόλλησε το αφτί του πάνω στην πόρτα. Από μέσα ακουγόταν το μουρμούρισμα κάποιου μηχανήματος.

– Παλιά εργαλεία και μηχανήματα; ρώτησε σαρκαστικά τον Τζόε.

Όμως ο Τζόε δεν του απάντησε, γιατί ασχολιόταν ήδη με το να βγάλει ένα κομμάτι σύρμα από την τσέπη του μπουφάν του και ν' αρχίσει να το στριφογυρίζει μέσα στην κλειδαριά του λουκέτου.

Πριν καν ο Μαρκ προλάβει να σκύψει για να δει πώς τα πάει ο φίλος του, το λουκέτο είχε ανοίξει. Ο Τζόε γύρισε προς τα πάνω και τον κοίταξε μ' ένα χαμόγελο υπερηφάνειας στο πρόσωπό του.

– Ορίστε! κοκορεύτηκε.

– Ξέρεις, αν το έκανες επάγγελμα, θα κέρδιζες ένα σωρό λεφτά! αστειεύτηκε ο Μαρκ.

Ύστερα τα δυο αγόρια έσκυψαν και άρχισαν να ανασηκώνουν το σιδερένιο ρολό. Όσο το ανασήκωναν, τόσο τα μάτια τους πλημμύριζαν από ένα παράξενο πρασινωπό φως που ερχόταν από μέσα. Όταν το ανασήκωσαν τελείως, έμειναν άναυδοι απ' αυτό που αντίκρισαν.

– Ποπό εξοπλισμός! είπε ο Τζόε με το στόμα ανοιχτό από το θαυμασμό.

Η μικρή αποθήκη ήταν γεμάτη μηχανήματα τελευταίας τεχνολογίας. Παντού υπήρχαν οθόνες βίντεο που έδειχναν διάφορες τροχιές πτήσης πάνω από διαφορετικές χώρες του κόσμου. Σ' έναν τοίχο υπήρχε κρεμασμένος ένας χάρτης της Ρωσίας και πάνω του κάποιος είχε κυκλώσει με κόκκινο μελάνι μια περιοχή στα νοτιοανατολικά της χώρας.

Από κάπου ακουγόταν ένας περίεργος, μονότονος ήχος. Ο Μαρκ και ο Τζόε προσπάθησαν να εντοπίσουν από πού ερχόταν ο ήχος. Το βρήκαν. Ερχόταν από ένα μηχάνημα που τους θύμισε τους μετρητές γκάιγκερ*. Ο Μαρκ πλησίασε και εξέτασε τι έγραφε η οθόνη αυτού του μηχανήματος. Εντάξει, ήταν πολύ κάτω από το όριο επιφυλακής. Άρα τίποτα το ανησυχητικό μέχρι στιγμής.

Σ' ένα μεταλλικό πάγκο δίπλα από το μηχάνημα αυτό, κάποιος είχε παρατήσει μια εκτύπωση από υπολογιστή. Ο Μαρκ την πήρε στα χέρια του και την εξέτασε στα πεταχτά. Ήταν μια ακόμα μέτρηση ακτινοβολίας, όμως τούτη εδώ τον ανησύχησε. Η γραμμή επάνω στο διάγραμμα έδειχνε μαζικές και επαναλαμβανόμενες διαρροές ραδιενέργειας. Μάλιστα κάθε διαρροή είχε διαρκέσει αρκετά δευτερόλεπτα. Δίπλα στις διαρροές αυτές κάποιος είχε σημειώσει με κόκκινο μελάνι μερικές ημερομηνίες. Ο Μαρκ θυμήθηκε τις ειδήσεις στην τηλεόραση, για τις υποτιθέμενες διαρροές ραδιενέργειας στα εργοστάσια του Ουίντερσινς, του Σέλαφιλντ και του Κέρνες. Έβαλε στοίχημα πως οι ημερομηνίες με το κόκκινο μελάνι αντιστοιχούσαν ακριβώς στις ημερομηνίες που είχε αναφέρει η τηλεόραση.

– Μα τι είναι αυτό το μέρος; αναρωτήθηκε φωναχτά ο Τζόε, ο οποίος άλλα μηχανήματα τα αναγνώριζε κι άλλα όχι, γιατί πρέπει να πούμε ότι ορισμένα μηχανήματα θύμιζαν περισσότερο την ταινία «Πόλεμος των άστρων» παρά κάποιο εργαστήριο. Λες να έχει κάποια σχέση με το πρόγραμμα; ρώτησε τον Μαρκ.

Ο Μαρκ γονάτισε για να σηκώσει κάτι από το πάτωμα. Ήταν μια μάρκα από το τσίρκο Κάλγκαρι, που στο πίσω μέρος έγραφε: Κάλγκαρι, ο μαγικός κόσμος του θεάματος.

---

* Μηχάνημα με το οποίο μετρούν οι επιστήμονες το ποσοστό ραδιενέργειας που υπάρχει στην ατμόσφαιρα. (Σ.τ.Μ.)

– Αυτό το μέρος έχει σχέση με το τσίρκο, είπε ο Μαρκ και σηκώθηκε. Μου φαίνεται πως η Μπέκι έχει δίκιο τελικά.

Ετοιμαζόταν να πλησιάσει μερικά ακόμα μηχανήματα, όταν άκουσε ένα δυνατό θόρυβο από τη μεριά του δρόμου. Έτρεξαν και οι δυο να κοιτάξουν.

Μια μικρή, σκουρόχρωμη φιγούρα είχε κλοτσήσει το καπάκι ενός σκουπιδοτενεκέ κι έτρεχε να κρυφτεί από πίσω του. Ο Μαρκ και ο Τζόε πλησίασαν προσεκτικά το σκουπιδοτενεκέ. Στον αέρα πλανιόταν μια παράξενη μυρωδιά, η μυρωδιά της αμμωνίας.

Το πλάσμα έμεινε κρυμμένο πίσω από το σκουπιδοτενεκέ, έτοιμο να επιτεθεί αν ο Μαρκ κι ο Τζόε πλησίαζαν πολύ.

– Πρόσεχε, Μαρκ, του είπε ο Τζόε καθώς πλησίαζαν το σκουπιδοτενεκέ. Μην ξεχνάς τι έκανε στη Ρεβέκα.

Ο Μαρκ έκανε ένα-δυο βήματα ακόμη προς το σκουπιδοτενεκέ. Μα γιατί το πλάσμα δεν τους έκανε επίθεση; αναρωτήθηκε. Γιατί καθόταν εκεί κρυμμένο, σαν φοβισμένο ζώο που το έχουν παγιδεύσει, περιμένοντας να επιτεθούν πρώτοι αυτοί;

Ο Μαρκ γύρισε και κοίταξε τον Τζόε με νόημα. Του έδωσε να καταλάβει πως έπρεπε να το περικυκλώσουν. Έτσι ο Τζόε κινήθηκε από τη μια πλευρά του σκουπιδοτενεκέ κι ο Μαρκ από την άλλη. Τώρα ήταν σχεδόν από πάνω του. Παρ' όλ' αυτά το πλάσμα δεν έδειχνε καμιά πρόθεση να επιτεθεί πρώτο.

Ο Μαρκ έκανε σήμα με το χέρι στον Τζόε. Ο Τζόε του απάντησε ότι ήταν έτοιμος κουνώντας το κεφάλι.

– Τώρα! φώναξε ο Μαρκ.

Βούτηξαν το σκουπιδοτενεκέ και τον πέταξαν στο πλάι. Η γάτα που κρυβόταν από πίσω τινάχτηκε σαν ελατήριο νιαουρίζοντας κι άρχισε να τρέχει.

Ο Τζόε άφησε έναν αναστεναγμό ανακούφισης.

— Μα τι βλάκες είμαστε..., άρχισε να λέει, αλλά αμέσως μετά σταμάτησε, γιατί είδε κάτι πίσω από την πλάτη του Μαρκ.

— Πίσω σου! του φώναξε.

Ο Μαρκ γύρισε προς τα πίσω. Ένα τέρας ερχόταν προς το μέρος του! Το στόμα του ήταν ανοιχτό και πλατάγιζε λαίμαργα τη διχαλωτή του γλώσσα, ενώ τα σάλια που του έτρεχαν, όταν έπεφταν στο χιόνι, το έκαναν να τσιτσιρίζει. Είχε τα χέρια του τεντωμένα προς τα εμπρός με απληστία – κάτι χέρια που έμοιαζαν με δαγκάνες!

Ο Μαρκ πάγωσε ολόκληρος. Δεν είχε τη δύναμη να κάνει το παραμικρό, λες και το τέρας τον είχε υπνωτίσει έτσι όπως τον κοιτούσε με τα τεράστια, κόκκινα, γουρλωτά μάτια του.

Ξαφνικά το τέρας σταμάτησε να προχωρεί προς το μέρος του Μαρκ κι άρχισε να προχωρεί προς τον Τζόε. Όπως κι ο Μαρκ πριν απ' αυτόν, έτσι τώρα κι ο Τζόε αισθάνθηκε πάνω του τη φοβερή δύναμη των ματιών του τέρατος να τον καθηλώνει. Ταυτόχρονα άρχισε να τον διαπερνάει ένα φοβερό κρύο.

Το τέρας πλησίασε τον Τζόε. Η μυρωδιά της αμμωνίας ήταν τόσο έντονη, που και μόνο αυτή αρκούσε να σε κάνει να λιποθυμήσεις. Ένα δευτερόλεπτο αργότερα το τέρας άρπαξε με τις δαγκάνες του τον καρπό του Τζόε και τον έφερε κοντά στο στόμα του. Όταν τον έγλειψε με τη διχαλωτή του γλώσσα, ο Τζόε ένιωσε ένα κάψιμο.

Εκτός από τη μυρωδιά της αμμωνίας, στον αέρα πλανιόταν τώρα και μια δεύτερη μυρωδιά. Παρά τον πανικό του και τον τρόμο του, ο Τζόε προσπάθησε να θυμηθεί πού είχε ξαναμυρίσει αυτή τη δεύτερη μυρωδιά. Και τα κατάφερε. Ήταν στο νοσοκομείο όπου είχαν πάει την αδελφή του, τη Σάρα, όταν τη χτύπησε το αυτοκίνητο. Η νοσοκόμα είχε τρίψει τότε το μπράτσο της αδελφής του μ' ένα βαμβάκι ποτισμένο σε κάποιο αντισηπτικό, πριν της πάρει αίμα. Η μυρωδιά που μύριζε τώρα ο Τζόε ήταν ίδια με τη μυρωδιά αυτού του αντισηπτικού.

Το τέρας σήκωσε τα μάτια του και κοίταξε τον Τζόε σαν να ήθελε να σιγουρευτεί ότι ήταν καλά. Ύστερα άνοιξε το στόμα του, δάγκωσε με δύναμη τον καρπό του Τζόε κι άρχισε να του ρουφάει το αίμα!

Ο κόσμος σκοτείνιασε γύρω από τον Τζόε. Το μόνο που ένιωθε ήταν το βρικόλακα να του ρουφάει άπληστα το αίμα μέσα από τη φλέβα του καρπού του.

Μετά από λίγο ένιωσε το κεφάλι του ελαφρύ και το σώμα του να βουλιάζει αργά μέσα στο χιόνι. Ο βρικόλακας είχε ρουφήξει όσο αίμα τού χρειαζόταν και τώρα κοίταζε τον Τζόε από πάνω, ενώ ταυτόχρονα έγλειφε με τη διχαλωτή του γλώσσα τις άκρες των χειλιών του, που έσταζαν αίμα.

Ο Τζόε ήταν ακίνητος στο έδαφος. Ο βρικόλακας γονάτισε και έγλειψε για μια τελευταία φορά τον καρπό του Τζόε. Ένα κάψιμο διαπέρασε ολόκληρο το κορμί του Τζόε, πολύ πιο έντονο από το κάψιμο που είχε νιώσει όταν ο βρικόλακας έγλειψε τον καρπό του για πρώτη φορά, μόλις λίγα λεπτά πριν.

Μετά απ' αυτό, ο Τζόε ένιωσε να βυθίζεται μέσα σε μια δίνη και ένα-δυο δευτερόλεπτα αργότερα λιποθύμησε. Το τελευταίο πράγμα που θυμόταν ήταν να είναι ο Μαρκ σκυμμένος από πάνω του και να τον ρωτάει με αγωνία αν είναι καλά.

ΑΠΑΓΟΡΕΥΜΕΝΗ
ΖΩΝΗ

Τι καλά που περνάμε στο λούνα-παρκ

Τσίρκο Κάλγκαρι
Παρασκευή, 11 Δεκεμβρίου, ώρα 22.15

Όταν η Ρεβέκα και η Κολέτ έφτασαν στο τσίρκο, ήταν πήχτρα στον κόσμο, πολύ περισσότερο απ' ό,τι την προηγούμενη φορά. Η επόμενη μέρα δεν ήταν εργάσιμη κι έτσι πάρα πολλοί Λονδρέζοι είχαν βρει την ευκαιρία να το επισκεφτούν μαζί με τα παιδιά τους. Μάλιστα το τσίρκο είχε πάρει άδεια από το δημοτικό συμβούλιο της πόλης να μένει ανοιχτό μέχρι τα μεσάνυχτα την Παρασκευή καθώς και όλα τα σαββατοκύριακα μέχρι τα Χριστούγεννα.

Ο κόσμος ήταν τόσος, που με δυσκολία περπατούσες μέσα στους χώρους του τσίρκου. Η Ρεβέκα ένιωσε την Κολέτ δίπλα της να τρέμει.

– Τι συμβαίνει; τη ρώτησε.

– Είναι ανόητο, το ξέρω, της απάντησε η Κολέτ, αλλά δεν μπορώ μέσα σε τόσο πολύ κόσμο.

Η Ρεβέκα κοίταξε τη φίλη της με συμπόνια. Της είπε πως την καταλάβαινε, γιατί κάθε λίγο και λιγάκι κάποιος τις έσπρωχνε ή τους έφραζε το δρόμο. (Μια πινακίδα γραμμένη βιαστικά και τοποθετημένη στην είσοδο του τσίρκου προειδοποιούσε τους επισκέπτες να προσέχουν τα πορτοφόλια και τις τσέπες τους, διότι κυκλοφορούσαν κλέφτες). Αυτό τουλάχιστον ήταν δείγμα υπευθυνότητας από την πλευρά της Σοσόστρις, σκέφτηκε η Ρεβέκα όταν είδε την πινακίδα.

– Δες το από την καλή του πλευρά, είπε χαρούμενα στην Κολέτ. Με όλους αυτούς γύρω μας, θα μπορέσουμε να περάσουμε απαρατήρητες και να δούμε τι συμβαίνει στο τρένο των φαντασμάτων!

– Δεν είμαι και τόσο σίγουρη, της είπε η Κολέτ.

– Γιατί; Έχεις κάποιο προαίσθημα; τη ρώτησε η Ρεβέκα.

– Όχι ακριβώς, είπε η Κολέτ και έκανε μια γκριμάτσα, καθώς είδε τον Στεφάν και τη Λεάνα να έρχονται προς το μέρος τους.

– Και μεις που θέλαμε να περάσουμε απαρατήρητες! είπε η Ρεβέκα στον Στεφάν και τη Λεάνα όταν έφτασαν κοντά τους κι έβαλε τα γέλια.

Όμως ο Στεφάν και η Λεάνα έδειχναν λυπημένοι. Η Λεάνα κρατούσε στα χέρια της έναν καφέ φάκελο.

– Τι συμβαίνει; τους ρώτησε η Κολέτ, ενώ με την άκρη του ματιού της παρατήρησε ότι ο φάκελος έγραφε στην επάνω αριστερή πλευρά του: «Ηνωμένο Βασίλειο, Υπουργείο Εσωτερικών».

– Πρέπει να γυρίσω στην Αφρική, τους είπε λυπημένα η Λεάνα και τους έδειξε το φάκελο. Οι Αρχές με ενημερώνουν πως υπάρχει πρόβλημα με τη βίζα παραμονής μου στη Μεγάλη Βρετανία, εξαιτίας κάποιου γραφειοκρατικού λάθους.

– Κρίμα, είπε η Κολέτ.

– Πράγματι, είπε η Λεάνα με πίκρα. Όχι μόνο δεν μπορώ να πάρω βίζα για να πάω στην Αυστραλία με τον Στεφάν, αλλά τώρα δεν μπορώ να μείνω ούτε κι εδώ μαζί του.

– Μα έχουν το δικαίωμα να το κάνουν; τη ρώτησε η Ρεβέκα και θυμήθηκε την εποχή που αυτή και η μητέρα της είχαν έρθει από την Αμερική στην Αγγλία για πρώτη φορά, για να εγκατασταθούν. Τότε δεν είχαν αντιμετωπίσει σχεδόν κανένα πρόβλημα με τις Αρχές κι αυτό την είχε παραξενέψει. Ίσως όμως και να οφειλόταν στο γεγονός ότι είχε πάρει υποτροφία από το Ινστιτούτο.

– Να που έχουν, είπε ο Στεφάν και στη φωνή του διέκρινες την ίδια πίκρα που υπήρχε και στη φωνή της φίλης του.

– Θα μπορείς όμως να τον επισκέπτεσαι, είπε η Κολέτ στη Λεάνα αλλά αμέσως κατάλαβε την κουταμάρα της, γιατί, αν κοιτάξεις το χάρτη, η Αφρική με την Αυστραλία όχι μόνο δεν είναι κοντά, αλλά τις χωρίζουν χιλιάδες χιλιόμετρα.

– Δε θέλω να γυρίσω στην Αφρική, είπε η Λεάνα. Η κυβέρνηση στη χώρα μου είναι διεφθαρμένη και δικτατορική. Ο πατέρας μου γλίτωσε τη φυλακή, γιατί ένας από τους υπουργούς είναι συγγενής μας. Κι αν μπορούσε να το σκάσει, θα το 'κανε.

– Δε θες να γυρίσεις στο σπίτι σου; τη ρώτησε η Ρεβέκα, η οποία, παρόλο που της άρεσε η Αγγλία, υπήρχαν αρκετές φορές που νοσταλγούσε τη Νέα Υόρκη και τους φίλους της εκεί.

– Μα και βέβαια, είπε η Λεάνα. Όλοι αγαπούν το σπίτι τους. Όμως το σπίτι μου δεν είναι στην Αφρική τώρα πια.

– Και πού είναι το σπίτι σου; τη ρώτησε η Ρεβέκα.

Δίπλα της η Κολέτ άφησε έναν αναστεναγμό. Μπορεί η Ρεβέκα να ήταν άριστη μαθήτρια, αλλά μερικές φορές το μυαλό της δε δούλευε παραπέρα.

– Το σπίτι μου είναι όπου είναι ο Στεφάν, είπε η Λεάνα και έπιασε τον αγαπημένο της από το χέρι. Το σπίτι του καθενός είναι εκεί όπου έχει δικούς του ανθρώπους που τον αγαπάνε. Για μένα ο Στεφάν είναι ο κόσμος όλος.

– Α..., έκανε αμήχανα η Ρεβέκα, η οποία σε θέματα της καρδιάς δεν ήταν και η πρώτη. Ύστερα προσπάθησε διακριτικά ν' αλλάξει θέμα. Και τι θα κάνεις τώρα; τη ρώτησε.

– Μα υπάρχει κάτι που να μπορώ να κάνω; είπε η Λεάνα. Θα πρέπει να φύγω από τη χώρα ως το τέλος της επόμενης εβδομάδας και ίσως να μη δω τον Στεφάν ποτέ ξανά.

– Είστε σίγουροι πως δεν μπορείτε να κάνετε τίποτα; τους ρώτησε η Κολέτ.

– Νομίζεις πως δε δοκιμάσαμε; τη ρώτησε εκνευρισμένος ο Στεφάν.

Η Λεάνα κοίταξε το ρολόι της. Η ώρα ήταν δέκα και τέταρτο. Θύμισε στον Στεφάν πως είχε ήδη αργήσει – έπρεπε ν' αντικαταστήσει τον Μπόρις στο τρένο των φαντασμάτων. Όπως είπε στα κορίτσια, ο Μπόρις έπαιρνε τώρα τελευταία όλο και περισσότερες άδειες από το πόστο του στο τρένο των φαντασμάτων και κανείς δεν ήξερε πού πήγαινε ή τι έκανε όλες αυτές τις ώρες που έλειπε.

– Θέλουμε να σε ρωτήσουμε κάτι για το τρένο των φαντασμάτων, είπε η Κολέτ και κοίταξε προς τη μεριά όπου βρισκόταν το τρένο.

Για μια στιγμή την παραξένεψε. Ήταν αλλιώτικο από

την τελευταία φορά που το είχε δει. Μετά το κατάλαβε. Η καμπούρα στην πλάτη της αράχνης φωτιζόταν πιο έντονα κι έτσι το τρενάκι με τα βαγόνια του φαινόταν ν' απέχει περισσότερο από το έδαφος.

– Να σας κάνω δώρο ένα γύρο; τη ρώτησε ο Στεφάν και προσπάθησε να χαμογελάσει, παρά την πίκρα του. Δεν ξέρω αν συμφωνεί ο Μπόρις, αλλά θα προσπαθήσω.

– Όχι τώρα. Ίσως αργότερα, βιάστηκε ν' απαντήσει η Ρεβέκα αντί για την Κολέτ.

Η Κολέτ γύρισε και κοίταξε απορημένη τη Ρεβέκα, όμως σχεδόν αμέσως κατάλαβε ότι η φίλη της κάτι είχε στο μυαλό της και γι' αυτό είχε αλλάξει τα σχέδιά τους.

– Τι τρέχει; τη ρώτησε η Κολέτ μόλις ο Στεφάν και η Λεάνα απομακρύνθηκαν. Αν το ζητούσαμε από τον Στεφάν, θα μπορούσε να μας βοηθήσει να ερευνήσουμε το χώρο πίσω από το τρένο.

– Η οικογένεια του Στεφάν κατάγεται από τη Ρουμανία, της απάντησε η Ρεβέκα, και στο παρελθόν η Ρουμανία είχε ισχυρούς δεσμούς με τη Ρωσία, ή τέλος πάντων με τη Σοβιετική Ένωση, όπως λεγόταν τότε.

– Πιστεύεις πως είναι κι ο Στεφάν ανακατεμένος; τη ρώτησε η Κολέτ.

– Δεν ξέρω. Πάντως τη μέρα εκείνη στην οδό Τότερς εμφανίστηκε ξαφνικά, την ώρα ακριβώς που το πλάσμα ετοιμαζόταν να μου επιτεθεί, της απάντησε η Ρεβέκα.

– Διότι η Σοσόστρις τον είχε στείλει εκεί, της θύμισε η Κολέτ.

– Ακριβώς, είπε η Ρεβέκα. Όμως αυτές τις σκέψεις ας τις κρατήσουμε για τον εαυτό μας προς το παρόν, εντάξει;

Η Κολέτ ανασήκωσε τους ώμους της. Είχε εμπιστοσύνη στη φίλη της. Την έπιασε λοιπόν από το χέρι για να πάνε προς το τρένο των φαντασμάτων. Η Ρεβέκα όμως τη σταμάτησε.

– Ας πάμε καλύτερα προς τα κει, της είπε και της έδειξε την καμπίνα της Σοσόστρις.

Όταν έφτασαν στην καμπίνα, είδαν μια πινακίδα που κρεμόταν στην πόρτα της και έλεγε πως ήταν προσωρινά κλειστή. Τα δυο κορίτσια έκαναν το γύρο της καμπίνας. Η Κολέτ πρόσεξε το μακρύ καλώδιο που ξεκινούσε από το πίσω μέρος της καμπίνας και κατευθυνόταν προς το τρένο των φαντασμάτων. Μάλιστα το 'δειξε στη Ρεβέκα. Αφού σιγουρεύτηκαν ότι δεν υπήρχε κανένας εκεί γύρω, η Ρεβέκα δοκίμασε διστακτικά το χερούλι της καμπίνας. Πράγμα παράξενο, το χερούλι υποχώρησε και η πόρτα άνοιξε. Τα δυο κορίτσια μπήκαν προσεκτικά μέσα.

Όπως το περίμεναν, δε βρήκαν κανέναν. Όμως στον αέρα πλανιόταν μια βαριά μυρωδιά, διαφορετική από αυτή που είχαν μυρίσει ο Μαρκ με τη Ρεβέκα τη μέρα που η Σοσόστρις τους παρέσυρε με τα κόλπα της μέσα στην καμπίνα της. Η Κολέτ προσπάθησε να εντοπίσει από πού έβγαινε η μυρωδιά, ενώ η Ρεβέκα πλησίασε το τραπέζι επάνω στο οποίο ήταν τοποθετημένη η γυάλινη σφαίρα.

– Τι κάνεις εκεί; τη ρώτησε με ενδιαφέρον η Κολέτ.

– Την τελευταία φορά που ήμουν εδώ με τον Μαρκ, είδαμε κάποια πράγματα μέσα σ' αυτή τη σφαίρα, της απάντησε η Ρεβέκα.

– Πράγματα; Τι είδους πράγματα; τη ρώτησε παραξενεμένη η Κολέτ, η οποία άρχισε να φαντάζεται τίποτα δαίμονες.

– Όχι, όχι, τίποτα απ' αυτά που φαντάζεσαι, της απάντησε η Ρεβέκα, η οποία το κατάλαβε από το τρομοκρατημένο ύφος της φίλης της. Βλέπαμε κάτι πράγματα που έμοιαζαν με ερυθροκύτταρα, λεμφοκύτταρα... ξέρεις, τέτοια πράγματα.

– Με τι μοιάζανε; τη ρώτησε η Κολέτ, που όλα αυτά τα ονόματα της ήταν τελείως άγνωστα, λες και η φίλη της μιλούσε κινέζικα.

– Είναι κύτταρα του ανθρώπινου αίματος, της απάντησε η Ρεβέκα με επιστημονικό ύφος ενώ την ίδια ώρα εξέταζε τα παράξενα σύμβολα που ήταν χαραγμένα στην μπρούντζινη βάση της σφαίρας και που της θύμιζαν επιστημονικές εξισώσεις.

Αίμα... Η λέξη έκανε την Κολέτ να νιώσει άσχημα. Παρ' όλ' αυτά προχώρησε προς τη διαφανή κουρτίνα, γιατί είχε εντοπίσει ότι από κει ερχόταν η μυρωδιά. Όσο όμως την πλησίαζε, δε διέκρινε αυτό που της είχαν πει ο Μαρκ με τη Ρεβέκα, δηλαδή το ιερό άγαλμα, αλλά μια μικροσκοπική φιγούρα κουλουριασμένη στο πάτωμα.

Την ίδια ώρα η Ρεβέκα έσκυψε κάτω από το τραπέζι. Όπως το περίμενε, η γυάλινη σφαίρα ήταν συνδεδεμένη μ' ένα καλώδιο που έβγαινε έξω από την καμπίνα, μόνο που δε φαινόταν γιατί ήταν σκεπασμένο μ' ένα πλαστικό χαλάκι. Προφανώς το καλώδιο αυτό αποτελούσε συνέχεια του άλλου που είχαν δει έξω και πίσω από την καμπίνα.

Όμως κάτω από το τραπέζι δεν υπήρχε μόνο το καλώδιο, αλλά και μια μικρή, κλειστή βαλίτσα. Η Ρεβέκα την τράβηξε έξω και παρατήρησε το σύμβολο που ήταν χαραγμένο επάνω της. Ήταν το σφυροδρέπανο. Μα αυτό δεν ήταν το σύμβολο της Σοβιετικής Ένωσης; αναρωτήθηκε μέσα της καθώς άνοιγε τη βαλίτσα.

– Έι, Κολέτ, λες η Σοσόστρις να σχεδιάζει να πάει

διακοπές; ρώτησε χαμηλόφωνα τη φίλη της, αλλά απάντηση δεν έλαβε.

Η Κολέτ πλησίαζε ολοένα και περισσότερο τη διαφανή κουρτίνα. Όταν έφτασε αρκετά κοντά, άπλωσε το χέρι της για να την τραβήξει, ενώ η καρδιά της χτυπούσε σαν τρελή.

– Ε, αυτό είναι πολύ ενδιαφέρον, είπε η Ρεβέκα καθώς ανακάτευε το περιεχόμενο της βαλίτσας.

Μέσα στη βαλίτσα δεν υπήρχαν τα συνηθισμένα πράγματα που θα περίμενε κανείς να βρει στη βαλίτσα ενός μέντιουμ, όπως τράπουλες κι άλλα παρόμοια ας πούμε. Αντιθέτως, υπήρχαν δύο επιστημονικά βιβλία με τους εξής τίτλους: *Οι αιματολογικές διακυμάνσεις του ανθρώπινου αίματος* και *Μεταλλάξεις και παραλλαγές της κυτταρικής δομής των ανθρώπων και των ζώων*, μια ξεθωριασμένη φωτογραφία και μια λίστα με ονόματα.

Η Ρεβέκα, αφού έριξε μια ματιά στους τίτλους των βιβλίων, πήρε στα χέρια της τη φωτογραφία. Έδειχνε έναν κοντόχοντρο άντρα με λευκά μαλλιά να δίνει ένα βραβείο σε μια γυναίκα γύρω στα πενήντα. Η Ρεβέκα έφερε στο μυαλό της τα μαθήματα Ιστορίας και αμέσως θυμήθηκε ποιος ήταν ο άντρας. Ήταν ο Νικήτα Χρουστσόφ, γενικός γραμματέας του κομμουνιστικού κόμματος της Σοβιετικής Ένωσης τη δεκαετία του 1960. Και η γυναίκα; Η Ρεβέκα έφερε τη φωτογραφία ακόμα πιο κοντά στα μάτια της. Μα ήταν η Σοσόστρις! Ο Χρουστσόφ έδινε ένα βραβείο στη Σοσόστρις, ή μάλλον, καλύτερα, στην Ελένα Ποπόβα, είπε από μέσα της η Ρεβέκα και θυμήθηκε τη συζήτηση που είχαν με τη μητέρα της. Όσο κι αν αυτό ήταν αδύνατον, γιατί η Σοσόστρις έδειχνε τώρα γύρω στα πενήντα και η Ποπόβα, αν ζούσε, θα πρέπει να 'ταν γύρω στα εκατό, η Σοσόστρις ήταν τελικά η Ελένα Ποπόβα, η διάσημη επιστήμονας που είχε αναφέρει η μητέρα της!

Ύστερα η Ρεβέκα άφησε τη φωτογραφία και πήρε στα χέρια της τη λίστα με τα ονόματα. Άρχισε να τη διατρέχει με τα μάτια: Τουγκούσκα, Χιροσίμα, Ναγκασάκι, Νησί των Τριών Μιλίων, Κίεβο, Λονδίνο, Καρλάιλ, Ίνβερνες. Ήταν φανερό πως ήταν οι τόποι από όπου είχε περάσει το τσίρκο Κάλγκαρι από τότε που πρωτοϊδρύθηκε, όμως, για όποιον ήξερε, ήταν φανερό ότι σε κάμποσους απ' αυτούς τους τόπους είχαν σημειωθεί και τα χειρότερα ατυχήματα στην ιστορία της πυρηνικής ενέργειας. Η Χιροσίμα και το Ναγκασάκι είχαν βομβαρδιστεί από τους Αμερικανούς με την πυρηνική βόμβα, ενώ στο Νησί των Τριών Μιλίων, στην Αμερική, είχε σημειωθεί ένα από τα χειρότερα πυρηνικά ατυχήματα. Το Κίεβο όμως; Τι σχέση είχε η πρωτεύουσα της Ουκρανίας; Η Ρεβέκα πίεσε τον εαυτό της να θυμηθεί. Μα ναι, βεβαίως, το Κίεβο ήταν η πιο κοντινή πόλη στο εργοστάσιο του Τσέρνομπιλ, όπου το 1986 είχε συμβεί το χειρότερο ατύχημα στην ιστορία της πυρηνικής ενέργειας· ένα ατύχημα που είχε ως αποτέλεσμα να διαφύγουν στην ατμόσφαιρα μεγάλες ποσότητες ραδιενέργειας. Τώρα τα πράγματα αρχίζουν να έχουν λογική, σκέφτηκε μέσα της η Ρεβέκα. Πώς όμως συνδέεται το τσίρκο με όλα αυτά; Κι αυτό το όνομα που είναι πρώτο πρώτο στη λίστα; Τουγκούσκα. Πού στο καλό να βρίσκεται; Η Ρεβέκα στράφηκε προς την Κολέτ.

– Έι, Κολέτ, εσύ είσαι παιδί-θαύμα στη γεωγραφία, της είπε. Για πες μου, πού βρίσκεται η Τουγκούσκα;

Όμως η Κολέτ δεν της απάντησε, γιατί αγωνιζόταν να συγκρατήσει την αηδία που την έπνιγε. Ήθελε να κάνει εμετό.

– Ρεβέκα, ψέλλισε, κοίτα...

Και της έδειξε με χέρι που έτρεμε ένα απδιαστικό θέαμα. Όταν τράβηξε τελικά τη διαφανή κουρτίνα, δε βρήκε από πίσω το ιερό άγαλμα, αλλά τα πτώματα δυο γάτων κι ενός μεγάλου σκύλου. Κάποιος τους είχε δαγκώσει το λαιμό και είχε στραγγίξει το αίμα από το σώμα τους. Έτσι εξηγείται και η αποπνικτική μυρωδιά που ένιωσαν μόλις μπήκαν στην καμπίνα.

Η Ρεβέκα πλησίασε τη φίλη της από πίσω κι έβαλε τα χέρια της πάνω στους ώμους της, σε μια προσπάθεια να την ηρεμήσει, μολονότι ένιωθε κι η ίδια απδία κι ήθελε να κάνει εμετό.

– Τα άλλα ζώα..., άρχισε να λέει η Κολέτ. Πρέπει να δούμε αν είναι καλά!

– Τα άλλα είναι απολύτως καλά, ακούστηκε μια φωνή πίσω από τα κορίτσια.

Γύρισαν ξαφνιασμένες κι αντίκρισαν τη Σοσόστρις. Πίσω της στεκόταν ο Μπόρις. Στα χέρια του κρατούσε ένα περίστροφο. Η Ρεβέκα αγριοκοίταξε τη Σοσόστρις.

– Εσύ το 'κανες αυτό; ρώτησε η Κολέτ τη Σοσόστρις και της έδειξε τα πτώματα των τριών ζώων.

Παρόλο που η Σοσόστρις κούνησε αρνητικά το κεφάλι της, η Κολέτ δεν την πίστεψε.

– Μα τι είναι αυτό το μέρος; ρώτησε η Ρεβέκα τη Σοσόστρις. Και τι κρύβεται μέσα στο τρένο των φαντασμάτων;

– Στο τρένο των φαντασμάτων; έκανε η Σοσόστρις και κοίταξε νευρικά τον Μπόρις.

– Ναι. Είδα κάτι εκεί πέρα, της είπε η Ρεβέκα.

– Ένα βρικόλακα, πρόσθεσε η Κολέτ.

– Μάθατε πολλά... πάρα πολλά, είπε η Σοσόστρις και τραβήχτηκε στο πλάι.

Ο Μπόρις πέρασε μπροστά και σημάδεψε με το περίστροφό του τα δυο κορίτσια.

Εκείνη τη στιγμή άρχισε να χτυπά το κινητό τηλέφωνο της Ρεβέκας μέσα στην τσέπη του μπουφάν της. Η Ρεβέκα έβαλε το χέρι της μέσα στην τσέπη της για να το πιάσει. Η Σοσόστρις κι ο Μπόρις δεν έκαναν καμία κίνηση, ούτε καν νόημα στη Ρεβέκα να το αφήσει να χτυπάει και να μην το σηκώσει. Τελικά η Ρεβέκα το έβγαλε από την τσέπη της, πάτησε το πλήκτρο της απάντησης και το έβαλε στο αφτί της.

— Μαρκ! είπε όταν αναγνώρισε τη φωνή του φίλου της στο κινητό.

Η Ρεβέκα δε μιλούσε, μόνο άκουγε. Όσο όμως περνούσαν τα λεπτά, η Κολέτ παρατήρησε πως το πρόσωπο της Ρεβέκας γινόταν βλοσυρό. Ήταν φανερό πως τα νέα δεν ήταν καλά. Όταν η Ρεβέκα πάτησε το πλήκτρο του τέλους πάνω στο κινητό της, στράφηκε προς τους άλλους και το πρόσωπό της ήταν λυπημένο.

— Ο Τζόε, τους είπε. Έπεσε θύμα επίθεσης στην ανατολική πλευρά.

Η Κολέτ κοίταξε τη Σοσόστρις και τον Μπόρις. Τα πρόσωπά τους δεν έδειχναν καμία έκπληξη, άρα μάλλον ήδη γνώριζαν για την επίθεση.

Η Ρεβέκα πήρε μια βαθιά ανάσα, πριν συνεχίσει.

— Έχει χάσει πάρα πολύ αίμα, είπε. Ο Μαρκ τον πήγε στο Νοσοκομείο Κινγκ Τσαρλς Μεμόριαλ, στο Γουάιτσαπελ. Μπορεί να πεθάνει...

— Να πεθάνει; είπε η Σοσόστρις. Μα δεν έπρεπε να γίνει έτσι...

Όμως η Ρεβέκα και η Κολέτ δεν την άκουσαν, γιατί κατευθύνονταν ήδη προς την πόρτα της καμπίνας, αφού πρώτα έσπρωξαν στο πλάι τον Μπόρις και τη Σοσόστρις!

Νοσοκομείο Κινγκ Τσαρλς Μεμόριαλ,
Γουάιτσαπελ, Λονδίνο
Σάββατο, 12 Δεκεμβρίου, ώρα 00.11

Η Ρεβέκα έσπρωξε την πόρτα του δωματίου και πέρασε μέσα. Πίσω της ακολουθούσε ο Στεφάν.

Όταν η Ρεβέκα και η Κολέτ βγήκαν από την καμπίνα της Σοσόστρις, έτρεξαν αμέσως στον Στεφάν και του ζήτησαν αν μπορούσε να τις πάει μέχρι το νοσοκομείο με τη μοτοσικλέτα του. Ο Στεφάν προθυμοποιήθηκε αμέσως, μόνο που δεν μπορούσε να πάρει και τις δύο. Έτσι πήγε η Ρεβέκα μαζί του, ενώ η Κολέτ θα προσπαθούσε να βρει ένα ταξί. Χάρη στη μοτοσικλέτα του Στεφάν, οι δυο τους έφτασαν πρώτοι στο νοσοκομείο, γιατί η κυκλοφορία στο Λονδίνο εκείνο το βράδυ ήταν άλλο πράγμα.

Μόλις η Ρεβέκα αντίκρισε τον Τζόε πάνω στο νοσοκομειακό κρεβάτι ακίνητο, με τον ορό στο χέρι του, το λαιμό του δεμένο μ' ένα μεγάλο επίδεσμο και τα μάτια του κλειστά, τα 'χασε και δεν μπορούσε ν' αρθρώσει λέξη. Όταν ξαναβρήκε τη μιλιά της, ρώτησε τον Μαρκ πώς είναι ο φίλος τους.

– Χάλια, της απάντησε ο Μαρκ. Έτσι τουλάχιστον λέει ο γιατρός από δω.

Μόλις τότε η Ρεβέκα πρόσεξε ότι μέσα στο δωμάτιο βρισκόταν κι ένας ψηλός άντρας με λευκή μπλούζα. Της συστήθηκε ως δόκτωρ Μπράουνινγκ. Θα πρέπει να 'ταν γύρω στα πενήντα και το πρόσωπό του ήταν καλοσυνάτο.

– Τι του συμβαίνει; τον ρώτησε ο Στεφάν ενώ η Ρεβέκα πήγε κι έκατσε μαζί με τον Μαρκ στην άκρη του κρεβατιού του Τζόε.

–Χάνει πολύ αίμα, του απάντησε ο γιατρός.

– Μα πώς; τον ρώτησε η Ρεβέκα. Η πληγή του δε δείχνει και τόσο μεγάλη.

– Παρουσιάζει διαταραχές πήξεως, της απάντησε ο Μπράουνινγκ, παρότι του κάναμε μετάγγιση πλάσματος για να τον βοηθήσουμε.

– Μήπως θα 'πρεπε να του κάνετε κι άλλη; τον ρώτησε η Ρεβέκα, η οποία είχε αρχίσει να εκνευρίζεται με την ηρεμία του γιατρού.

– Δεν έχει νόημα, της απάντησε ο Μπράουνινγκ. Ο οργανισμός του δεν αντιδρά καλά.

– Όμως δεν είναι αυτό το μόνο πρόβλημα, έτσι δεν είναι, γιατρέ; είπε ο Μαρκ.

Ο Μπράουνινγκ κούνησε λυπημένα το κεφάλι του.

– Τι άλλο συμβαίνει; τον ρώτησε η Ρεβέκα, που της είχε περάσει ο εκνευρισμός δίνοντας τη θέση του σε μια έντονη ανησυχία.

– Ο Τζόε χρειάζεται μετάγγιση αίματος επειγόντως, της απάντησε ο Μπράουνινγκ.

– Και λοιπόν; τον ρώτησε ο Στεφάν. Πού είναι το πρόβλημα; Δεν έχετε αίμα;

– Ο Τζόε έχει έναν από τους πιο σπάνιους τύπους αίματος που υπάρχουν, του απάντησε ο Μπράουνινγκ. Εάν δεν μπορέσουμε να βρούμε έναν κατάλληλο δότη έγκαιρα...

Δε χρειάστηκε να τελειώσει τη φράση του, γιατί όλοι κατάλαβαν τι εννοούσε.

– Τότε το αγόρι θα πεθάνει, ακούστηκε μια φωνή πίσω τους.

Ήταν ο Άντερς, ο οποίος είχε μπει φουριόζος στο δωμάτιο. Πίσω του ακολουθούσε η Έμα Στορμ.

– Μαμά! Τι κάνεις εδώ; τη ρώτησε έκπληκτη η Ρεβέκα.

– Μόλις πληροφορηθήκαμε για την καινούρια επίθεση που έγινε στην ανατολική πλευρά, είπε ο Άνταμ Άντερς και προχώρησε βιαστικά προς το κρεβάτι του Τζόε, αγνοώντας την παράκληση του Μπράουνινγκ να κάνουν λίγη ησυχία, γιατί ο άρρωστος νεαρός χρειαζόταν ηρεμία.

– Μα πώς το ήξερες; τον ρώτησε ο Μαρκ. Δεν κάλεσα την αστυνομία, μόνο νοσοκομειακό.

Ο Άντερς χάρισε στον Μαρκ το πιο γοητευτικό του χαμόγελο.

– Είναι η δουλειά μου, κύριε Πράις, του απάντησε και ύστερα στράφηκε προς το γιατρό. Ώστε ο Τζόζεφ είναι ιδιαίτερη περίπτωση;

– Ακριβώς, είπε ο Μπράουνινγκ. Έχει την πιο σπάνια ομάδα αίματος που υπάρχει.

Ο Άντερς στράφηκε προς την Έμα.

– Τότε είναι ακριβώς σαν τους άλλους, ε, Έμα; τη ρώτησε.

Η Έμα κούνησε καταφατικά το κεφάλι της.

– Μαμά, τι σημαίνει «σαν τους άλλους»; ρώτησε η Ρεβέκα τη μητέρα της.

Η Έμα κοίταξε τον Άντερς, λες και ζητούσε την έγκρισή του πριν απαντήσει στην ερώτηση της κόρης της. Εκείνος κούνησε το κεφάλι του, σημάδι ότι είχε την έγκρισή του.

– Όλοι όσοι δέχτηκαν επίθεση είχαν την ίδια ομάδα αίματος με τον Τζόε, είπε η Έμα.

– Άρα ο βρικόλακας επιτίθεται σε ανθρώπους μιας ορισμένης ομάδας αίματος, είπε ο Στεφάν, ο οποίος δεν μπορούσε να πιστέψει τ' αφτιά του. Και πώς τους διαλέγει; Μυρίζει το αίμα σαν κυνηγόσκυλο;

– Ποιος νοιάζεται για το πώς; τον έκοψε απότομα η Ρεβέκα. Αν όλοι αυτοί έχουν την ίδια ομάδα αίματος με τον Τζόε, τότε μπορούμε να ζητήσουμε από κάποιον να δώσει αίμα.

– Βεβαίως! είπε η Έμα. Να η σωστή λύση, έτσι δεν είναι, Άνταμ;

– Όχι ακριβώς..., είπε ο Άντερς κι έφερε τα χέρια του κοντά στο πρόσωπο, λες κι ήθελε ν' αποφύγει όλα αυτά τα βλέμματα που περίμεναν ανυπόμονα να εξηγήσει τι εννοούσε.

– Τι εννοείς; τον ρώτησε πρώτος ο Μαρκ καχύποπτα.

– Οι καημένοι... οι δύστυχοι... τα θύματα της επίθεσης... ε... δεν είναι πλέον διαθέσιμα, του απάντησε κομπιάζοντας ο Άντερς.

– Δεν είναι πλέον διαθέσιμα; είπε η Ρεβέκα. Τι εννοείς;

– Ναι, Άνταμ, παρενέβη η Έμα, η οποία είχε αρχίσει να αγανακτεί. Τι εννοείς; Τις τελευταίες δύο μέρες έκανα κάποιους ελέγχους στα δείγματα αίματος που πήραμε από τα θύματα, ακριβώς όπως μου ζήτησες εσύ, ή το υπουργείο τέλος πάντων. Παρ' όλ' αυτά δεν έχω δει κανένα θύμα η ίδια. Τι εννοείς δεν είναι πλέον «διαθέσιμα»;

Ο Άντερς πήρε μια βαθιά ανάσα και το πρόσωπό του ξαναβρήκε την παγερή ηρεμία του. Ύστερα δήλωσε σε κοφτό τόνο, χωρίς να κομπιάσει καθόλου:

– Ακριβώς αυτό που λέω. Ότι δεν είναι πλέον διαθέσιμα.

Ο τρόπος που είχε μιλήσει ο Άντερς θύμισε έντονα στον Μαρκ τον τρόπο που μιλάει συνήθως η Εύα στο Ινστιτούτο. Μέσα του δεν είχε πλέον καμιά αμφιβολία για την πραγματική ταυτότητα του Άντερς. Ο Μαρκ θα έβαζε ακόμα και στοίχημα πως ήταν μέλος του προγράμματος.

Αυτός που τους ξανάφερε αμέσως στην πραγματικότητα ήταν ο Στεφάν.

– Μήπως όλοι ξεχνάμε κάτι; είπε. Ο φίλος σας από δω πεθαίνει κι εμείς καθόμαστε και συζητάμε.

– Μπορούμε να του κάνουμε συνεχείς μεταγγίσεις πλάσματος, είπε τότε ο δόκτωρ Μπράουνινγκ, μέχρι να βρεθεί ο κατάλληλος δότης. Αν όμως δε βρεθεί...

– Μα δεν μπορούμε να αφήσουμε έτσι απλά τον Τζόε στην τύχη του! είπε αγανακτισμένη η Ρεβέκα, η οποία δεν μπορούσε να διανοηθεί ότι θα καθόταν με σταυρωμένα τα χέρια και θα περίμενε να πεθάνει ο Τζόε.

Ο Άντερς έριξε μια αδιάφορη ματιά στον Τζόε κι ύστερα στράφηκε προς τη Ρεβέκα.

– Δυστυχώς, αγαπητή μου, αυτό είναι το μόνο που μπορούμε να κάνουμε, της είπε.

– Δε δείχνεις να λυπάσαι και πολύ, του είπε ο Μαρκ.

– Απλώς περιγράφω αντικειμενικά την κατάσταση, του απάντησε ψυχρά ο Άντερς.

Μάλιστα, σκέφθηκε ο Μαρκ. Ακριβώς λες και ακούω την Εύα.

– Μα, για όνομα του Θεού, βρισκόμαστε στο Λονδίνο, και μου λέτε ότι δεν μπορείτε να κάνετε τίποτα; φώναξε η Ρεβέκα με σχεδόν υστερική φωνή.

Ο Μαρκ έβαλε το χέρι του στον ώμο της, για να την ηρεμήσει.

– Δεν έχει απολύτως καμία σημασία αν βρισκόμαστε στο Λονδίνο, είπε ο Μπράουνινγκ. Σε όποια χώρα του κόσμου κι αν βρισκόμαστε, θα είχαμε το ίδιο ακριβώς πρόβλημα. Σας είπα, ο Τζόε έχει μια από τις πιο σπάνιες ομάδες αίματος.

– Πάρτε το επιτέλους απόφαση, δεσποινίς Στορμ, είπε ο Άντερς στη Ρεβέκα και στη φωνή του μπορούσες να ξεχωρίσεις μια κοροϊδευτική διάθεση. Δεν υπάρχει κατάλληλος δότης για τον Τζόζεφ!

– Κι όμως, υπάρχει, ακούστηκε η φωνή της Έμα.

Όλοι γύρισαν και την κοίταξαν.

– Μαμά, εσύ; τη ρώτησε η Ρεβέκα.

Η Έμα κούνησε αρνητικά το κεφάλι της.

– Όχι εγώ, αγάπη μου, αλλά εσύ, είπε και το μάτι της έπιασε την ανήσυχη έκφραση στο πρόσωπο του Άντερς. Έχεις την ίδια ομάδα αίματος με τον Τζόε.

Η Ρεβέκα δεν ήξερε τι να πει.

– Μα πώς το ξέρεις; ρώτησε τελικά τη μητέρα της. Εννοώ, αφού δεν έχω κάνει ποτέ εξέταση αίματος στη ζωή μου.

– Σου έκανε ο πατέρας σου, όταν ήσουν μικρή, της απάντησε η Έμα.

– Ο μπαμπάς; είπε η Ρεβέκα και αμέσως ένιωσε ένα μικρό κόμπο στο λαιμό, τον ίδιο κόμπο που ένιωθε κάθε φορά που σκεφτόταν τον μπαμπά της και τον τρόπο που είχε σκοτωθεί, σ' ένα περίεργο αυτοκινητικό δυστύχημα.

– Ρεβέκα, είπε ο Μαρκ για να τη συνεφέρει από τη νοσταλγία. Ας μη χάνουμε χρόνο.

– Ας αρχίσουμε, είπε ο δόκτωρ Μπράουνινγκ και πλησίασε ένα τηλέφωνο που υπήρχε στον τοίχο.

Ο Άντερς όμως μπήκε ανάμεσα στον Μπράουνινγκ και στο τηλέφωνο και τον σταμάτησε.

– Σας παρακαλώ, του είπε ο Μπράουνινγκ, δυσκολεύετε το έργο μου.

Ο Άντερς του χαμογέλασε.

– Ο Τζόζεφ χρειάζεται την καλύτερη δυνατή φροντίδα, έτσι δεν είναι; του είπε.

– Τι εννοείτε; τον ρώτησε ο Μπράουνινγκ.

– Ότι μπορώ να καλέσω μια ομάδα ειδικών. Θα

βρίσκονται εδώ το πολύ σε μία ώρα, του απάντησε ο Άντερς.

Ο Μπράουνινγκ, μπροστά σε τόση επιμονή, οπισθοχώρησε.

– Καλά, τι να πω..., είπε.

– Μα δεν έχουμε μία ώρα, είπε ο Στεφάν και πλησίασε τον Άντερς και τον κοίταξε βαθιά μέσα στα ψυχρά πράσινα μάτια του. Αν χάσουμε κι άλλο χρόνο, ο Τζόε θα πεθάνει.

– Ο νεαρός από δω έχει δίκιο, Άνταμ, είπε η Έμα.

– Εκτός αν, κύριε Άντερς, είπε ο Μαρκ τονίζοντας μία μία τις λέξεις του, αυτό ακριβώς επιδιώκετε: να πεθάνει ο Τζόε.

– Όπως καταλαβαίνετε, θα πρέπει πρώτα να σκοτώσετε εμένα, πρόσθεσε η Ρεβέκα και προχώρησε προς το μέρος του Μπράουνινγκ σηκώνοντας το ένα μανίκι από το πουλόβερ της. Γιατρέ, όποτε είστε έτοιμος, ελάτε. Εγώ είμαι έτοιμη, του είπε.

Ο Άντερς κοίταξε πρώτα τη Ρεβέκα, ύστερα την Έμα, μετά το δόκτορα Μπράουνινγκ, τον Μαρκ και τον Στεφάν και τέλος πάλι τη Ρεβέκα. Κατάλαβε πως στο πρόσωπο της Ρεβέκας είχε βρει έναν άξιο αντίπαλο, όπως επίσης κατάλαβε ότι δεν είχε νόημα να επιμείνει άλλο.

– Όπως επιθυμείτε, δεσποινίς Στορμ, είπε στη Ρεβέκα και, αφού έκανε μια θεατρινίστικη υπόκλιση, βγήκε από το δωμάτιο.

Μέσα του σκεφτόταν ότι θα είχε την ευκαιρία να εκδικηθεί τη Ρεβέκα Στορμ αργότερα.

Νοσοκομείο Κινγκ Τσαρλς Μεμόριαλ
Σάββατο, 12 Δεκεμβρίου, ώρα 05.43

Ο Μαρκ λαγοκοιμόταν ανήσυχος σε μια πολυθρόνα δίπλα από το κρεβάτι του Τζόε. Έξω είχε αρχίσει να χαράζει και το πρώτο φως της αυγής τρύπωνε δειλά μέσα από το παράθυρο του δωματίου.

Όσο για τον Τζόε, κοιμόταν ήσυχος. Ο ορός έσταζε κανονικά στη φλέβα του χεριού του. Επίσης ήταν συνδεδεμένος μ' ένα μηχάνημα που έλεγχε το σφυγμό και την αναπνοή του. Απ' ό,τι έδειχναν τα πράγματα, η μετάγγιση αίματος είχε επιτυχία και η αιμορραγία είχε μειωθεί. Ο δόκτωρ Μπράουνινγκ τους είχε διαβεβαιώσει πως η πληγή θα έκλεινε πολύ σύντομα, όμως μάλλον είχε κάνει λάθος, γιατί το αίμα εξακολουθούσε να στάζει αργά αργά από την πληγή βάφοντας κόκκινο τον επίδεσμο του Τζόε.

Η Έμα είχε πάρει τη Ρεβέκα και την Κολέτ στο ξενοδοχείο. Η Ρεβέκα δεν ένιωθε και πολύ καλά. Όλοι πίστευαν πως έφταιγε η μετάγγιση αίματος, αν και η Κολέτ θυμήθηκε πως η φίλη της είχε παραπονεθεί και νωρίτερα για πονοκεφάλους.

Ο Μαρκ στριφογύρισε στον καναπέ. Από την ώρα που είχε τελειώσει η μετάγγιση, μια κοιμόταν, μια ξύπναγε. Ξανακοίταξε τον Τζόε. Το μαύρο δέρμα του φίλου του είχε μια χλομάδα που ο Μαρκ δεν είχε ξαναδεί ποτέ πριν. Επίσης η αναπνοή του ήταν ακανόνιστη, ενώ πού και πού βόγκαγε μέσα στον ύπνο του. Ο Μαρκ αναρωτήθηκε αν πράγματι ο Τζόε πήγαινε προς το καλύτερο.

Ύστερα τύλιξε τα μπράτσα του γύρω από το κορμί του, γιατί ένιωθε ότι εδώ και λίγη ώρα είχε αρχίσει να κάνει κρύο, και προσπάθησε να κοιμηθεί. Θα είχε μόλις κλείσει τα μάτια του, όταν άκουσε ένα γρατσούνισμα στο παράθυρο. Άνοιξε διάπλατα τα μάτια του και κοίταξε. Κανείς. Μάλλον κάποιο περιστέρι, σκέφτηκε και γύρισε πλευρό.

Ύστερα από λίγο, ξανά το γρατσούνισμα στο παράθυρο. Ο Μαρκ ξανάνοιξε διάπλατα τα μάτια του. Αυτό που είδε τον έκανε να παγώσει ολόκληρος.

Το πλάσμα που είχε επιτεθεί στη Ρεβέκα και τον Τζόε προσπαθούσε να ανοίξει το παράθυρο με τα χέρια του! Ο Μαρκ προσπάθησε να σηκωθεί από τον καναπέ για να χτυπήσει το κουδούνι της νοσοκόμας, αλλά διαπίστωσε ότι του ήταν αδύνατον να κινηθεί. Το πλάσμα τον είχε καθηλώσει στη θέση του με τα μεγάλα, κόκκινα, γουρλωτά μάτια του, λες και τον είχε υπνωτίσει.

Ανίκανος να αντιδράσει, ο Μαρκ παρακολούθησε το πλάσμα να ανοίγει το παράθυρο, να μπαίνει μέσα στο δωμάτιο και να πλησιάζει το κρεβάτι του Τζόε. Τα βήματά του ούτε που ακούγονταν πάνω στη μοκέτα. Το μόνο που ακουγόταν, ήταν ο ήχος από το κάψιμο της μοκέτας στα σημεία όπου του έσταζαν τα σάλια. Ταυτόχρονα όλο το δωμάτιο άρχισε να βρομάει αμμωνία.

Το πλάσμα γύρισε κι έριξε μια τελευταία ματιά στον Μαρκ, προφανώς για να σιγουρευτεί ότι τον είχε ακινητοποιήσει. Ύστερα τράβηξε τον ορό από το χέρι του Τζόε και τον έβγαλε. Το μηχάνημα πάνω από το κεφάλι του Τζόε άρχισε να χτυπάει σαν δαιμονισμένο, σπάζοντας τη σιωπή που επικρατούσε μέσα στο δωμάτιο. Για μια στιγμή το πλάσμα τα 'χασε, αλλά αμέσως μετά κατάλαβε από πού ερχόταν ο ήχος και έκλεισε το μηχάνημα με τα χέρια του.

Στο δωμάτιο ξανάπεσε σιωπή. Τώρα το πλάσμα μπορούσε απερίσπαστο να προχωρήσει στο έργο του.

Αφαίρεσε γρήγορα τον επίδεσμο από το λαιμό του Τζόε και κοίταξε την πληγή. Ύστερα έβγαλε τη διχαλωτή του γλώσσα έξω από το στόμα του κι άρχισε να γλείφει λαίμαργα τα χείλη του. Ο Μαρκ, ακίνητος στον καναπέ, σκέφτηκε πως είχε έρθει το τέλος. Κανείς δεν μπορούσε πια να βοηθήσει το φίλο του.

Όμως, προς μεγάλη έκπληξη του Μαρκ, αντί το πλάσμα να βυθίσει τα δόντια του στην πληγή του Τζόε και ν' αρχίσει να του ρουφάει το αίμα, έσκυψε τρυφερά πάνω από την πληγή κι άρχισε να τη γλείφει με τη γλώσσα του. Μετά από λίγο όρθωσε το κορμί του ευχαριστημένο, τσίριξε δυνατά, σκαρφάλωσε στο παράθυρο και εξαφανίστηκε!

Ο Μαρκ ένιωσε σιγά σιγά τις δυνάμεις του να επιστρέφουν. Σηκώθηκε αργά από τον καναπέ και πάτησε το κουμπί της νοσοκόμας. Ύστερα πλησίασε το κρεβάτι. Η αναπνοή του φίλου του ήταν κανονική. Ο Τζόε έδειχνε να κοιμάται γαλήνια. Μάλιστα στο πρόσωπό του είχε σχηματιστεί ένα χαμόγελο ικανοποίησης. Ο Μαρκ κοίταξε την πληγή. Όχι μόνο είχε πάψει να αιμορραγεί, αλλά δεν την έβλεπε καν. Είχε εξαφανιστεί!

ΑΠΑΓΟΡΕΥΜΕΝΗ ΖΩΝΗ

Πίτσα για κρεατοφάγους ή για χορτοφάγους;

Νοσοκομείο Κινγκ Τσαρλς Μεμόριαλ
Σάββατο, 12 Δεκεμβρίου, ώρα 13.17

– Βρε παιδιά, μη νομίζετε πως δεν εκτιμώ το τι κάνατε για μένα, είπε ο Τζόε καθισμένος αναπαυτικά στο νοσοκομειακό κρεβάτι κι έδειξε ένα πιάτο με φρούτα που βρισκόταν στο κομοδίνο πλάι του, αλλά χάθηκε ο κόσμος να μου φέρετε κάτι πιο νόστιμο να φάω, ας πούμε μια σοκολάτα, μια πίτσα ή ένα διπλό χάμπουργκερ με τυρί και πατάτες;

– Αηδίες! είπε η Ρεβέκα κι έκανε ένα μορφασμό.

Είχε έρθει μαζί με την Κολέτ να επισκεφτούν το φίλο τους.

– Πιστεύω πως ο Τζόε μπορεί να φάει ό,τι θέλει, ακούστηκε πίσω της η φωνή του γιατρού Μπράουνινγκ. Τόσο γρήγορη ανάρρωση δεν έχω ξαναδεί στην καριέρα μου!

Ο Τζόε πανηγύρισε με ζητωκραυγές. Μετά ρώτησε

τη Ρεβέκα αν μπορούσε να πεταχτεί μέχρι ένα κοντινό φαστφουντάδικο –τη διεύθυνση την είχε μάθει από μια νοσοκόμα με την οποία είχε πιάσει φιλίες– για να του φέρει κάτι της προκοπής να φάει.

– Το ξέρεις ότι είμαι χορτοφάγος, του είπε η Ρεβέκα χαμογελώντας. Αποκλείεται να πατήσω το πόδι μου σε τέτοιο μέρος!

– Έλα μωρέ Ρεβέκα! της είπε ο Τζόε και έκανε το μουτρωμένο.

– Έτσι και αλλιώς η Ρεβέκα δε νιώθει και πολύ καλά, είπε η Κολέτ. Έτσι δεν είναι, Ρεβέκα;

– Έι, Κολέτ, υπερβάλλεις, της απάντησε η Ρεβέκα. Μια μικρή ναυτία έχω, αυτό είναι όλο. Μετά στράφηκε προς τον Μπράουνινγκ. Είπατε πως δεν έχετε ξαναδεί ποτέ τόσο γρήγορη ανάρρωση. Τι εννοούσατε; τον ρώτησε.

– Ρίξε μια ματιά στο λαιμό του, της είπε ο γιατρός.

Τα δυο κορίτσια στύλωσαν το βλέμμα τους στο λαιμό του φίλου τους.

– Δεν υπάρχει τίποτα! είπε κατάπληκτη η Κολέτ. Ούτε καν σημάδι!

– Χθες το βράδυ δεν μπορούσαμε να ελέγξουμε την αιμορραγία, είπε ο Μπράουνινγκ, και σήμερα όχι μόνο σταμάτησε η αιμορραγία, αλλά δεν υπάρχει και ίχνος από την πληγή. Ιατρικώς είναι ανεξήγητο.

Ο Τζόε έκανε μια γκριμάτσα που έπιανε από το ένα αφτί του μέχρι το άλλο. Ήταν σαν να τους έλεγε ότι θα άφηνε εποχή στην Αγγλία, και όχι μόνο στο Ινστιτούτο, όπου ήταν ένας από τους πιο έξυπνους μαθητές που είχαν περάσει ποτέ.

– Κάνατε εξετάσεις στον Τζόε; ρώτησε η Ρεβέκα τον Μπράουνινγκ.

– Μα και βέβαια, της απάντησε εκείνος.

— Και δε βρήκατε τίποτα το ασυνήθιστο; τον ρώτησε πάλι η Ρεβέκα.

— Όχι..., είπε διστακτικά ο Μπράουνινγκ, εκτός από το γεγονός ότι το αίμα του τώρα περιέχει περισσότερα ινωδογόνα από πριν.

— Τι είναι τα ινωδογόνα; ρώτησε η Κολέτ, η οποία δεν ήξερε τίποτε από βιολογία.

— Είναι μια πρωτεΐνη του αίματος, της απάντησε αμέσως η Ρεβέκα με τον αέρα παντογνώστη. Τα ινωδογόνα βοηθούν το αίμα να πήζει στις πληγές, όταν κόβεσαι ή τραυματίζεσαι. Χωρίς αυτά, μπορεί κανείς να πεθάνει από αιμορραγία.

— Δε θέλω ούτε να το σκέφτομαι, είπε η Κολέτ.

Η Ρεβέκα ξαναστράφηκε στο γιατρό.

— Μα από πού προήλθαν τα επιπλέον ινωδογόνα; τον ρώτησε.

Όμως ο Μπράουνινγκ δε βρήκε το χρόνο να της απαντήσει, γιατί η πόρτα του δωματίου άνοιξε ξαφνικά και μπήκε μέσα εκνευρισμένος ο Μαρκ.

— Τι συμβαίνει; τον ρώτησε ο Τζόε μόλις είδε τη θυμωμένη έκφραση στο πρόσωπό του.

— Δε με πιστεύουν! είπε και ρίχτηκε στον καναπέ δίπλα από το κρεβάτι του Τζόε.

— Ποιος δε σε πιστεύει; τον ρώτησε η Κολέτ.

— Η διοίκηση του νοσοκομείου, είπε ο Μαρκ. Έκαναν μάλιστα έναν υπαινιγμό, πως τους έκανα πλάκα πατώντας το κουμπί της νοσοκόμας.

Ο δόκτωρ Μπράουνινγκ αναστέναξε. Είχε το ύφος του ανθρώπου που έχει δει πάρα πολλά τα χρόνια που εργαζόταν σ' αυτό το νοσοκομείο.

— Θα σε πήρε ο ύπνος, Μαρκ, κι ονειρεύτηκες, είπε.

— Όχι, επέμενε ο Μαρκ. Εκείνο... εκείνο το πράμα μπήκε μέσα στο δωμάτιο!

– Σοβαρέψου, Μαρκ, του είπε η Ρεβέκα. Πώς θα μπορούσε κάποιος να σκαρφαλώσει πέντε ορόφους χωρίς μια σκάλα έστω;

– Μα δεν πρόκειται για άνθρωπο, είπε ο Μαρκ και κοίταξε τον Τζόε. Σίγουρα δε θυμάσαι τίποτα, Τζόε; τον ρώτησε.

Ο Τζόε κούνησε αρνητικά το κεφάλι του.

– Ήμουν αναίσθητος, θυμάσαι; είπε στον Μαρκ. Το μόνο που θυμάμαι είναι να είσαι εσύ πάνω από το κεφάλι μου και να χτυπάς σαν τρελός το κουμπί.

– Ο βρικόλακας ήταν εδώ, σας λέω! ξαναείπε ο Μαρκ φανερά εκνευρισμένος. Μπήκε μέσα και δάγκωσε πάλι τον Τζόε στο λαιμό.

Ο Τζόε έβαλε την παλάμη του στο λαιμό του. Ήταν λίγο ερεθισμένος, αλλά τίποτα άλλο.

– Πάντως δεν υπάρχει σημάδι από δάγκωμα αυτή τη στιγμή, είπε στον Μαρκ. Είσαι σίγουρος πως δεν τα ονειρεύτηκες όλα;

– Ναι, του απάντησε ο Μαρκ κοφτά.

– Μα τότε γιατί δε σου επιτέθηκε; τον ρώτησε η Ρεβέκα.

– Γιατί η ομάδα αίματός μου είναι διαφορετική, της απάντησε ο Μαρκ. Θυμάσαι τι μας είπε η μαμά σου και ο Άντερς; Οι επιθέσεις έγιναν όλες σε ανθρώπους που είχαν την ίδια ομάδα αίματος.

Η Ρεβέκα στράφηκε στον Τζόε. Ο Μαρκ είχε δίκιο. Έτσι εξηγείται γιατί οι μόνοι που είχαν δεχτεί επίθεση από τα τέσσερα παιδιά ήταν αυτή κι ο Τζόε – γιατί είχαν την ίδια ομάδα αίματος. Παρ' όλ' αυτά ένα σημείο έμενε ανεξήγητο. Ενώ στην περίπτωση της Ρεβέκας την είχε σώσει η εμφάνιση του Στεφάν την τελευταία στιγμή, στην περίπτωση του Τζόε, παρόλο που ο βρικόλακας είχε την ευκαιρία να του ρουφήξει όλο το αίμα, δεν το είχε κάνει. Μάλιστα τη δεύτερη φορά η επίθεση του βρικόλακα στον Τζόε μάλλον τον είχε βοηθήσει να αναρρώσει πολύ γρήγορα.

Η Ρεβέκα κοίταξε τον Τζόε. Από το βλέμμα του κατάλαβε πως και αυτός σκεφτόταν τα ίδια πράγματα.

Εκείνη τη στιγμή άνοιξε η πόρτα του δωματίου και μπήκε μέσα ο Άντερς. Τον ακολουθούσαν η Έμα Στορμ, της οποίας το πρόσωπο έδειχνε ανήσυχο, και τρεις νεαρές νοσοκόμες. Και οι τρεις γυναίκες είχαν ξανθά μαλλιά πιασμένα σε κότσο, ενώ το δέρμα τους και γενικά η όλη εμφάνισή τους ήταν αψεγάδιαστη, όπως ακριβώς και του Άντερς. Μόλις οι τέσσερις φίλοι είδαν τις νεαρές νοσοκόμες, έφεραν αμέσως στο μυαλό τους την Εύα, τη μυστηριώδη βοηθό του στρατηγού Έξφορντ στο Ινστιτούτο.

Ο Άντερς έδειξε τον Τζόε στις τρεις νοσοκόμες.

— Αυτό είναι το αγόρι, τους είπε.

Οι νοσοκόμες άρχισαν να προχωρούν προς το κρεβάτι του Τζόε. Τότε πετάχτηκε ο Μαρκ και τους έφραξε το δρόμο.

— Χρειάζεται να κάνουμε κάποια τεστ στον Τζόζεφ, είπε ο Άντερς στον Μαρκ. Γι' αυτό σε παρακαλώ, κάνε στο πλάι.

— Όχι, του απάντησαν με μια φωνή ο Μαρκ, η Ρεβέκα και η Κολέτ.

Ο Άντερς έδειχνε να διασκεδάζει με την έλλειψη εμπιστοσύνης των τριών παιδιών. Γύρισε και ψιθύρισε κάτι στις τρεις νοσοκόμες. Εκείνες χαμογέλασαν.

— Δε με εμπιστεύεστε; ρώτησε ύστερα τα τρία παιδιά και το όμορφο πρόσωπό του πήρε μια πληγωμένη έκφραση.

Η Ρεβέκα και η Κολέτ δεν του απάντησαν. Το «όχι» του το είπε ο Μαρκ. Ταυτόχρονα η Ρεβέκα με την Κολέτ γύρισαν προς τον Τζόε και του έκαναν νόημα με τα μάτια, δείχνοντάς του το παράθυρο. Ο Άντερς δεν μπορούσε να τις δει, γιατί μπροστά του στεκόταν ο Μαρκ. Ο Τζόε ανασηκώθηκε στο κρεβάτι του. Όλες οι αισθήσεις του ήταν σε εγρήγορση. Θα μπορούσε άραγε να το σκάσει από το παράθυρο;

Ναι, σίγουρα, είπε στον εαυτό του, και μετά θα με μαζεύουν με το κουταλάκι, όταν θα προσγειωθώ φαρδύς-πλατύς στο πεζοδρόμιο, πέντε ορόφους πιο κάτω!

– Δεν έχετε κανένα λόγο να με φοβάστε, τους είπε ο Άντερς. Έτσι δεν είναι, Έμα;

– Έτσι είναι..., είπε διστακτικά η μητέρα της Ρεβέκας, λες και δεν ήταν σίγουρη. Ο Άνταμ θέλει απλώς να κάνει κάποιες εξετάσεις στον Τζόε, αυτό είναι όλο.

– Τότε ας τις κάνει εδώ, στο νοσοκομείο, είπε αμέσως η Κολέτ.

Ο Άντερς κούνησε αρνητικά το κεφάλι του.

– Αυτό το νοσοκομείο δεν έχει τον εξοπλισμό που έχουμε στο εργαστήριο, είπε, κι όταν ο Μαρκ τον ρώτησε πώς θα μπορούσαν να τον πιστέψουν, ο Άντερς του είπε να ρωτήσει την Έμα.

Η Έμα επιβεβαίωσε αυτό που είχε πει ο Άντερς.

Η Ρεβέκα κοίταξε απογοητευμένη τη μητέρα της, λες και τους είχε προδώσει. Της φάνηκε παράξενο, από τη στιγμή που η μητέρα της ήξερε ότι δεν τον εμπιστεύονταν. Γιατί λοιπόν είχε πάρει το μέρος του; Μήπως την κρατούσε στο χέρι με κάτι;

– Δεν υπάρχει λόγος να φοβάστε, χαρά μου, είπε η Έμα στην κόρη της, όμως ο τόνος της φωνής της πρόδιδε την ανησυχία της.

– Έι, δε νομίζετε πως μου πέφτει κι εμένα λόγος; ρώτησε ο Τζόε μουτρωμένος και σηκώθηκε από το κρεβάτι.

Έσπρωξε τον Μαρκ, τη Ρεβέκα και την Κολέτ και προχώρησε προς τον Άντερς με το χαρακτηριστικό βήμα του.

Ο Άντερς του χαμογέλασε παγερά.

– Θα 'ρθεις μαζί μας, Τζόζεφ; τον ρώτησε ειρωνικά.

– Γιατί, μήπως έχω και άλλη επιλογή; του απάντησε ο Τζόε.

– Μα και βέβαια έχεις άλλη επιλογή, Τζόε, πετάχτηκε η Έμα. Έτσι δεν είναι, Άνταμ;

Ο Άντερς αρνήθηκε ν' απαντήσει, λες και η σιωπή ήταν από μόνη της μια απάντηση.

– Καλά τότε, είπε τελικά ο Τζόε. Θα 'ρθω μαζί σας σ' ένα λεπτό.

– Θα 'ρθεις μαζί μας τώρα! του είπε ο Άντερς κι έκανε σήμα σε μια από τις τρεις νοσοκόμες.

Εκείνη αμέσως άρχισε να προχωράει προς το μέρος του Τζόε.

– Και πώς θέλετε να βγω έξω ντυμένος έτσι; είπε ο Τζόε και έδειξε την μπλούζα του νοσοκομείου. Τουλάχιστον αφήστε με ν' αλλάξω, εντάξει;

Παρόλο που ο Άντερς κοίταξε καχύποπτα τον Τζόε, τελικά συμφώνησε.

– Σας παρακαλώ, λοιπόν, να βγείτε όλοι από το δωμάτιο και να μ' αφήσετε ν' αλλάξω, είπε ο Τζόε.

Η Ρεβέκα συγκράτησε ένα χαμόγελο, για τον έξυπνο τρόπο που ο Τζόε είχε καταφέρει τον Άντερς, γιατί ήταν σίγουρη ότι ο φίλος της κάτι είχε σκεφτεί.

Πριν βγει από το δωμάτιο, ο Άντερς κοίταξε το παράθυρο. Και να θέλει να το σκάσει από δω ο Τζόε, σκέφτηκε, θα σκοτωθεί. Άρα εντάξει.

Μόλις βγήκαν όλοι έξω, ο Τζόε έβγαλε όσο πιο γρήγορα μπορούσε την μπλούζα του νοσοκομείου και φόρεσε τα ρούχα του. Έριξε μια ματιά έξω από το παράθυρο και κούνησε το κεφάλι του. Είχε δίκιο όταν σκέφτηκε πως από κει δεν μπορούσε να το σκάσει, εκτός βεβαίως κι αν ήθελε να σκοτωθεί.

Έτσι διέσχισε το δωμάτιο, έφτασε στην πόρτα, την άνοιξε λίγο και έβγαλε προσεκτικά το κεφάλι του έξω. Ο Άντερς, η Έμα και οι τρεις νοσοκόμες στέκονταν όρθιοι και περίμεναν. Αντίθετα, ο Μαρκ, η Ρεβέκα κι η Κολέτ είχαν καθίσει στο δερμάτινο καναπέ που υπήρχε στο διάδρομο.

Ανάμεσα στον Άντερς, την Έμα, τις τρεις νοσοκόμες και τον Τζόε υπήρχε ένα μεγάλο, συρόμενο καρότσι, απ' αυτά με τα οποία μαζεύουν στα νοσοκομεία τα άπλυτα σεντόνια και τις πετσέτες για να τα πάνε πρώτα για πλύσιμο κι ύστερα γι' αποστείρωση.

Η πρώτη σκέψη του Τζόε ήταν να κρυφτεί μέσα στο καρότσι. Πόσο όμως θα μπορούσε να μείνει εκεί χωρίς ο Άντερς να υποψιαστεί ότι κάτι τρέχει; Στο ύψος του καροτσιού, το μάτι του Τζόε πήρε το καπάκι ενός αγωγού στον τοίχο. Σκέφτηκε ότι μάλλον από κει θα έριχναν τα άπλυτα, τα οποία έτσι θα έφταναν απευθείας στα πλυντήρια, που στα νοσοκομεία βρίσκονται συνήθως στα υπόγεια. Το όλο πρόβλημα λοιπόν ήταν πώς να πάει από το καρότσι στο καπάκι του αγωγού χωρίς να τον αντιληφθούν ο Άντερς και οι τρεις νοσοκόμες. Παρ' όλ' αυτά, αν εξακολουθούσε να το σκέφτεται για πολύ ακόμη, θα έχανε πολύτιμο χρόνο. Έτσι, έπεσε στα τέσσερα, άνοιξε ελάχιστα την πόρτα, τόσο όσο του χρειαζόταν για να χωρέσει, σύρθηκε μέχρι το καρότσι και κρύφτηκε από πίσω του.

Η στιγμή που περίμενε ήρθε πιο γρήγορα από ό,τι έλπιζε. Το κινητό τηλέφωνο του Άντερς άρχισε να χτυπάει. Ο Άντερς το σήκωσε κι άρχισε να μιλάει. Τώρα, είπε μέσα του ο Τζόε, και σύρθηκε μέχρι το καπάκι του αγωγού. Το άνοιγμά του ήταν μικρό, αλλά κι ο Τζόε ήταν μικρόσωμος. Έτσι, το άνοιξε και χώθηκε μέσα.

Όταν ο Άντερς έκλεισε το κινητό του, ήταν υπερβολικά ανήσυχος. Γύρισε αμέσως προς τις τρεις νοσοκόμες και τους έκανε σήμα να πάνε να φέρουν τον Τζόε.

Τότε η Κολέτ, που το μάτι της είχε πάρει τις σόλες των παπουτσιών του Τζόε να εξαφανίζονται μέσα στον αγωγό, πετάχτηκε μπροστά και ρώτησε τον Άντερς τι θα έκαναν στο φίλο τους, ίσα ίσα για να τον καθυστερήσει λίγο ακόμα.

Οι τρεις νοσοκόμες την έσπρωξαν στο πλάι και προχώρησαν μαζί με τον Άντερς προς το δωμάτιο του Τζόε.

– Πού είναι; αναρωτήθηκε φωναχτά ο Άντερς όταν ανακάλυψε ότι το δωμάτιο ήταν άδειο.

Ύστερα πήγε προς το παράθυρο. Κανένα σημάδι του Τζόε. Κατόπιν στράφηκε προς τη μητέρα της Ρεβέκας.

– Έμα, θα 'ρθεις μαζί μου, της είπε. Έχουμε ακόμα πολλή δουλειά να κάνουμε.

– Άνταμ, εγώ..., άρχισε να λέει η Έμα, αλλά ο Άντερς της το ξέκοψε με το βλέμμα του.

– Και σεις, είπε ο Άντερς μιλώντας στις τρεις νοσοκόμες, πρέπει να βρείτε αμέσως τον Ουίλιαμς. Με καταλάβατε;

Οι τρεις νοσοκόμες κούνησαν το κεφάλι τους καταφατικά, βγήκαν από το δωμάτιο και άρχισαν να προχωρούν γρήγορα στο διάδρομο. Το ίδιο έκαναν κι ο Άντερς με την Έμα, η οποία, όταν πέρασε μπροστά από τον Μαρκ, τη Ρεβέκα και την Κολέτ, χαμογέλασε βεβιασμένα.

Ο Άντερς ούτε που έδωσε σημασία στα τρία παιδιά, λες και δεν υπήρχαν. Όμως τα τρία παιδιά πρόσεξαν την ταραχή που υπήρχε στο πρόσωπό του. Μάλιστα, αν το καλοσκεφτεί κανείς, ήταν η πρώτη φορά από τότε που τον γνώρισαν, που έδειχνε να έχει χάσει την ψυχραιμία του.

Κανάρι Γουάρφ, Λονδίνο
Σάββατο, 12 Δεκεμβρίου, ώρα 16.19

– Έπρεπε να είχαμε πάει με τον Μαρκ, είπε η Κολέτ καθώς η Ρεβέκα γύριζε το κλειδί στην πόρτα του δωματίου, για να μπουν μέσα.

– Από δω θα μπορέσουμε να δράσουμε καλύτερα, της είπε η Ρεβέκα όταν μπήκαν στο δωμάτιο του ξενοδοχείου και άρχισαν να προχωρούν προς την κρεβατοκάμαρα της μητέρας της.

– Όμως ο Τζόε μπορεί να βρίσκεται σε κίνδυνο, επέμενε η Κολέτ όση ώρα η Ρεβέκα έβγαζε τον πίνακα από τον τοίχο κι αποκάλυπτε από πίσω το εντοιχισμένο χρηματοκιβώτιο.

– Ο Τζόε είναι μια χαρά, ή τουλάχιστον έτσι μας είπε όταν μας πήρε στο κινητό, της είπε η Ρεβέκα κι άρχισε να μελετά την ηλεκτρονική κλειδαριά του χρηματοκιβωτίου.

Οι αριθμοί άρχισαν να τρεμουλιάζουν μπροστά στα μάτια της και ένιωσε να την πιάνει πονοκέφαλος, πράγμα παράξενο, γιατί σπάνια υπέφερε από πονοκεφάλους.

– Τι θα γίνει όμως με τον Άντερς και τις τρεις νοσοκόμες; τη ρώτησε η Κολέτ.

– Ο Άντερς επέστρεψε στο υπουργείο με τη μαμά και αυτές οι τρεις δεν πρόκειται ποτέ να εντοπίσουν τον Μαρκ και τον Τζόε, της απάντησε η Ρεβέκα με σιγουριά και πάτησε κάποιους αριθμούς πάνω στην ηλεκτρονική κλειδαριά, αλλά χωρίς επιτυχία.

— Ίσως..., της είπε η Κολέτ χωρίς όμως να πάψει να ανησυχεί, γιατί όταν ο Τζόε τηλεφώνησε στο κινητό και είπε στη Ρεβέκα ότι θα πήγαιναν με τον Μαρκ στην οδό Τότερς, σκέφτηκε ότι ο Άντερς και οι τρεις νοσοκόμες μπορεί να τους εντόπιζαν.

— Δεν μπορείς να συντονιστείς με το μυαλό του Τζόε; ρώτησε η Ρεβέκα τη φίλη της καθώς προσπαθούσε απεγνωσμένα να βρει το συνδυασμό του χρηματοκιβωτίου.

— Όχι, της απάντησε η Κολέτ λυπημένα. Μπορώ να το κάνω, αλλά συνήθως μόνο όταν ο Τζόε βρίσκεται σε κίνδυνο. Εξάλλου μην ξεχνάς ότι εγώ δεν είμαι τόσο καλή σ' αυτό όσο ο Τζόε.

— Όμως μπορείς να με βοηθήσεις με τούτο δω, της είπε η Ρεβέκα και της έδειξε την ηλεκτρονική κλειδαριά. Πρέπει να το ανοίξω!

— Γιατί θέλεις να τ' ανοίξεις; τη ρώτησε η Κολέτ.

— Γιατί ο Άντερς κρατάει τη μητέρα μου στο χέρι με κάτι και θέλω να μάθω τι είναι, της απάντησε η Ρεβέκα και έπιασε το μέτωπό της.

Είχε πυρετό. Για φαντάσου να κρεβατωθώ με καμιά γρίπη, σκέφτηκε.

— Τι θέλεις να κάνω; τη ρώτησε η Κολέτ.

— Να δεις αν μπορείς να βρεις το σωστό συνδυασμό για το χρηματοκιβώτιο, της απάντησε η Ρεβέκα. Το μόνο που ξέρω είναι πως έχει εξαψήφιο συνδυασμό. Μπορείς να μου βρεις τους έξι αριθμούς;

Η Κολέτ κοίταξε προσεκτικά το πληκτρολόγιο της ηλεκτρονικής κλειδαριάς. Δεν ήξερε αν μπορούσε να το κάνει ή όχι.

— Συγκεντρώσου, Κολέτ, συγκεντρώσου, την παρότρυνε η Ρεβέκα καθώς η Κολέτ έκλεινε τα μάτια της και προσπαθούσε να συντονίσει το μυαλό της με τον ηλεκτρονικό εγκέφαλο του χρηματοκιβωτίου, για να ανοίξει την κλειδαριά.

Νούμερα και συνδυασμοί άρχισαν να χορεύουν μπροστά στα μάτια της Κολέτ: 1... 4... 6, ή μήπως ήταν 9; Ένα 5 που είδε στην αρχή, γρήγορα μετασχηματίστηκε σε 8.

Η Κολέτ άνοιξε τα μάτια της.

– Συγγνώμη, Ρεβέκα, της είπε, είναι αδύνατον. Ο Τζόε θα το 'κανε σ' ένα λεπτό, αλλά εγώ...

– Προσπάθησε, Κολέτ, προσπάθησε, την παρότρυνε πάλι η Ρεβέκα και άρχισε να βήχει.

– Είσαι καλά; τη ρώτησε η Κολέτ, γιατί της φαινόταν χλομή.

– Είμαι μια χαρά, της απάντησε η Ρεβέκα. Προσπάθησε ξανά!

Η Κολέτ ξανάκλεισε τα μάτια της και προσπάθησε να συγκεντρωθεί. Αυτή τη φορά τα νούμερα που περνούσαν μπροστά από τα μάτια της ήταν πιο ευδιάκριτα.

– Ένα, είπε τελικά. Νομίζω πως βλέπω το ένα. Και δίπλα βλέπω άλλο ένα. Ναι, έτσι είναι: δύο ένα στη σειρά.

– Έντεκα, είπε η Ρεβέκα. Συνέχισε, Κολέτ, τα πας μια χαρά!

Ενθαρρημένη η Κολέτ, συνέχισε.

– Δύο... Και ένα τέσσερα... όχι, ένα εννιά. Ναι, είναι σίγουρα εννιά...

Ξαφνικά οι αριθμοί σταμάτησαν να περνούν μπροστά από τα μάτια της Κολέτ.

– Συγγνώμη, Ρεβέκα, της είπε και ξανάνοιξε τα μάτια της, αλλά δεν μπορώ να δω τίποτε άλλο.

– Δεν πειράζει, Κολέτ, της είπε η Ρεβέκα κι άρχισε στα γρήγορα να πατάει κάποιους αριθμούς πάνω στο πληκτρολόγιο. Ξέρω ποιος είναι ο αριθμός. Έντεκα...

είκοσι εννιά... πενήντα τρία. Είναι μια ημερομηνία.

– Μα αυτό δεν είναι ημερομηνία, της είπε η Κολέτ.

– Εάν γράφεις τις ημερομηνίες όπως τις γράφουν οι Αμερικανοί, είναι, της είπε η Ρεβέκα. Γιατί οι Αμερικανοί βάζουν το μήνα πρώτο. Έχουμε και λέμε λοιπόν: 11, 29, 53.

Ακούστηκε ένας σφυριχτός ήχος και η πόρτα του χρηματοκιβωτίου άνοιξε.

– Μα πώς το μάντεψες; τη ρώτησε η Κολέτ όση ώρα η Ρεβέκα έβγαζε από το χρηματοκιβώτιο τους φακέλους και τις δισκέτες του υπολογιστή.

– Είναι απλό, της απάντησε η Ρεβέκα. Η μητέρα μου είχε βάλει για συνδυασμό την ημερομηνία γέννησης του μπαμπά μου. Τον αγαπούσε πολύ ξέρεις... Όταν εσύ μου 'δωσες τους τέσσερις πρώτους αριθμούς, από κει και πέρα το μυαλό μου πήρε στροφές.

Η Ρεβέκα πήρε μια παλιά φωτογραφία που είχε μπερδευτεί ανάμεσα στους φακέλους και την έδειξε στην Κολέτ.

– Να ο μπαμπάς μου, της είπε.

– Έχεις τα μάτια του, της είπε η Κολέτ καθώς κοίταζε τη φωτογραφία του άντρα με τα ατίθασα ξανθά μαλλιά.

– Ναι, είπε η Ρεβέκα κι έβαλε τη φωτογραφία πάλι μέσα στο χρηματοκιβώτιο. Εδώ είναι καναδυό μήνες πριν πεθάνει.

Ύστερα άρχισε να ανακατεύει τους φακέλους. Η Κολέτ παρατήρησε πως μερικοί απ' αυτούς έμοιαζαν με ιατρικά ιστορικά και είχαν επάνω τους ένα κίτρινο αυτοκόλλητο. Ρώτησε τη Ρεβέκα.

– Αυτό σημαίνει πως ο άνθρωπος στον οποίο αναφέρεται ο φάκελος υποφέρει από κάποια μεταδοτική αρρώστια, της απάντησε η Ρεβέκα και ξεφύλλισε τυχαία αυτόν που ήταν μπροστά της. Όχι υποφέρει, υπέφερε! διόρθωσε έπειτα από λίγο τον εαυτό της.

– Τι εννοείς; τη ρώτησε η Κολέτ.

– Για ρίξε μια ματιά, της είπε η Ρεβέκα και της έδωσε το φάκελο, ενώ η ίδια ξεφύλλιζε ταυτόχρονα έναν άλλο κι ύστερα έναν τρίτο.

Η Κολέτ δεν καταλάβαινε τίποτα απ' όσα διάβαζε όχι μόνο στον πρώτο φάκελο που της έδωσε η Ρεβέκα, αλλά και στο δεύτερο και στον τρίτο. Παρ' όλ' αυτά ένα πράγμα ήταν κοινό σε όλους: ότι οι άνθρωποι στους οποίους αναφέρονταν, είχαν πεθάνει. Το είπε στη Ρεβέκα.

– Ακριβώς, είπε η Ρεβέκα. Όμως πρόσεξες ότι πέθαναν την ίδια ακριβώς ημέρα;

– Έχεις δίκιο, της είπε η Κολέτ και διάβασε την ημερομηνία στους φακέλους: Τετάρτη, 9 Δεκεμβρίου.

– Κι όμως, δεν πέθαναν όλοι, της είπε αινιγματικά η Ρεβέκα ενώ στοίβαζε τους φακέλους, που ήταν πέντε συνολικά.

– Ρεβέκα, κανένας απ' αυτούς τους ανθρώπους δεν πέθανε στο Λονδίνο! της είπε ξαφνικά η Κολέτ.

– Πολύ σωστά! Πέθαναν στο Καρλάιλ, το τελευταίο μέρος απ' όπου πέρασε το τσίρκο πριν έρθει στο Λονδίνο, της είπε η Ρεβέκα.

– Νομίζεις ότι η Σοσόστρις και η παρέα της έχουν κάποια σχέση με όλα αυτά; τη ρώτησε η Κολέτ.

– Δεν ξέρω, της απάντησε η Ρεβέκα κι έπιασε το μέτωπό της, γιατί ένιωθε χάλια.

– Είσαι σίγουρη πως είσαι καλά; τη ρώτησε η Κολέτ καθώς τη βοηθούσε να ξαναβάλουν τους φακέλους στο χρηματοκιβώτιο, να το κλείσουν και να τοποθετήσουν και πάλι τον πίνακα στη θέση του.

– Σίγουρη. Είμαι μια χαρά, της απάντησε η Ρεβέκα

αλλά, παρ' όλ' αυτά, έπιασε το στομάχι της, γιατί εκείνη τη στιγμή ένιωθε έναν πόνο σαν μαχαιριά. Μπορεί να φταίει η μετάγγιση, πρόσθεσε.

– Μα ένιωθες άρρωστη και πριν από αυτή... από τότε που μπήκατε στο τρένο των φαντασμάτων.

– Θες να πεις πως έχει κάποια σχέση; τη ρώτησε η Ρεβέκα.

– Δεν ξέρω, της απάντησε η Κολέτ. Μπορεί ναι, μπορεί όχι. Πάντως, αν είχε σχέση, δε θα 'πρεπε να αρρωστήσουν κι ο Μαρκ με τον Τζόε;

– Λογικό είναι αυτό που λες, της είπε η Ρεβέκα και σωριάστηκε σε μια καρέκλα, γιατί, όπως είπε στην Κολέτ, ένιωθε ζαλάδα και φοβερή αδυναμία.

– Δε μου φαίνεται καθόλου παράξενο, της είπε η Κολέτ. Έδωσες όλο αυτό το αίμα και βάζω στοίχημα πως δεν έφαγες τίποτα από χθες το βράδυ, ούτε καν πρωινό. Δίκιο δεν έχω;

Η Ρεβέκα αναστέναξε. Η Κολέτ είχε δίκιο: δεν είχε φάει τίποτα από χθες το βράδυ. Μάλλον θα είχαν πέσει τα επίπεδα σακχάρου στο αίμα της.

– Πρέπει να φας κάτι, της είπε η Κολέτ. Να παραγγείλω μια πίτσα;

– Εντάξει, της απάντησε η Ρεβέκα, παρόλο που δεν της άρεσε ιδιαίτερα η ιδέα της πίτσας – όμως ήταν ο μόνος τρόπος για να την αφήσει ήσυχη η Κολέτ.

– Πες μου, τι πίτσα θα 'θελες; τη ρώτησε η Κολέτ και σήκωσε το ακουστικό του τηλεφώνου, το οποίο βρισκόταν δίπλα στο κρεβάτι.

Η Ρεβέκα σκέφτηκε για μια στιγμή. Θυμήθηκε την πίτσα που είχε καταβροχθίσει ο Μαρκ το προηγούμενο βράδυ.

– Μια σαν αυτή που 'φαγε ο Μαρκ χθες το βράδυ, είπε στην Κολέτ.

– Μα αυτή είχε μέσα ζαμπόν και μπέικον, της είπε παραξενεμένη η Κολέτ. Εσύ είσαι χορτοφάγος!

– Το ξέρω, της είπε η Ρεβέκα κι άρχισε να γλείφει λαίμαργα τα χείλη της. Όμως, ξαφνικά, μου ήρθε η επιθυμία να φάω κρέας...

Το πρόγραμμα
Σάββατο, 12 Δεκεμβρίου, ώρα 16.27

Σ' ένα δωμάτιο βυθισμένο στο μισοσκόταδο, εκατό περίπου χιλιόμετρα από το ξενοδοχείο όπου έμεναν η Ρεβέκα με τη μητέρα της, ο Άντερς μελετούσε τις οθόνες που βρίσκονταν μπροστά του.

Μία οθόνη έδειχνε το τσίρκο Κάλγκαρι και τον κλόουν Μπέλα πίσω από το ταμείο του. Μια άλλη έδειχνε το Ινστιτούτο Μπρέντμαουθ, το οποίο βρισκόταν αρκετά μακριά από το Λονδίνο, κάμποσες ώρες με το αυτοκίνητο. Μια τρίτη έδειχνε την εικόνα ενός τόπου πολύ μακρινού, που απέχει χιλιάδες έτη φωτός από τη Γη και βρίσκεται στον αστερισμό της Κασσιόπης.

Όμως, καμία απ' αυτές τις οθόνες δεν ενδιέφερε εκείνη τη στιγμή τον Άντερς, ούτε καν αυτή που έδειχνε την κατοικία του πρωθυπουργού της Αγγλίας ή το εσωτερικό του αεροσκάφους του προέδρου των Ηνωμένων Πολιτειών, ο οποίος ταξίδευε για κάπου.

Όλη η προσοχή του Άντερς ήταν στραμμένη σε μία και μόνο οθόνη: αυτή που έδειχνε τη Ρεβέκα με την Κολέτ να τρώνε μια πίτσα με ζαμπόν και μπέικον. Στράφηκε προς μια ψηλή ξανθιά γυναίκα που στεκόταν δίπλα του.

– Είχα δίκιο που ήθελα να τις παρακολουθήσουμε;

τη ρώτησε κι απ' τον τόνο της φωνής του θα 'λεγε κανείς πως περίμενε μια επιβράβευση από τη μεριά της γυναίκας.

– Έκανες όπως σε διέταξα, απάντησε η αναπληρώτρια ελέγκτρια του προγράμματος. Επομένως αυτό που έκανες ήταν και το σωστό.

Ο Άντερς σούφρωσε τα χείλη του. Όλοι οι άνθρωποι που τον πλαισίωναν στο πρόγραμμα έδειχναν να τον σέβονται, δε συνέβαινε όμως το ίδιο και με την αναπληρώτρια ελέγκτρια. Η αναπληρώτρια ελέγκτρια ήταν διαφορετική. Ήταν σκληρή και ψυχρή κι έδειχνε να έχει εξουσία ζωής και θανάτου πάνω σε καθέναν από αυτούς που εργάζονταν για το πρόγραμμα. Είχε βάψει τα χέρια της με το αίμα εκατοντάδων, αν όχι χιλιάδων, ενώ μερικοί έλεγαν πως δε δίστασε κάποτε να σφάξει εν ψυχρώ ολόκληρη την οικογένειά της, για χάρη του προγράμματος. Ο Άντερς δεν ήταν σίγουρος αν οι φήμες αυτές ήταν αληθινές ή όχι, γιατί ποτέ δεν μπορούσε να φανταστεί έναν άνθρωπο –αν ήταν άνθρωπος– όπως η αναπληρώτρια ελέγκτρια να έχει οικογένεια.

Ακόμα και έτσι, όμως, δεν ήταν τόσο αυτό που φόβιζε τον Άντερς, γιατί στη ζωή του είχε γνωρίσει πολλούς δολοφόνους, άντρες και γυναίκες. Αυτό που κυρίως τον φόβιζε ήταν το ανέκφραστο πρόσωπο αυτής της γυναίκας· ένα πρόσωπο σαν μάσκα που δεν πρόδιδε ποτέ τα συναισθήματά της, δηλαδή αν είχε συναισθήματα...

– Και τι ακριβώς ξέρουμε; τη ρώτησε ο Άντερς.

Η αναπληρώτρια ελέγκτρια δεν απάντησε. Είχε συγκεντρώσει την προσοχή της στην οθόνη που έδειχνε τη Ρεβέκα με την Κολέτ. Η Ρεβέκα έτρωγε με λαιμαργία την πίτσα με το ζαμπόν και το μπέικον. Την επόμενη στιγμή η αναπληρώτρια ελέγκτρια γύρισε το διακόπτη και η οθόνη σκοτείνιασε.

– Πίστευα πως το αγόρι, ο Τζόζεφ, θα μας βοηθούσε στην έρευνά μας, είπε στον Άντερς. Γι' αυτό και κανόνισα με τις Αρχές να επισκεφτεί το Λονδίνο μαζί με τη φίλη του, την Κολέτ Ράσελ.

– Οι ικανότητες αυτού του αγοριού είναι πράγματι εντυπωσιακές, είπε ο Άντερς. Εάν τις καθοδηγήσουμε σωστά, ίσως να εντοπίσουμε τον Ξιτιρλίξ. Βεβαίως πρώτα πρέπει να πείσουμε το αγόρι να συνεργαστεί μαζί μας.

Η αναπληρώτρια ελέγκτρια του έκανε νόημα να σταματήσει να μιλάει.

– Ο Τζόζεφ Ουίλιαμς έχει εμπειρία από το πρόγραμμα και δε μας συμπαθεί καθόλου, ξέρεις, είπε στον Άντερς.

– Θα μπορούσαμε να τον εξαναγκάσουμε, πρότεινε εκείνος.

– Και να τραβήξουμε την προσοχή πάνω μας; τον ρώτησε και τον κοίταξε επιτιμητικά πίσω από τα μαύρα γυαλιά της. Μα καλά, τρελάθηκες τελείως;

– Συγγνώμη, είπε ο Άντερς και χαμήλωσε το κεφάλι, λες και ήταν σχολιαρόπαιδο κι ο δάσκαλός του του είχε μόλις κάνει παρατήρηση. Δε σκέφτηκα σωστά.

– Όπως δε σκέφτηκες σωστά κι όταν άφησες τον Ουίλιαμς να σου ξεφύγει μέσα από τα χέρια σου στο νοσοκομείο! του φώναξε η αναπληρώτρια ελέγκτρια. Αν τον είχαμε τώρα εδώ, θα είχαμε λύσει το πρόβλημά μας. Το 'σκασε, λέει, από τον αγωγό για τ' άπλυτα. Ανήκουστο! Φοβερή αμέλεια από μέρους σου, Άνταμ Άντερς.

– Εάν όμως είχατε διατάξει να φυλάμε το αγόρι νύχτα-μέρα, δε θα μπορούσε να μας ξεφύγει, είπε διστακτικά ο Άντερς κι έκανε ένα βήμα προς τα πίσω, γιατί είχε αρχίσει να φοβάται το θυμό της αναπληρώτριας ελέγκτριας.

– Πώς να το προβλέψω; του απάντησε εκείνη και σημείωσε νοερά ότι ο Άντερς είχε ασκήσει κριτική σε ανώτερο μέλος του προγράμματος. Δεν ήταν λογικό να επιδιώξει ο Ξιτιρλίξ να επισκεφτεί τον Ουίλιαμς στο νοσοκομείο.

– Λοιπόν, τώρα τι κάνουμε; τη ρώτησε ο Άντερς.

– Το κορίτσι, η Ρεβέκα Στορμ, έχει μολυνθεί, του απάντησε εκείνη.

– Πώς; τη ρώτησε ο Άντερς.

– Έδωσε αίμα σ' αυτόν τον ηλίθιο τον Ουίλιαμς, του υπενθύμισε η αναπληρώτρια ελέγκτρια. Το αίμα της ανακατεύτηκε με τα ινωδογόνα που είχε περάσει ο Ξιτιρλίξ στο αίμα του Ουίλιαμς.

– Και λοιπόν; τη ρώτησε ο Άντερς.

– Σύντομα θα θέλει να επιστρέψει στο σπίτι της, του εξήγησε εκείνη. Θα νιώσει την ανάγκη να βρεθεί με τους ομοίους της. Η Ρεβέκα Στορμ θα μας οδηγήσει στο θήραμά μας, Άνταμ. Όμως αυτή τη φορά δε θα συγχωρήσω άλλα λάθη. Φρόντισε να μην τη χάσουμε.

– Πολύ καλά, είπε ο Άντερς χαρούμενος που του δινόταν η ευκαιρία να επανορθώσει το λάθος του.

– Και, Άνταμ..., ακούστηκε παγερή η φωνή της αναπληρώτριας ελέγκτριας.

– Μάλιστα, κυρία αναπληρώτρια ελέγκτρια;

– Μη με απογοητεύσεις και αυτή τη φορά, του είπε. Διαφορετικά θα πρέπει να αναφέρεις όχι σε μένα πια, αλλά στον...

– Σε ποιον; τη ρώτησε ανήσυχος ο Άντερς.

– Ο ελεγκτής έρχεται εδώ, του απάντησε η αναπληρώτρια ελέγκτρια. Το αεροπλάνο του προσγειώθηκε στο

Χίθροου πριν από πενήντα δύο λεπτά ακριβώς. Τον παρέλαβαν οι δικοί μας κι έτσι απέφυγε τον έλεγχο των διαβατηρίων. Ήδη βρίσκεται στο δρόμο προς τα εδώ.

– Ο ελεγκτής είναι εδώ; τη ρώτησε ο Άντερς κι άνοιξε διάπλατα τα μάτια του.

Αυτό ήταν ασυνήθιστο. Ο ελεγκτής του προγράμματος σπάνια άφηνε το κάστρο που ήταν η βάση του προγράμματος και το οποίο βρισκόταν κάπου στη λεκάνη του Αμαζονίου στη Βραζιλία. Πολύ λίγα μέλη του προγράμματος είχαν καταφέρει να τον συναντήσουν. Ακόμα λιγότερα γνώριζαν το πρόσωπό του.

– Ναι, απάντησε η αναπληρώτρια ελέγκτρια στον Άντερς. Έχει δείξει πολύ ενδιαφέρον γι' αυτή την επιχείρηση, σε σημείο να έρθει εδώ αυτοπροσώπως.

ΑΠΑΓΟΡΕΥΜΕΝΗ ΖΩΝΗ

Μέσα στους υπονόμους

Νοσοκομείο Κινγκ Τσαρλς Μεμόριαλ,
Γουάιτσαπελ, Λονδίνο
Σάββατο, 12 Δεκεμβρίου, ώρα 17.55

Η Ρεβέκα ένιωθε πραγματικά χάλια καθώς περίμενε στα εξωτερικά ιατρεία του νοσοκομείου για να την εξετάσουν. Εκτός απ' αυτή, δεν υπήρχε και ιδιαίτερος κόσμος που περίμενε να εξεταστεί· μονάχα δυο άτομα ακόμα, τα οποία προηγούνταν. Δίπλα της καθόταν η Κολέτ και στο πρόσωπό της ήταν ζωγραφισμένη η ανησυχία για την κατάσταση της φίλης της.

– Είσαι σίγουρη πως είσαι εντάξει; τη ρώτησε για εκατοστή φορά η Κολέτ.

– Κολέτ, εδώ και μια ώρα ξερνάω, τρέχω στην τουαλέτα κάθε πέντε λεπτά, το στομάχι μου είναι λες και έχει πάρει φωτιά και έχω τρομερό πονοκέφαλο, της απάντησε αγανακτισμένη η Ρεβέκα. Εσύ πώς λες να αισθάνομαι;

– Λυπάμαι, της είπε η Κολέτ.

— Όχι, εγώ λυπάμαι που σου 'βαλα τις φωνές, της είπε η Ρεβέκα. Νιώθω όμως τόσο χάλια...

— Λες να είναι τροφική δηλητηρίαση; τη ρώτησε η Κολέτ. Ίσως να σε πείραξε η πίτσα...

Στη σκέψη της πίτσας το πρόσωπο της Ρεβέκας έγινε κίτρινο σαν λεμόνι. Μια ξανθιά νοσοκόμα πέρασε δίπλα τους, κοίταξε με συμπόνια τη Ρεβέκα και κατόπιν πήγε στο χώρο υποδοχής των ασθενών και σχημάτισε έναν αριθμό στο εσωτερικό τηλέφωνο.

— Μα πώς μου ήρθε να φάω κάτι τέτοιο; αναρωτήθηκε δυνατά η Ρεβέκα και η σκέψη του κρέατος της έφερε αναγούλα.

Ήταν η πρώτη φορά μέσα σε πέντε χρόνια που έβαζε κρέας στο στόμα της και, όπως έλεγε στον εαυτό της, η τελευταία.

Η ξανθιά νοσοκόμα επέστρεψε και χαμογέλασε στη Ρεβέκα γι' άλλη μια φορά.

— Ο γιατρός θα σας δει τώρα, της είπε.

Η Ρεβέκα κοίταξε τους άλλους δυο ανθρώπους που περίμεναν.

— Και αυτοί; ρώτησε τη νοσοκόμα. Ήταν εδώ πριν από μένα.

— Δεν πειράζει, είπε η νοσοκόμα και πήρε τη Ρεβέκα από το μπράτσο και τη βοήθησε να σταθεί στα πόδια της. Είναι προφανές πως έχετε μεγαλύτερη ανάγκη από αυτούς.

Η Ρεβέκα κοίταξε τους άλλους δυο ασθενείς. Ήταν ένα νεαρό αγόρι που είχε το χέρι του σε νάρθηκα και συνοδευόταν από μια κυρία που ήταν μάλλον η μητέρα του, κι ένας κύριος γύρω στα πενήντα που κρατούσε το γόνατό του με το χέρι του, χωρίς όμως να μορφάζει από πόνο. Πραγματικά είμαι πολύ πιο χάλια, σκέφτηκε η Ρεβέκα και αφέθηκε στα χέρια της νοσοκόμας, η οποία τη βοήθησε να περπατήσει μέχρι μια πόρτα.

– Καλή τύχη, της είπε η Κολέτ.

– Ευχαριστώ, της είπε η Ρεβέκα. Θα δώσω τους χαιρετισμούς σου στο δόκτορα Μπράουνινγκ.

Η νοσοκόμα που συνόδευε τη Ρεβέκα σταμάτησε και την κοίταξε με μια παράξενη έκφραση.

– Στο γιατρό Μπράουνινγκ; ρώτησε τη Ρεβέκα.

– Ναι, της απάντησε η Ρεβέκα. Δεν είναι σήμερα στο νοσοκομείο;

– Δεν ξέρω, της απάντησε η νοσοκόμα. Αυτός που θα σας δει είναι ο δόκτωρ Λίνκολν.

Η Ρεβέκα ανασήκωσε τους ώμους της. Δεν είχε σημασία ποιος γιατρός θα την έβλεπε, αρκεί κάποιος να την έβλεπε. Ύστερα γύρισε το κεφάλι της, σήκωσε το χέρι της και το κούνησε προς τη μεριά της Κολέτ.

Η Κολέτ της ανταπέδωσε το χαιρετισμό. Και μόλις τότε το μάτι της πρόσεξε το γιατρό που περίμενε στην πόρτα μέχρι να φτάσουν η Ρεβέκα με τη νοσοκόμα. Μπορεί μεν να φορούσε λευκή μπλούζα και να είχε περασμένο στο λαιμό του ένα στηθοσκόπιο, αλλά κάτι πάνω του χάλαγε την εικόνα του γιατρού.

Και πραγματικά, γιατί ο δόκτωρ Λίνκολν που περίμενε για να εξετάσει τη Ρεβέκα, δεν ήταν άλλος από τον Άντερς!

Το πρόγραμμα
Σάββατο, 12 Δεκεμβρίου, ώρα 18.04

Η αναπληρώτρια ελέγκτρια του προγράμματος κούνησε το κεφάλι της επιδοκιμαστικά, καθώς έβλεπε στην οθόνη τη νοσοκόμα να οδηγεί τη Ρεβέκα προκειμένου να την εξετάσει ο «δόκτωρ Λίνκολν».

Ούτε η Ρεβέκα ούτε και κανένας άλλος ήταν δυνατόν να γνωρίζει ότι ο «δόκτωρ Λίνκολν» ήταν στην πραγματικότητα πράκτορας του προγράμματος, ούτε πως η σύγκρουση των τρένων ακριβώς έξω από το σταθμό της οδού Λίβερπουλ, με δεκαπέντε νεκρούς και δέκα ακρωτηριασμένους –ανάμεσά τους και εφτά παιδιά– ήταν προσχεδιασμένη από το πρόγραμμα, ακριβώς για να καλέσουν επειγόντως το δόκτορα Μπράουνινγκ επιτόπου να δώσει τις πρώτες βοήθειες. Σε ό,τι κι αν έκανε το πρόγραμμα, φρόντιζε πάντα να καλύπτει πολύ καλά τα ίχνη του.

Η αναπληρώτρια ελέγκτρια απομάκρυνε το βλέμμα της από την οθόνη και χαμογέλασε στον ελεγκτή του προγράμματος, ο οποίος είχε μόλις φτάσει. Ήταν ντυμένος με κομψό μαύρο κοστούμι και φορούσε μαύρα γυαλιά, όπως και η αναπληρώτρια ελέγκτρια. Έδειχνε γύρω στα σαράντα πέντε με πενήντα και, παρά την ηλικία του, το σώμα του ήταν σφιχτό και γυμνασμένο. Το πρόσωπό του ήταν λείο και μαυρισμένο, αποτέλεσμα της μακρόχρονης έκθεσης στον καυτό βραζιλιάνικο ήλιο. Τα μαλλιά του ήταν ξανθά και αραίωναν ελαφρά στην κορυφή του κεφαλιού.

– Φαίνεται πως ο Άντερς τα κατάφερε αυτή τη φορά, είπε η αναπληρώτρια ελέγκτρια. Μόλις το κορίτσι συναντηθεί με τον Λίνκολν, θα είναι κάτω από τον έλεγχό μας.

– Θα πρέπει να τα καταφέρει, αν θέλει να ζήσει, είπε ο ελεγκτής του προγράμματος και η προφορά του πρόδιδε μορφωμένο Αμερικανό. Η επιχείρηση αυτή είναι πολύ σοβαρή για να τη χάσουμε εξαιτίας της ανικανότητάς του.

– Θα τα καταφέρει, είπε αποφασιστικά η αναπληρώτρια ελέγκτρια. Και μόλις εντοπίσουμε τον Ξιτιρλίξ, τότε το πρόγραμμα θα γίνει ακόμα πιο δυνατό και θα κατακτήσει όλο τον κόσμο.

– Τα καταφέρατε καλά, κυρία αναπληρώτρια ελέγκτρια, είπε ο ελεγκτής. Πρώτα μας ενημερώσατε για το συμβάν στην Τουγκούσκα κι ύστερα καταφέρατε να βρείτε τη σύνδεση ανάμεσα στο τσίρκο και τις επιθέσεις.

– Το τσίρκο Κάλγκαρι έχει ταξιδέψει στις τέσσερις άκρες της Γης, είπε η αναπληρώτρια ελέγκτρια. Από όπου κι αν πέρασε, σημειώθηκαν επιθέσεις, ποτέ όμως θανατηφόρες, ανεξάρτητα αν τις ανέφερε ή όχι ο τοπικός Τύπος.

– Εσείς, όμως, τις προσέξατε, κυρία αναπληρώτρια ελέγκτρια, είπε ο ελεγκτής.

– Είναι η δουλειά μου να προσέχω τα πάντα, δήλωσε με φανερή περηφάνια η αναπληρώτρια ελέγκτρια. Όπως πρόσεξα ότι τα τελευταία χρόνια το τσίρκο επισκέπτεται μόνο τις χώρες που διαθέτουν πυρηνική βόμβα: Αμερική, Αγγλία, Κίνα, Ρωσία, Γαλλία, Ινδία, Ισραήλ, Ιράκ.

– Ο Ξιτιρλίξ ξαναβρήκε τη δύναμή του... Ήρθε πια η ώρα να φύγει από τη Γη, είπε ο ελεγκτής. Τώρα είναι η κατάλληλη στιγμή για ν' αρπάξουμε την τεχνολογία του.

Κι έστρεψε τα μάτια του προς την οθόνη που έδειχνε τη Ρεβέκα. Αυτή τη στιγμή η νοσοκόμα παρέδιδε τη Ρεβέκα στα χέρια του «δόκτορα Λίνκολν».

– Πείτε μου, κυρία αναπληρώτρια ελέγκτρια, είπε ο ελεγκτής.

– Ορίστε, του απάντησε εκείνη.

– Είστε σίγουρη πως η Ρεβέκα..., άρχισε να λέει.

– Η Ρεβέκα; έκανε παραξενεμένη η αναπληρώτρια ελέγκτρια.

Ο ελεγκτής του προγράμματος φρόντισε να διορθώσει τον εαυτό του γρήγορα.

– Το κορίτσι, είπε. Είστε σίγουρη πως το κορίτσι θα μας οδηγήσει στον Ξιτιρλίξ;

– Μα και βέβαια, κύριε ελεγκτή, του απάντησε εκείνη. Έχει μολυνθεί από το αίμα του τέρατος. Τους δένει ένας δεσμός αίματος. Το αίμα της τον ζητά. Θα επιστρέψει σ' αυτόν. Και εκεί που δεν τα κατάφερε ο Άντερς, θα τα καταφέρει η Ρεβέκα Στορμ!

Νοσοκομείο Κινγκ Τσαρλς Μεμόριαλ, Λονδίνο
Σάββατο, 12 Δεκεμβρίου, ώρα 18.51

Η Ρεβέκα άνοιξε τα μάτια της. Ένιωθε ζαλισμένη και είχε έναν πόνο πίσω στο σβέρκο που της προκαλούσε φαγούρα. Συνοφρυώθηκε και προσπάθησε να θυμηθεί πού βρισκόταν.

Ήταν ξαπλωμένη στο δερμάτινο κρεβάτι εξέτασης του ιατρείου στο οποίο την είχε οδηγήσει εκείνη η νοσοκόμα.

Ανοιγόκλεισε τα μάτια της και προσπάθησε να ανασηκωθεί. Της ήταν αδύνατον. Ένιωθε πολύ αδύναμη. Ύστερα αισθάνθηκε δυο χέρια να τη βοηθούν να ανασηκωθεί. Μόλις τελικά τα κατάφερε, αντίκρισε μπροστά της το πρόσωπο ενός άντρα· ένα πρόσωπο όμορφο, με βαθυγάλαζα μάτια, ξανθά μαλλιά και πεντακάθαρο δέρμα. Για μια στιγμή νόμισε πως ήταν ο Άνταμ Άντερς και πανικοβλήθηκε. Κατόπιν θυμήθηκε πού βρισκόταν.

— Είσαι εντάξει, αγαπητή μου; τη ρώτησε ο νεαρός «δόκτωρ» Λίνκολν.

— Τι... τι συνέβη; τον ρώτησε η Ρεβέκα.

— Λιποθύμησες, αυτό είναι όλο, της απάντησε η ξανθιά νοσοκόμα που την είχε οδηγήσει στο ιατρείο και τη βοηθούσε τώρα να ανασηκωθεί. Είσαι σίγουρη πως νιώθεις αρκετά δυνατή για να σταθείς όρθια;

— Έτσι νομίζω, της απάντησε η Ρεβέκα κι έβαλε το ένα της πόδι στο πάτωμα.

Αμέσως ένιωσε λες και το πάτωμα έφευγε κάτω από το πόδι της. Παρ' όλ' αυτά έκανε προσπάθεια κι ακούμπησε και το άλλο. Κάπως καλύτερα, σκέφτηκε μέσα της, όταν ακούμπησε και τα δυο πόδια κάτω.

— Είχες μια αρκετά σοβαρή τροφική δηλητηρίαση, της είπε ο Λίνκολν.

— Έτσι είπα και εγώ, του είπε η Ρεβέκα και έκανε μια αδύναμη προσπάθεια να χαμογελάσει.

Εξακολουθούσε να νιώθει ναυτία και, παρά τα χάπια που θυμόταν αχνά πως της είχε δώσει ο «δόκτωρ» Λίνκολν, εξακολουθούσε να έχει και πονοκέφαλο. Όμως το στομάχι της ήταν σαφώς καλύτερα.

— Θα γίνεις σύντομα καλά, τη διαβεβαίωσε ο Λίνκολν όλο χαμόγελο. Σου έδωσα κάποια χάπια κι ο πονοκέφαλος θα περάσει σιγά σιγά. Επίσης θα 'θελα να πάρεις αυτά, πρόσθεσε και της έδωσε ένα κουτάκι με χάπια. Είναι βιταμίνες. Θα 'θελα να τις πίνεις για λίγες μέρες. Το μόνο που χρειάζεσαι είναι οι βιταμίνες αυτές και ξεκούραση. Δε μου λες, είσαι σίγουρη πως νιώθεις αρκετά καλά τώρα για να επιστρέψεις μόνη σου στο σπίτι;

— Είμαι εντάξει, είπε η Ρεβέκα και πήρε μερικές βαθιές αναπνοές. Έχω μια φίλη που με περιμένει έξω. Θα με πάει αυτή.

– Έλα να σε βοηθήσω μέχρι έξω, της είπε η νοσοκόμα και την έπιασε από το μπράτσο.

Η Ρεβέκα την κοίταξε για ένα δευτερόλεπτο. Κάποιον της θύμιζε. Μήπως ήταν ο Άντερς μεταμφιεσμένος σε νοσοκόμα; αναρωτήθηκε, γιατί είχε την ίδια, άψογη εμφάνιση μ' αυτόν, τα ίδια μάτια και τα ίδια μαλλιά. Μάλλον για σύμπτωση πρόκειται, καθησύχασε τον εαυτό της η Ρεβέκα κι άφησε τη νοσοκόμα να τη βοηθήσει.

Μόλις βγήκαν από το ιατρείο, ο «δόκτωρ» Λίνκολν έβγαλε ένα κινητό τηλέφωνο από το συρτάρι του γραφείου του. Στην αρχή σχημάτισε ένα δωδεκαψήφιο αριθμό και ύστερα έναν πενταψήφιο, που ήταν προφανώς κωδικός πρόσβασης.

– Τελειώσαμε, ενημέρωσε την αναπληρώτρια ελέγκτρια στην άλλη άκρη της γραμμής. Η εμφύτευση έγινε με επιτυχία. Θα μας οδηγήσει στον εξωγήινο. Α, και κάτι άλλο...

– Σ' ακούω, του είπε η αναπληρώτρια ελέγκτρια, χωρίς όμως να μπορεί να κρύψει την ανησυχία της μήπως πάλι κάτι δεν είχε πάει καλά.

– Το κορίτσι δεν πάσχει από τροφική δηλητηρίαση, της είπε ο «δόκτωρ» Λίνκολν. Οι εμετοί, η διάρροια και οι πονοκέφαλοι που μου περιέγραψε, μαζί με τα τεστ που της έκανα, όλα δείχνουν ένα πράγμα.

– Που είναι..., του είπε η αναπληρώτρια ελέγκτρια.

– Ότι έχει προσβληθεί από ραδιενέργεια, της απάντησε ο «δόκτωρ» Λίνκολν.

– Θαυμάσια! του είπε η αναπληρώτρια ελέγκτρια. Τότε δεν υπάρχει αμφιβολία πως έχει έρθει σε επαφή με το διαστημόπλοιο του εξωγήινου! Μπορεί να θεραπευτεί;

– Ναι, με τα σωστά φάρμακα, της απάντησε ο Λίνκολν κι ύστερα έφερε το στόμα του πιο κοντά στο μικρόφωνο του κινητού. Να της κάνω τη θεραπεία;

– Όχι. Το μόνο που έχει σημασία είναι να μας οδηγήσει στον Ξιτιρλίξ, ήταν η κοφτή απάντηση της αναπληρώτριας ελέγκτριας.

Οδός Τότερς, Λονδίνο
Σάββατο, 12 Δεκεμβρίου, ώρα 21.00

Όταν ο Μαρκ και ο Τζόε έφτασαν στην οδό Τότερς είχε αρχίσει να χιονίζει ξανά. Νύχτωνε και ο Μαρκ συνειδητοποίησε πως κάθε λίγο και λιγάκι γύριζε νευρικά το κεφάλι του προς τα πίσω για να δει αν τους ακολουθούσαν.

– Δε φαίνεται να πέρασε κανένας από δω, Τζόε, είπε καθώς έμπαιναν πιο βαθιά στο αδιέξοδο.

Εκτός από τα αποτυπώματα που άφηναν τώρα τα δικά τους παπούτσια στο χιόνι, δεν υπήρχαν άλλα. Βεβαίως τα χθεσινοβραδινά αποτυπώματα θα μπορούσε να τα έχει καλύψει το φρέσκο χιόνι.

Ο Τζόε ένιωσε ανήσυχος καθώς εξέταζε το μέρος όπου του είχε επιτεθεί ο βρικόλακας. Θυμήθηκε τα δόντια του όντος έτσι όπως καρφώνονταν βαθιά μέσα στο λαιμό του και το απαίσιο συναίσθημα του κενού καθώς του ρουφούσε το αίμα. Έστρεψε το βλέμμα του στο σημείο όπου είχαν βρει παρατημένο το πτώμα του σκύλου της Αλσατίας. Κάποιος εντωμεταξύ το είχε απομακρύνει. Άρα κάποιος είχε έρθει εδώ πριν από αυτούς.

Προχώρησαν προς την αποθήκη με τον αριθμό δώδεκα. Το ρολό ήταν κατεβασμένο αλλά δεν υπήρχε λουκέτο. Ο Μαρκ και ο Τζόε αντάλλαξαν ένα βλέμμα γεμάτο έκπληξη και έσκυψαν ταυτόχρονα και οι δυο για να σηκώσουν το ρολό.

Μέσα στην αποθήκη επικρατούσε σκοτάδι και απόλυτη σιωπή.

– Έχεις το φακό που σου 'πα να φέρεις; ρώτησε ο Τζόε τον Μαρκ.

– Ναι, του απάντησε ο Μαρκ κι έβαλε τα χέρια του στις τσέπες του μπουφάν του, απ' όπου έβγαλε ένα μικρό φακό με λάμπα αλογόνου.

Τον άναψε και τα δυο αγόρια προχώρησαν προς το εσωτερικό της αποθήκης.

Τίποτα από τον εξοπλισμό που είχαν δει την τελευταία φορά δεν υπήρχε πια. Τα είχαν μεταφέρει όλα! Η αποθήκη ήταν τελείως άδεια.

– Τα μάζεψαν όλα, είπε ο Μαρκ απλά.

– Απ' ό,τι φαίνεται, προσπάθησαν να εξαφανίσουν τα στοιχεία, είπε ο Τζόε. Εάν μπορούσα να βάλω χέρι σε ένα από όλα αυτά τα μαραφέτια που είχαμε δει εδώ, ίσως να μπορούσα να «τη φέρω» στο βρικόλακα.

– Τζόε, προσπάθησε να σε σκοτώσει, του θύμισε ο Μαρκ, ο οποίος είχε παραξενευτεί με τη διάθεση του φίλου του γι' αστεία.

– Αλλά δε με σκότωσε, έτσι δεν είναι; του απάντησε ο Τζόε.

– Μα αιμορραγούσες μέχρι θανάτου! του ξαναείπε ο Μαρκ.

– Δεν ήταν δικό του σφάλμα όμως, ήταν; είπε ο Τζόε σκεφτικά και κλότσησε ένα τσαλακωμένο φύλλο χαρτί που υπήρχε στο πάτωμα και διαφήμιζε το μαγικό και μυστηριώδη κόσμο του τσίρκου Κάλγκαρι. Δεν ήξερε πως θα είχα προβλήματα με την πήξη του αίματός μου.

– Τι προσπαθείς να πεις, Τζόε; τον ρώτησε ο Μαρκ.

Ο Τζόε έκανε μια γκριμάτσα και ψηλάφησε το λαιμό του, εκεί όπου ήταν η πληγή πριν εξαφανιστεί.

– Ξέρεις κάτι, φίλε μου; είπε στον Μαρκ. Τελικά δεν είμαι σίγουρος για τίποτα.

– Ό,τι και να είναι, έχει κάποια σχέση με το τσίρκο, είπε ο Μαρκ.

Έφυγαν από την αποθήκη χωρίς καν να κατεβάσουν το ρολό.

– Σίγουρα έχει κάποια σχέση, είπε ο Τζόε και κοίταξε προσεκτικά τριγύρω του. Αλλά θα πάμε τώρα εκεί και βάζω στοίχημα πως η Σοσόστρις θα μας απειλήσει κι εμάς με το πιστόλι της, όπως έκανε με τη Ρεβέκα και την Κολέτ.

– Ναι, αλλά δεν προσπάθησε να κυνηγήσει τα κορίτσια, του θύμισε ο Μαρκ.

– Ίσως να μην ήθελε να τραβήξει επάνω της την προσοχή, του απάντησε ο Τζόε.

– Και γιατί δεν πάμε στην αστυνομία; πρότεινε ο Μαρκ, ο οποίος θεώρησε αυτή την ιδέα πάρα πολύ έξυπνη.

– Ναι, για να ειδοποιήσουν αμέσως τον Άντερς και να μας κυνηγήσει, του απάντησε ο Τζόε. Εκτός από αυτό, τυπικά η Ρεβέκα και η Κολέτ παραβίασαν ιδιωτικό χώρο χωρίς άδεια, όταν μπήκαν μέσα στην καμπίνα της Σοσόστρις.

– Έχεις δίκιο, συμφώνησε ο Μαρκ.

Ο Τζόε άρχισε να περπατάει πιο γρήγορα προς την έξοδο της οδού Τότερς. Κάποια στιγμή συνειδητοποίησε ότι ο Μαρκ δεν τον ακολουθούσε. Σταμάτησε, γύρισε το κεφάλι του και είδε το φίλο του να έχει σταθεί και να κοιτάζει εξεταστικά τους τοίχους των αποθηκών.

— Έρχεσαι; φώναξε στον Μαρκ.

Ο Μαρκ δεν του απάντησε, παρά συνέχισε να κοιτάζει τους τοίχους.

— Μαρκ, αποκλείεται να 'φυγε από κει, του φώναξε ο Τζόε.

— Τότε πώς στο καλό σκαρφάλωσε πέντε ορόφους στο νοσοκομείο; του είπε ο Μαρκ κι άρχισε να περπατάει προς το μέρος του.

Αλλά ξαφνικά ο Μαρκ κοντοστάθηκε. Βρισκόταν λίγα μέτρα μακριά από τον Τζόε και στεκόταν πάνω από ένα καπάκι υπονόμου.

— Τι συμβαίνει; τον ρώτησε ο Τζόε.

— Νομίζω πως βρήκα πώς δραπέτευσε! του απάντησε ο Μαρκ όλο ενθουσιασμό. Όλοι μας κοιτούσαμε προς λάθος κατεύθυνση.

Ο Τζόε γύρισε τρέχοντας προς το μέρος του Μαρκ. Ο Μαρκ του 'δειξε το καπάκι του υπονόμου. Ήταν υγρό και κρύο αλλά, πράγμα παράξενο, δεν είχε πάνω του καθόλου χιόνι.

— Νομίζεις ότι μπορούμε να το σηκώσουμε; ρώτησε ο Τζόε τον Μαρκ και γονάτισε δίπλα του.

— Εάν τα καταφέρουμε, ο φιλαράκος μας την έχει άσχημα, του απάντησε ο Μαρκ κι έβαλε τα χέρια του σ' ένα χερούλι που υπήρχε πάνω στο καπάκι.

Ο Τζόε έκανε το ίδιο. Τα δυο παιδιά τράβηξαν με δύναμη και το καπάκι βγήκε από τη βάση του πολύ πιο εύκολα απ' ό,τι περίμεναν. Ο Μαρκ άναψε το φακό του. Στο φως του φακού είδαν μια μικρή μεταλλική σκάλα που ξεκινούσε από την κορυφή του υπονόμου, που ήταν όλη επενδυμένη με τούβλα, και χανόταν βαθιά μέσα στο σκοτάδι.

— Πού λες να οδηγεί; ρώτησε ο Τζόε τον Μαρκ.

— Μα κάτω στους υπονόμους βεβαίως, του απάντησε ο Μαρκ και σούφρωσε τη μύτη του με αηδία. Δε σου μυρίζει;

Ο Τζόε έκανε μια γκριμάτσα αηδίας.

Από το άνοιγμα του υπονόμου δεν ερχόταν μόνο η χαρακτηριστική μυρωδιά που έχουν οι υπόνομοι, αλλά και μια άλλη μυρωδιά· η μυρωδιά της αμμωνίας!

– Μου φαίνεται πως βρισκόμαστε στα ίχνη του φίλου μας, είπε ο Μαρκ στον Τζόε κι έβαλε το πόδι του στο πρώτο σκαλί της μεταλλικής σκάλας.

Την ώρα που τα κεφάλια των δυο παιδιών χάνονταν κάτω από το άνοιγμα του υπονόμου, μια φιγούρα ξεπετάχτηκε μέσα από τη σκιά, αντίστοιχα προς το ύψος της αποθήκης με τον αριθμό 12. Ήταν ο Αλεξέι από το τσίρκο Κάλγκαρι, αυτός που είχε απειλήσει με το περίστροφο τη Ρεβέκα και τον Μαρκ όταν τους έπιασε να τριγυρίζουν στα κλουβιά με τα ζώα. Άρχισε να περπατάει αργά και προσεκτικά πάνω στο χιόνι προς το άνοιγμα του υπονόμου.

Κανάρι Γουάρφ, Λονδίνο
Σάββατο, 12 Δεκεμβρίου, ώρα 21.04

– Κυρία Στορμ, μπορώ να σας απασχολήσω;

Η Έμα Στορμ ένιωσε ένα τσίμπημα μέσα της. Μόλις είχε μπει μέσα στο δωμάτιο του ξενοδοχείου κρατώντας ένα μεγάλο πάκο χαρτιά και αυτά ήταν τα πρώτα λόγια που της είπε η Κολέτ αντί για καλησπέρα.

Το τσίμπημα το ένιωσε γιατί με τα ίδια ακριβώς λόγια την είχε προετοιμάσει ο κυβερνητικός εκπρόσωπος όταν την επισκέφτηκε στο πανεπιστήμιο όπου εργαζόταν στην Αμερική για να της ανακοινώσει το θάνατο του άντρα της. Και όχι μόνο την ενημέρωσε για το συμβάν, αλλά και της επισήμανε πως το σώμα ήταν φρικτά παραμορφωμένο, σε σημείο που αμφέβαλλε αν και η ίδια η γυναίκα του θα μπορούσε να το αναγνωρίσει.

Η Έμα ακούμπησε τα χαρτιά της πάνω στον καναπέ του σαλονιού και κοίταξε γύρω.

— Πού είναι η Ρεβέκα; ρώτησε ανήσυχη την Κολέτ.

— Πήγε να ξαπλώσει, της απάντησε η Κολέτ. Δεν αισθάνεται και τόσο καλά.

Η Έμα ανησύχησε ακόμη περισσότερο μόλις το άκουσε, αλλά η Κολέτ τη διαβεβαίωσε πως η Ρεβέκα θα γινόταν καλά. Στη συνέχεια η Κολέτ της είπε ψέματα, πως τάχα η Ρεβέκα είχε κάποια ίωση που την είχε χτυπήσει στο στομάχι. Τώρα κοιμόταν και ίσως θα 'ταν καλύτερα να μην την ενοχλήσουν.

— Την παραμελώ τις τελευταίες μέρες, είπε η Έμα Στορμ κι ακουγόταν λυπημένη. Έχω όμως τόσο πολλά να κάνω.

— Ακριβώς γι' αυτό ήθελα να σας μιλήσω, κυρία Στορμ, είπε η Κολέτ. Τι ακριβώς κάνετε για τον κύριο Άντερς;

Η Έμα κάθισε στον καναπέ και άρχισε να τακτοποιεί τα χαρτιά της.

— Ξέρεις πως δεν μπορώ να σου πω, Κολέτ, της είπε. Έχω υπογράψει δήλωση να μην αποκαλύψω κρατικά μυστικά.

— Και λοιπόν; τη ρώτησε η Κολέτ. Μήπως κι όλοι αυτοί που πέθαναν, δεν είχαν υπογράψει παρόμοια δήλωση;

Το πρόσωπο της κυρίας Στορμ χλόμιασε.

— Πέθαναν; Πώς το ξέρεις; τη ρώτησε.

— Δε μας ενδιαφέρει αυτό τώρα, της απάντησε η Κολέτ, γιατί δεν ήθελε να της πει πως είχαν διαρρήξει το χρηματοκιβώτιο. Το ερώτημα είναι: γιατί πέθαναν; Κανένας από αυτούς δεν είχε χάσει παραπάνω από ένα τέταρτο του λίτρου αίμα. Σύμφωνα με τη Ρεβέκα, αυτό δεν είναι αρκετό για να σκοτώσει κάποιον. Ο Τζόε, αν κινδύνεψε, ήταν γιατί το αίμα του δεν έπηζε. Γι' αυτό και χρειαζόταν αυτό το ινω... πώς το λένε;

– Ινωδογόνο, τη συμπλήρωσε η Έμα.

– Ακόμα και αν αυτό το πράμα είχε δαγκώσει τη Ρεβέκα, πάλι θα ήταν μια χαρά, συνέχισε η Κολέτ και μόλις τότε συνειδητοποίησε το λάθος της.

Το πρόσωπο της γυναίκας έγινε ακόμα πιο χλομό.

– Κινδύνεψε η Ρεβέκα από αυτό; ρώτησε την Κολέτ όλο αγωνία. Πότε; Πού;

Η Κολέτ της διηγήθηκε για την επίθεση που είχαν δεχτεί ο Μαρκ και η Ρεβέκα στην ανατολική πλευρά του Λονδίνου.

Η Έμα έτρεμε τώρα ολόκληρη.

– Φοβόμουν ότι κάτι τέτοιο θα γινόταν αργά ή γρήγορα, από τη στιγμή που μάθαμε πως όσοι δέχτηκαν επίθεση είχαν όλοι μια ιδιαίτερη ομάδα αίματος – την ίδια ομάδα που έχει η Ρεβέκα και ο Τζόε, είπε. Ο Άντερς δεν πρέπει να το μάθει.

– Γιατί όχι; τη ρώτησε η Κολέτ.

– Αν το μάθει... τότε, να, αυτό που συνέβη σε όλους τους άλλους, μπορεί να συμβεί και στη Ρεβέκα. Όμως κάτι τέτοιο εγώ δε θα το επέτρεπα ποτέ, της απάντησε η Έμα.

Η Κολέτ πλησίασε την κυρία Στορμ κι ακούμπησε το χέρι της στον ώμο της.

– Τι συμβαίνει, κυρία Στορμ; τη ρώτησε ήρεμα.

Η Έμα Στορμ την κοίταξε έντονα για ένα δευτερόλεπτο και μετά αναστέναξε. Επιτέλους ένιωθε μεγάλη ανακούφιση που μπορούσε να μιλήσει σε κάποιον.

– Είμαι βιολόγος εξειδικευμένη στην αιματολογία, δηλαδή τη μελέτη του αίματος, άρχισε να λέει στην Κολέτ. Ο Άντερς από το υπουργείο με κάλεσε και ζήτησε να τους βοηθήσω.

– Να τους βοηθήσετε σε τι; τη διέκοψε η Κολέτ, αλλά η Έμα δεν απάντησε.

– Είχαν αναφερθεί αρκετές επιθέσεις στην ανατολική πλευρά του Λονδίνου. Μάλιστα οι εφημερίδες τις είχαν ονομάσει «Επιθέσεις του βρικόλακα», συνέχισε η Έμα. Κι όπως το είπες, κανένα από τα θύματα δεν είχε χάσει παραπάνω από ένα τέταρτο του λίτρου αίμα. Όμως ανάλογες επιθέσεις είχαν αναφερθεί και στο Καρλάιλ και στο Ίνβερνες.

– Το ξέρω, τη διέκοψε η Κολέτ για άλλη μια φορά. Και όλες κοντά σε σταθμούς που λειτουργούν με πυρηνική ενέργεια: στο Ουίντερσινς, το Σέλαφιλντ και το Κέρνες.

– Τι εννοείς; τη ρώτησε η Έμα.

– Δεν έχει σημασία, συνεχίστε, είπε η Κολέτ.

– Οι πληγές ήταν βαθιές, και κάτω από κανονικές συνθήκες, τα θύματα θα έπρεπε να έχουν χάσει πολύ αίμα. Ίσως και να είχαν πεθάνει, συνέχισε η Έμα. Αλλά, κατά ένα περίεργο τρόπο, δεν είχαν χάσει παρά μόνο ένα τέταρτο του λίτρου αίμα και δεν είχαν αιμορραγήσει σχεδόν καθόλου, γιατί το αίμα τους είχε πήξει πολύ γρήγορα. Το άλλο παράξενο είναι πως οι πληγές τους είχαν επουλωθεί τελείως. Τους κάναμε αναλύσεις και βρήκαμε πως το αίμα τους περιείχε ασυνήθιστα μεγάλες ποσότητες ινωδογόνων, καθώς και ίχνη από άλλες ουσίες.

– Τι άλλες ουσίες; τη διέκοψε η Κολέτ, ανυπόμονη να μάθει.

— Ένζυμα που δεν μπορούσαμε να αναγνωρίσουμε, πολύ πιο δυνατά από αυτά που βρίσκει κανείς μέσα στο ανθρώπινο αίμα, της απάντησε η Έμα.

— Ένα λεπτό, κυρία Στορμ. Τι ακριβώς προσπαθείτε να πείτε; τη ρώτησε η Κολέτ.

— Ό,τι και αν ήταν αυτό που επιτέθηκε σ' αυτούς τους ανθρώπους, όπως και στη Ρεβέκα και τον Τζόε, πάντως σίγουρα δεν ήταν άνθρωπος, της απάντησε η Έμα. Μάλλον πρόκειται για εξωγήινο.

— Και τι έγιναν όλοι αυτοί οι άνθρωποι; τη ρώτησε η Κολέτ.

— Ο Άντερς τους έστειλε μακριά, σε κάποιο απόρρητο κρατικό ερευνητικό κέντρο, για περισσότερες εξετάσεις, της απάντησε η Έμα, αλλά ο τόνος της φωνής της πρόδιδε πως μάλλον δεν το πίστευε.

— Κι εκεί τους σκότωσαν..., κατέληξε η Κολέτ και φαντάστηκε μια ανατριχιαστική εικόνα: τον Άντερς και τις ξανθιές νοσοκόμες να πετσοκόβουν τα άτυχα θύματα προκειμένου να μάθουν τα μυστικά του οργανισμού του εξωγήινου. Κυρία Στορμ, πρέπει να ξέρετε ότι ο Άντερς είναι διαβολικός άνθρωπος. Ίσως να μη δουλεύει καν για την κυβέρνηση. Αλλά γιατί δεν κάνετε κάτι;

Η Έμα Στορμ γύρισε το κεφάλι της από την άλλη πλευρά, για να μη δει η Κολέτ τα δάκρυα που έτρεχαν από τα μάτια της. Όταν ηρέμησε κάπως, ξαναστράφηκε προς την Κολέτ.

— Αγαπάς την οικογένειά σου, Κολέτ; τη ρώτησε.

— Μα και βέβαια! της απάντησε η Κολέτ. Και ποιος δεν αγαπάει την οικογένειά του;

— Ακριβώς, της είπε η Έμα.

— Τι εννοείτε, κυρία Στορμ; τη ρώτησε η Κολέτ. Πως απειλεί τη Ρεβέκα;

– Όχι ακριβώς, της απάντησε η Έμα. Δεν ξέρω αν η Ρεβέκα σου 'χει μιλήσει για τον μπαμπά της και πόσο τον αγαπούσα. Ε, λοιπόν, ο Άντερς μου είπε πως ο Νάθαν, ο άντρας μου, μπορεί και να μην είναι νεκρός και πως αν τον βοηθούσα...

– ...θα σας βοηθούσε να τον βρείτε, συμπλήρωσε η Κολέτ.

– Όπως το λες, Κολέτ, της είπε η Έμα και ακουγόταν πολύ λυπημένη. Ο Άντερς είναι η μόνη μου ελπίδα να βρω τον άντρα μου, εάν είναι πράγματι ζωντανός...

Κανάρι Γουάρφ, Λονδίνο
Σάββατο, 12 Δεκεμβρίου, ώρα 22.36

Η Κολέτ είχε ξαπλώσει στο διπλό κρεβάτι, δίπλα στη Ρεβέκα, αλλά δεν της κολλούσε ύπνος. Στο μυαλό της στριφογύριζαν αυτά που της είχε πει η Έμα. Για μια στιγμή σκέφτηκε να ξυπνήσει τη Ρεβέκα. Η Ρεβέκα, όμως, είχε τόσο ανήσυχο ύπνο, που η Κολέτ σκέφτηκε να μην της προσθέσει και άλλα προβλήματα.

Ο Μαρκ και ο Τζόε δεν είχαν δώσει σημεία ζωής. Τι να έκαναν άραγε αυτή τη στιγμή; Η Κολέτ έκλεισε τα μάτια της και προσπάθησε να συνδέσει τη σκέψη της με το μυαλό του Τζόε. Όμως τίποτα. Μονάχα σκοτάδι κι ένα αίσθημα διάχυτης υγρασίας.

Η Ρεβέκα είχε πραγματικά πολύ ανήσυχο ύπνο. Βογκούσε και κάποιες φορές έβαζε το χέρι της στο σβέρκο της. Η Κολέτ έσκυψε και κοίταξε πιο προσεκτικά το σβέρκο της φίλης της. Είχε ένα μικρό κόκκινο σημάδι. Ίσως να πρέπει να ξαναδεί το δόκτορα Λίνκολν, σκέφτηκε η Κολέτ, ιδιαίτερα αν είναι τόσο όμορφος όσο μου είπε.

Ξαφνικά η Κολέτ ένιωσε τη Ρεβέκα δίπλα της να κουνιέται. Ύστερα την είδε να σηκώνεται αργά από το κρεβάτι, να φοράει το μάλλινο παλτό της πάνω από τη νυχτικιά της και να φοράει τα αθλητικά παπούτσια της!

– Ρεβέκα; της ψιθύρισε η Κολέτ. Είσαι καλά;

Εκείνη γύρισε προς τη μεριά της και την κοίταξε με ένα απλανές βλέμμα. Τα μάτια της ήταν σαν γυάλινα.

– Σπίτι, είπε η Ρεβέκα, λες και μιλούσε στον εαυτό της. Πρέπει να γυρίσουμε σπίτι... σπίτι...

Και αγνοώντας εντελώς την Κολέτ, άνοιξε την πόρτα του υπνοδωματίου κι άρχισε να διασχίζει το σαλόνι. Η Έμα Στορμ είχε αποκοιμηθεί στον καναπέ με ανοιχτή την τηλεόραση. Εκείνη τη στιγμή ο παρουσιαστής του βραδινού δελτίου ειδήσεων μιλούσε για τις επιπτώσεις από τη διαρροή ραδιενέργειας που, σύμφωνα με τις φήμες που κυκλοφορούσαν, είχε σημειωθεί στο σταθμό του Κέρνες.

Η Ρεβέκα πέρασε μπροστά από τη μαμά της αγνοώντας την επίσης τελείως και προχώρησε προς την εξώπορτα. Μέσα στο υπνοδωμάτιο η Κολέτ έβαλε στα γρήγορα το τζιν της και ένα φανελάκι, φόρεσε το δερμάτινο μπουφάν της και την ακολούθησε.

ΑΠΑΓΟΡΕΥΜΕΝΗ ΖΩΝΗ

Το πρόγραμμα νικάει

Υπόνομοι του Λονδίνου
Σάββατο, 12 Δεκεμβρίου, ώρα 23.11

– Ξέρεις κάτι; είπε ο Τζόε στον Μαρκ καθώς προχωρούσαν μέσα στους υπονόμους φέγγοντας τριγύρω με το φακό.

– Σαν τι δηλαδή; τον ρώτησε ο Μαρκ και η φωνή του αντήχησε μέσα στις δαιδαλώδεις στοές των υπονόμων.

– Νομίζω πως χαθήκαμε, του είπε ο Τζόε.

– Λες και δεν το 'ξερα, του είπε ο Μαρκ και ακουγόταν στενοχωρημένος. Βάζω στοίχημα πως κάνουμε κύκλους. Ίσως και να βρισκόμαστε ακριβώς στο σημείο απ' όπου ξεκινήσαμε.

Περπατούσαν μέσα στους υπονόμους πάνω από μία ώρα, αν και μέσα στο σκοτάδι που βασίλευε εκεί τους είχε φανεί για περισσότερο. Αυτή τη μία ώρα δεν είχε χρειαστεί να τσαλαβουτήσουν μέσα στα βρόμικα νερά, γιατί οι στοές είχαν στα πλάγια υπερυψωμένες πλατφόρμες από τσιμέντο – τα νερά κυλούσαν πιο χαμηλά και στο κέντρο. Ο Μαρκ με τον Τζόε περπατούσαν λοιπόν όλη αυτή την ώρα πάνω σ' αυτές τις πλατφόρμες. Μάλιστα, μόλις συνήθισαν λίγο τη μυρωδιά, δεν την έβρισκαν τόσο αηδιαστική όσο στην αρχή. Βεβαίως εκείνο που ενοχλούσε αφόρητα τα ρουθούνια τους ήταν η μυρωδιά της αμμωνίας, που ήταν διάχυτη παντού, πράγμα όμως που σήμαινε πως ο βρικόλακας είχε περάσει από κει.

– Ξέρεις, μου φαίνεται πως έτσι τα κατάφερε ο φίλος μας να διασχίσει το Λονδίνο τόσο γρήγορα, είπε ο Τζόε στον Μαρκ καθώς κάθονταν αναποφάσιστοι μπροστά από μια στοά που χωριζόταν στα δύο.

Έπρεπε ν' αποφασίσουν ποια θ' ακολουθούσαν.

– Πού να το φανταστεί κανείς; του είπε ο Μαρκ και γύρισε απότομα το κεφάλι του προς τα πίσω. Άκουσες κάτι; ρώτησε τον Τζόε.

– Τίποτα, του απάντησε ο Τζόε, ο οποίος προσπαθούσε να σκεφτεί ποια στοά ν' ακολουθήσουν.

Ο Μαρκ ανασήκωσε τους ώμους του.

– Μου φάνηκε πως άκουσα κάτι, είπε και γύρισε το φακό του προς τα πίσω, χωρίς όμως να δει τίποτα. Ύστερα ξαναστράφηκε στον Τζόε. Λοιπόν, ποια στοά λες ν' ακολούθησε ο φίλος μας; τον ρώτησε.

Ο Τζόε έκλεισε τα μάτια του και προσπάθησε να διαισθανθεί ποιο δρόμο είχε ακολουθήσει ο βρικόλακας. Μολονότι ήταν πολύ καλός στο να βρίσκει άψυχα πράγματα, τα έμψυχα τον δυσκόλευαν λίγο, ιδιαίτερα όταν δεν είχε κάτι δικό τους. Ύστερα από λίγο άνοιξε τα μάτια του.

– Συγγνώμη, Μαρκ, είπε. Δεν μπορώ να συντονιστώ μαζί του. Κάτι με εμποδίζει να διεισδύσω στο μυαλό του.

– Θ' ακολουθήσουμε τη δεξιά, είπε ο Μαρκ αποφασιστικά.

Ο Τζόε τον κοίταξε.

– Πώς το ξέρεις; τον ρώτησε. Έχεις μαντικές ικανότητες;

Ο Μαρκ χαμογέλασε.

– Πού τέτοια τύχη! του είπε και φώτισε το έδαφος με το φακό του λίγα μέτρα πιο πέρα.

Αυτό που αντίκρισαν τα δυο αγόρια, τα έκανε να ανατριχιάσουν. Ένας ποντικός μεγάλος σαν αρουραίος ήταν σφαγμένος και κάποιος του είχε ρουφήξει το αίμα. Τα δυο αγόρια άρχισαν να προχωρούν μέσα στη δεξιά στοά. Λίγο πιο κάτω συνάντησαν άλλους δύο ποντικούς, επίσης σφαγμένους και με ρουφηγμένο το αίμα τους.

– Κολατσιό του μεσονυχτίου; σχολίασε ο Τζόε, σε μια προσπάθεια να κάνει χιούμορ, περισσότερο για να κρύψει το φόβο του παρά γιατί είχε διάθεση εκείνη τη στιγμή.

– Θα δούμε, είπε ο Μαρκ και συνέχισε να προχωράει μέσα στη στοά.

Ο Τζόε τον ακολουθούσε. Και κάμποσα μέτρα πιο πίσω ακολουθούσε ο... Αλεξέι!

Κανένα από τα δυο παιδιά δεν τον είχε πάρει είδηση, παρόλο που ο Μαρκ νόμισε κάποια στιγμή πως είχε ακούσει κάτι.

Ο Αλεξέι κρατούσε στα χέρια του το περίστροφό του, έτοιμο και με τραβηγμένη την ασφάλεια. Εδώ θα τους σκότωνε για να φυλάξει το μυστικό του τσίρκου Κάλγκαρι, αφού στο τσίρκο δεν τα είχε καταφέρει. Ήταν η μοναδική του ευκαιρία, γιατί αν περίμενε από το βρικόλακα να τους σκοτώσει...

Οδός Τότερς, Λονδίνο
Σάββατο, 12 Δεκεμβρίου, ώρα 23.12

Η Ρεβέκα δεν είχε καταλάβει πως κάποιος την ακολουθούσε. Σ' όλη τη διαδρομή με το μετρό η Κολέτ την ακολουθούσε, όχι όμως στο ίδιο βαγόνι, αλλά στο αμέσως επόμενο, χωρίς βεβαίως να χάνει ούτε στιγμή από τα μάτια της τη φίλη της.

Το αν η Κολέτ θα ήταν στο ίδιο βαγόνι με τη φίλη της δεν είχε καμιά απολύτως σημασία, αφού έτσι κι αλλιώς η Ρεβέκα δε θα την αναγνώριζε, όμως αυτό η Κολέτ δεν το γνώριζε. Όλες οι αισθήσεις της Ρεβέκας ήταν συνδεδεμένες με το ομαδικό πνεύμα της φυλής του Ξιτιρλίξ, γι' αυτό και δεν καταλάβαινε τίποτα από όσα συνέβαιναν γύρω της. Το μόνο που είχε σημασία γι' αυτή ήταν να βρει τους ομοίους της και να γυρίσει «σπίτι». Το μόνο που την ενδιέφερε, ήταν να βρει τον Ξιτιρλίξ.

Η Ρεβέκα κατέβηκε τελικά από το μετρό στο σταθμό του Γουάιτσαπελ. Όταν ανέβηκε τα σκαλιά και βγήκε έξω, είδε έναν πλανόδιο να πουλάει λουκάνικα με ψωμάκια. Η Κολέτ στεκόταν λίγα μέτρα πιο πίσω και είχε κρυφτεί πίσω από ένα φανοστάτη. Είδε τη φίλη της —τη μανιακή χορτοφάγο— να αγοράζει ένα λουκάνικο με ψωμί, να πετάει κάτω το ψωμί και να τρώει λαίμαργα το λουκάνικο! Από το τρελό βλέμμα που υπήρχε στα μάτια της φίλης της, η Κολέτ σκέφτηκε πως η Ρεβέκα θα το 'τρωγε έστω κι αν ήταν ωμό – τόσο πολύ λιμπιζόταν το κρέας!

Αφού έφαγε το λουκάνικο, η Ρεβέκα συνέχισε το δρόμο της, μέχρι που έφτασε στην οδό Τότερς. Εκεί σήκωσε το καπάκι του υπονόμου (το οποίο ο Αλεξέι είχε φροντίσει να ξαναβάλει στη θέση του όταν ακολούθησε τον Μαρκ και τον Τζόε) με απίστευτη ευκολία, λες και ήταν πούπουλο, και άρχισε να κατεβαίνει τη μεταλλική σκάλα.

Η Κολέτ περίμενε μερικά δευτερόλεπτα και ύστερα την ακολούθησε κάτω στον υπόνομο.

Την ώρα που το κεφάλι της Κολέτ χανόταν κάτω από το άνοιγμα του υπονόμου, μια λιμουζίνα μπήκε ορμητικά στο αδιέξοδο. Στη θέση του οδηγού καθόταν ο Άντερς και δίπλα του μία από τις γυναίκες βοηθούς του. Στο πίσω κάθισμα καθόταν ο ελεγκτής του προγράμματος και η αναπληρώτρια ελέγκτρια.

– Ο εξωγήινος κρύβεται στους υπονόμους, είπε η αναπληρώτρια ελέγκτρια και έσκυψε μπροστά για να συμβουλευτεί τα μηχανήματα ανίχνευσης που ήταν εγκατεστημένα στο ταμπλό της λιμουζίνας. Η Ρεβέκα –το παιδί των Στορμ– θα μας οδηγήσει σ' αυτόν. Τα κατάφερες καλά, Άντερς, συμπλήρωσε η αναπληρώτρια ελέγκτρια την ώρα που σήκωνε την ασφάλεια της πόρτας της, την άνοιγε και πηδούσε έξω από τη λιμουζίνα.

– Το μόνο που έκανα, είπε ο Άντερς καθώς έσβηνε τη μηχανή, ήταν να πω στον Λίνκολν να εμφυτεύσει ένα μικρό πομπό κάτω από το δέρμα της, στο σβέρκο.

– Ωραία. Και τώρα θα μας οδηγήσει σ' αυτό που ζητάμε, είπε ο ελεγκτής του προγράμματος την ώρα που έβγαινε κι ο ίδιος έξω από τη λιμουζίνα κι έτριβε τα γυμνά του χέρια για να τα ζεστάνει από το χειμωνιάτικο κρύο. Πολύ σύντομα ο Ξιτιρλίξ θα είναι στα χέρια μας.

– Και τότε το πρόγραμμα θα κυριαρχήσει στον κόσμο, είπε η αναπληρώτρια ελέγκτρια και τους οδήγησε στο άνοιγμα του υπονόμου.

Υπόνομοι του Λονδίνου
Κυριακή, 13 Δεκεμβρίου, ώρα 00.00

– Δε σ' ακούω να λες αστειάκια τώρα, είπε ο Μαρκ στον Τζόε καθώς τσαλαβουτούσαν μέσα στα νερά.

– Κάτσε να βγούμε πρώτα από δω μέσα και θα σου πω όσα θέλεις, του είπε ο Τζόε.

Η δεξιά στοά που είχαν ακολουθήσει τελικά δεν είχε πλατφόρμες στα πλάγια κι έτσι περπατούσαν μέσα στα βρομόνερα, που έφταναν μέχρι τους αστραγάλους τους και τους μούσκευαν τα πόδια. Ένα σωρό ακαθαρσίες και σκουπίδια επέπλεαν στα βρομόνερα και ο Μαρκ με τον Τζόε δεν τολμούσαν ούτε να κοιτάξουν προς τα κάτω. Η μυρωδιά της αμμωνίας ήταν πολύ πιο έντονη σ' αυτή τη στοά απ' ό,τι στις προηγούμενες.

– Άκουσες τίποτα; ρώτησε ο Μαρκ τον Τζόε κι έστρεψε το φακό του προς τα πίσω.

– Όχι, τίποτα. Γιατί; τον ρώτησε ο Τζόε.

– Δεν ξέρω, του απάντησε ο Μαρκ.

Όμως την αμέσως επόμενη στιγμή άκουσαν κι οι δυο ένα θόρυβο να έρχεται από το βάθος της στοάς, λες και κάποιος τσαλαβουτούσε μέσα στα νερά. Κοκάλωσαν εκεί που βρίσκονταν, έντρομοι. Ένα ποντίκι ερχόταν τρέχοντας προς το μέρος τους πλατσουρίζοντας στα βρομόνερα.

Όμως ο αναστεναγμός ανακούφισης του Τζόε κόπηκε στη μέση. Άλλο ένα ποντίκι ακολουθούσε το πρώτο κι ύστερα άλλο, κι άλλο, κι άλλο. Μια ολόκληρη στρατιά από ποντίκια έτρεχε πανικόβλητη προς το μέρος τους!

Ο Μαρκ, από ένστικτο, πήδησε στο πλάι και κόλλησε την πλάτη του στον τοίχο της στοάς. Το ίδιο έκανε κι ο Τζόε. Μέσα σε λίγα δευτερόλεπτα τα ποντίκια περνούσαν από μπροστά τους τσιρίζοντας απεγνωσμένα. Ήταν φανερό πως κάτι τα είχε φοβίσει και προσπαθούσαν να ξεφύγουν. Δε σκόπευαν να επιτεθούν στον Μαρκ και τον Τζόε.

– Τι να τα φόβισε; ρώτησε ο Μαρκ.

– Δεν ξέρω, του απάντησε ο Τζόε. Τι λες, δεν ακολουθούμε την κατεύθυνση απ' όπου ήρθαν, για να το μάθουμε; Όμως, φίλε μου, είσαι μεγάλος φοβητσιάρης! Αν έβλεπες τα ποντίκια που έχουμε στη Νέα Υόρκη, θα χεζόσουν πάνω σου από το φόβο σου. Τούτα δω δεν ήταν τίποτα μπροστά στα δικά μας, πρόσθεσε και προσπάθησε να δώσει έναν ανάλαφρο τόνο στη φωνή του, γιατί έβλεπε ότι ο Μαρκ ήταν τρομοκρατημένος.

Βεβαίως εξίσου τρομοκρατημένος ήταν κι ο ίδιος, αλλά προσπαθούσε να το κρύψει.

Υπόνομοι του Λονδίνου
Κυριακή, 13 Δεκεμβρίου, ώρα 00.08

Μόλις η Κολέτ είδε τα ποντίκια να έρχονται καταπάνω της, άρχισε να ουρλιάζει. Όμως αυτά την προσπέρασαν τσιρίζοντας, όπως είχαν κάνει και με τον Μαρκ και τον Τζόε.

Όσο για τη Ρεβέκα, ούτε που τους έδωσε σημασία. Συνέχισε να περπατάει σαν υπνωτισμένη. Όταν ένα από τα ποντίκια μπερδεύτηκε στα πόδια της, το κοίταξε περίεργα για ένα δευτερόλεπτο, έσκυψε, το άρπαξε με το χέρι της και το έφερε στο στόμα της! Αμέσως μετά του πάτησε μια φοβερή δαγκωνιά κι άρχισε να του ρουφάει το αίμα!

Λίγα μέτρα πιο πίσω η Κολέτ κρατήθηκε από τον πλαϊνό τοίχο της στοάς για να μη λιποθυμήσει από τη φρίκη.

Υπόνομοι του Λονδίνου
Κυριακή, 13 Δεκεμβρίου, ώρα 00.11

Ο ελεγκτής του προγράμματος, η αναπληρώτρια ελέγκτρια, ο Άντερς και η βοηθός του περπατούσαν κι αυτοί μέσα στους υπονόμους, ακριβώς τρία λεπτά πίσω από τη Ρεβέκα και την Κολέτ. Μόλις τα ποντίκια τούς πλησίασαν τσιρίζοντας, ο Άντερς στράφηκε προς τα δύο αφεντικά του με μια έκφραση ικανοποίησης στο πρόσωπό του.

– Σας το 'πα πως θα εντοπίσουμε τον εξωγήινο, τους είπε.

– Μέχρι εδώ τα κατάφερες καλά, Άντερς, του είπε ο ελεγκτής. Ελπίζω να μη μας απογοητεύσεις απο δω και πέρα.

– Και βέβαια όχι, κύριε ελεγκτή, είπε ο Άντερς και προσπάθησε με τη βοηθό του ν' ανοίξουν δρόμο ανάμεσα στα ποντίκια για τ' αφεντικά του, τα οποία ακολουθούσαν.

Την ώρα που τα ποντίκια περνούσαν ανάμεσα από τα πόδια του ελεγκτή και της αναπληρώτριας ελέγκτριας, εκείνη άρπαξε ένα με τα χέρια της και το έσφιξε δυνατά, μέχρι που το έπνιξε. Και δεν το έκανε γιατί τα ποντίκια την αηδίαζαν ή γιατί διψούσε για αίμα, όπως η Ρεβέκα.

Το 'κανε μόνο και μόνο για την απόλαυση του πράγματος.

Υπόνομοι του Λονδίνου
Κυριακή, 13 Δεκεμβρίου, ώρα 00.19

Η στοά γινόταν τώρα πιο στενή, καθώς ο Μαρκ με τον Τζόε πλησίαζαν προς το τέλος της. Είχαν δει με το φακό τους μια παλιά σιδερένια σκάλα και κατευθύνονταν προς αυτή. Βεβαίως σ' όλη τη διαδρομή τους μέσα στους υπονόμους είχαν δει αρκετές φορές παρόμοιες σκάλες, πράγμα που εξηγούσε με ποιον τρόπο ο βρικόλακας μετακινιόταν τόσο γρήγορα από το ένα σημείο της πόλης στο άλλο χωρίς κανείς να τον έχει εντοπίσει εδώ και τόσον καιρό.

Τελικά ο Μαρκ κι ο Τζόε έφτασαν στη σκάλα στο τέλος της στοάς κι άρχισαν να την ανεβαίνουν.

– Κοίτα, Μαρκ! του ψιθύρισε ο Τζόε και του έδειξε μερικά σκαλοπάτια πιο πάνω.

Ο βρικόλακας είχε κουρνιάσει σ' ένα από τα σκαλοπάτια και μασουλούσε ένα νεκρό ποντίκι. Όταν τους είδε, άνοιξε διάπλατα τα γουρλωτά κόκκινα μάτια του, πέταξε κάτω το πτώμα του ποντικιού κι άρχισε να τσιρίζει. Ταυτόχρονα έβγαλε έξω από το στόμα του τη μακριά, διχαλωτή γλώσσα του κι άρχισε να γλείφει τα χείλη του.

Ο Τζόε συνέχισε ν' ανεβαίνει αργά τη σκάλα προς το μέρος του. Ο βρικόλακας κοιτούσε μια αυτόν και μια προς τα πάνω, προς το καπάκι του υπονόμου που βρισκόταν πέντε περίπου μέτρα πάνω από το κεφάλι του. Ο Τζόε παρατήρησε ότι το βλέμμα του ήταν πανικόβλητο.

– Τζόε, κρατήσου μακριά του! του φώναξε ο Μαρκ. Θα σε σκοτώσει!

Ο Τζόε κοντοστάθηκε και κοίταξε προς τα κάτω.

— Όχι, δε θα με σκοτώσει, του είπε ήρεμα και ξαναστράφηκε προς το πλάσμα. Δε θα με πειράξεις, έτσι δεν είναι; Μάλιστα πιστεύω πως μου έσωσες τη ζωή.

Ο Ξιτιρλίξ κοίταξε τον Τζόε. Δεν ήταν σίγουρος αν έπρεπε να εμπιστευτεί το αγόρι ή όχι. Ψιθύρισε κάτι ενώ τα χέρια του με τα μακριά δάχτυλα ανοιγόκλειναν νευρικά κι όλο το κορμί του ήταν σε κατάσταση ετοιμότητας. Αν χρειαζόταν να επιτεθεί, θα το 'κανε.

— Τρελάθηκες, Τζόε; του φώναξε ο Μαρκ καθώς ο Τζόε πλησίαζε αργά το πλάσμα. Αυτό ήταν που σου επιτέθηκε στην οδό Τότερς!

Ο Τζόε αγνόησε τον Μαρκ και συνέχισε να πλησιάζει τον Ξιτιρλίξ. Συγκεντρώθηκε και προσπάθησε να συντονίσει το μυαλό του με τη σκέψη του πλάσματος, μήπως έτσι καταλάβαινε αυτά που του ψιθύριζε.

— Ήπιες μόνο ένα τέταρτο του λίτρου από το αίμα μου, γιατί στην πραγματικότητα δεν ήθελες να με σκοτώσεις, είπε ήρεμα στο πλάσμα, ενώ την ίδια ώρα προσπαθούσε με το μυαλό του να μετατρέψει τα λόγια του σε κύματα σκέψης, για να εισχωρήσουν στο μυαλό του πλάσματος.

— Τζόε, κρατήσου μακριά του! Για όνομα του Θεού, τι πας να κάνεις; του ξαναφώναξε ο Μαρκ.

Ο Τζόε αγνόησε και πάλι τον Μαρκ.

— Δεν ήξερες όμως πως θα αιμορραγούσα, έτσι δεν είναι; συνέχισε να μιλάει ήρεμα στο πλάσμα. Κι όταν το κατάλαβες, ήρθες στο νοσοκομείο και έγλειψες την πληγή μου για να σταματήσει η αιμορραγία.

— Παράτα τα, Τζόε, του φώναξε ο Μαρκ. Δε σε καταλαβαίνει. Είναι διαβολικό πλάσμα!

Ο Τζόε είχε πλησιάσει το πρόσωπό του τόσο κοντά στο πρόσωπο του πλάσματος, που ένιωθε την αναπνοή του· μια αναπνοή που βρόμαγε αφόρητα αμμωνία και που έφερνε στον Τζόε έντονη τάση για εμετό. Παρ' όλ' αυτά ο Τζόε προσπάθησε να καταπνίξει την τάση αυτή.

– Ποιος είσαι; ψιθύρισε στο πλάσμα κι εκείνο σαν ν' ανταποκρίθηκε. Τι είσαι;

Ο Τζόε πίεσε τον εαυτό του με όλες του τις δυνάμεις για να εισχωρήσει στο μυαλό του πλάσματος και να το κάνει να τον εμπιστευτεί.

– Πες μου πώς μπορούμε να σε βοηθήσουμε, του ψιθύρισε.

Κι εκεί που δεν το περίμενε, το πλάσμα τον κοίταξε για μια στιγμή ερωτηματικά κι ύστερα άπλωσε φιλικά το χέρι του προς τη μεριά του. Ο Τζόε χαμογέλασε. Τελικά τα είχε καταφέρει!

Ο ήχος μιας πιστολιάς έσπασε ξαφνικά τη σιωπή. Η σφαίρα πέρασε ξυστά πάνω από το κεφάλι του πλάσματος και εξοστρακίστηκε στο από πάνω σκαλοπάτι. Ο Ξιτιρλίξ κοίταξε τρομοκρατημένος γύρω του.

Ο Τζόε και ο Μαρκ κοίταξαν προς τα κάτω. Στη βάση της σκάλας στεκόταν ο Αλεξέι, ενώ το περίστροφο κάπνιζε ακόμη στα χέρια του.

– Κρύψε το όπλο σου, ηλίθιε! Δεν πρόκειται να μας βλάψει! του φώναξε ο Τζόε, αλλά αμέσως μετά κατάλαβε πως το περίστροφο δε σημάδευε το πλάσμα, αλλά τον ίδιο και τον Μαρκ!

– Αφήστε τον εξωγήινο ήσυχο! τους φώναξε άγρια ο Αλεξέι. Αν τον βλάψετε, θα πεθάνετε.

– Να τον βλάψουμε; τον ρώτησε παραξενεμένος ο Τζόε. Το αντίθετο θέλουμε. Να τον βοηθήσουμε!

Ο Αλεξέι δίστασε για μια στιγμή. Δεν ήξερε αν ο Τζόε του έλεγε την αλήθεια ή όχι. Έτσι, για καλό και για κακό, συνέχισε να τους σημαδεύει με το περίστροφό του.

—Ξιτιρλίξ, είπε ο Αλεξέι στο πλάσμα, το οποίο είχε κουρνιάσει φοβισμένο σ' ένα από τα σκαλοπάτια της σκάλας, με ξέρεις. Ξέρεις πως εγώ δεν πρόκειται να σε βλάψω.

—Μην τον πιστεύεις! φώναξε ο Μαρκ στον Ξιτιρλίξ, ενώ μέσα του αναρωτιόταν πώς στο καλό καταλάβαινε το πλάσμα αυτά που του 'λεγε ο Αλεξέι. Αυτός κρατάει τα ζώα σκλαβωμένα σε κλουβιά. Το ίδιο θα κάνει και με σένα.

—Ηλίθιε! του είπε ο Αλεξέι και σημάδεψε με το περίστροφό του αποκλειστικά τον Μαρκ.

Εκείνη τη στιγμή ακούστηκε κάτι κάπου πίσω από τον Αλεξέι. Εκείνος γύρισε ξαφνιασμένος και αντίκρισε τη Ρεβέκα να περπατάει σταθερά προς το μέρος τους. Ο Μαρκ εκμεταλλεύτηκε την ευκαιρία κι όρμησε πάνω στον Αλεξέι. Του πέταξε το περίστροφο από το χέρι και τον έσπρωξε μέσα στα βρομόνερα. Ύστερα έπεσε από πάνω του κι άρχισε να τον χτυπάει δυνατά με τις γροθιές του.

Ο Αλεξέι ούρλιαξε από θυμό. Έσπρωξε τον Μαρκ από πάνω του και στη συνέχεια του έδωσε μια δυνατή γροθιά στο στομάχι. Ο Μαρκ κουλουριάστηκε από τον πόνο. Παρ' όλ' αυτά πήρε μερικές βαθιές αναπνοές, συγκέντρωσε τις δυνάμεις του κι έδωσε στον Αλεξέι μια δυνατή γροθιά στο πρόσωπο. Οι δυο τους ξανακυλίστηκαν στα βρομόνερα κι άρχισαν να παλεύουν μανιασμένα.

Η Ρεβέκα πήδησε αδιάφορη πάνω από τα σώματα του Μαρκ και του Αλεξέι και άρχισε ν' ανεβαίνει αργά αλλά σταθερά τη σκάλα προς τη μεριά του Ξιτιρλίξ.

Ο Τζόε δεν έδωσε σημασία εκείνη τη στιγμή στη Ρεβέκα και στο ότι είχε προσπεράσει αδιάφορη τον Μαρκ —τον καλύτερό της φίλο— χωρίς να προσπαθήσει να τον βοηθήσει. Άλλα βασάνιζαν το μυαλό του Τζόε: πώς να βοηθήσει τον Μαρκ πριν τον σκοτώσει ο Αλεξέι. Ξαφνικά είδε κάτι να γυαλίζει μέσα στα νερά. Ήταν το περίστροφο του Αλεξέι. Όρμησε και το άρπαξε στα χέρια του. Τσαλαβουτώντας στα νερά, πλησίασε γρήγορα τα κουβαριασμένα σώματα του Μαρκ και του Αλεξέι και κόλλησε το περίστροφο στο κεφάλι του Αλεξέι.

– Σήκω πάνω, τον διέταξε, και μη σκεφτείς πως δε θα το χρησιμοποιήσω. Εγώ έχω γεννηθεί στο Χάρλεμ, αν έχεις ακουστά, κι εκεί μας μαθαίνουν να χρησιμοποιούμε αυτά τα μαραφέτια με το που θα μπουσουλήσουμε!

Η τρεμούλα όμως στη φωνή του και στα χέρια του πρόδιδε πως έλεγε ψέματα. Παρ' όλ' αυτά ο Αλεξέι δεν ήθελε να το διακινδυνεύσει. Έτσι σηκώθηκε αργά στα πόδια του. Το ίδιο έκανε κι ο Μαρκ, ο οποίος πήγε και στάθηκε δίπλα στον Τζόε.

Εντωμεταξύ η Ρεβέκα είχε ανέβει τη σκάλα κι είχε φτάσει στον Ξιτιρλίξ. Εκείνος την κοίταξε με τα κόκκινα μάτια του και θα 'λεγε κανείς πως το βλέμμα του ήταν απολογητικό.

– Πιστέψτε με, είπε ο Αλεξέι κι έκανε προσεκτικά ένα βήμα προς τα δυο αγόρια. Δεν ήθελα να σας βλάψω, αλήθεια!

– Ναι; τον ρώτησε κοροϊδευτικά ο Τζόε κι έσφιξε ακόμα περισσότερο τα χέρια του γύρω από τη λαβή του όπλου, μήπως κι έτσι σταματούσαν να τρέμουν.

Όμως ο Αλεξέι δεν πρόλαβε να του απαντήσει, γιατί ακούστηκε ένας πυροβολισμός και την επόμενη στιγμή ο Τζόε έπιανε το χέρι του ουρλιάζοντας από πόνο, ενώ το περίστροφο του 'πεφτε μέσα στα νερά.

Όλοι γύρισαν για να δουν ποιος είχε πυροβολήσει.

Ήταν ο Άντερς και η βοηθός του, οι οποίοι προχωρούσαν με μεγάλα βήματα προς το μέρος τους. Πίσω τους ακολουθούσαν δυο άλλοι, οι οποίοι όμως δεν περπατούσαν, παρά είχαν σταθεί και περίμεναν. Η σκιά έκρυβε τα πρόσωπά τους.

– Μείνετε όλοι εκεί ακριβώς που είστε, τους φώναξε δυνατά ο Άντερς.

Ο Μαρκ με τον Τζόε κοιτάχτηκαν για μια στιγμή και κατάλαβαν πως δεν είχαν άλλη επιλογή: τα όπλα που τους σημάδευαν ήταν δύο και, προφανώς, όπλα θα είχαν και οι δυο που στέκονταν στη σκιά.

– Δε θα πειράξετε τον Ξιτιρλίξ, μούγκρισε ο Αλεξέι και όρμησε στον Άντερς, όμως μια σφαίρα από το όπλο του Άντερς τον έριξε νεκρό μέσα στα νερά.

– Πιστεύω ότι τώρα καταλάβατε, είπε ο Άντερς στον Μαρκ, τον Τζόε και τη Ρεβέκα. Όποιος αντισταθεί, θα πάθει τα ίδια. Από δω και μπρος θα κάνετε ό,τι ακριβώς σας πει το πρόγραμμα.

ΑΠΑΓΟΡΕΥΜΕΝΗ ΖΩΝΗ

Η τελευταία παράσταση του τσίρκου Κάλγκαρι

Υπόνομοι του Λονδίνου
Κυριακή, 13 Δεκεμβρίου, ώρα 00.24

Ο Μαρκ και ο Τζόε κοίταξαν τον Άντερς και τη βοηθό του με μίσος, όχι μόνο για τη βάρβαρη δολοφονία του Αλεξέι (ακόμα και αν ο Ρώσος τούς είχε απειλήσει με όπλο), αλλά και γιατί οι υποψίες τους είχαν τελικά επιβεβαιωθεί. Ο Άντερς είχε επιτέλους αποκαλύψει ποιος πραγματικά ήταν.

Πάνω στη σκάλα ο Ξιτιρλίξ κλαψούριζε από φόβο. Η Ρεβέκα είχε σκύψει από πάνω του και τον παρηγορούσε. Κάπου κάπου γύριζε το κεφάλι της και προσπαθούσε να διακρίνει τα πρόσωπα αυτών που στέκονταν στη σκιά. Η φιγούρα του ενός τής φαινόταν γνωστή, παρότι δεν μπορούσε να καταλάβει αν ήταν άντρας ή γυναίκα.

Ο Τζόε κοίταξε τον Άντερς κατά πρόσωπο.

— Δεν πρόκειται να συνεργαστούμε με το πρόγραμμα, του είπε. Γι' αυτό, αν σκοπεύεις να μας σκοτώσεις, κάν' το τώρα.

– Μπράβο θάρρος, Τζόζεφ Ουίλιαμς, του απάντησε ο Άντερς. Όμως γελιέσαι αν νομίζεις ότι εσείς μας ενδιαφέρετε.

– Τότε τι θέλετε; τον ρώτησε απότομα ο Μαρκ κι έριξε μια ματιά στη Ρεβέκα και τον Ξιτιρλίξ. Τι έχετε σκαρώσει μαζί με το βρικόλακα από δω; Και τι κάνατε στη Ρεβέκα;

Ο Άντερς κοντοστάθηκε για μια στιγμή. Αναρωτήθηκε μήπως ο Μαρκ ήξερε για τον πομπό που είχαν εμφυτεύσει στο σβέρκο της Ρεβέκας. Συνδυάζοντας γρήγορα τα γεγονότα στο μυαλό του, σκέφτηκε πως κάτι τέτοιο ήταν αδύνατον.

– Δεν κάναμε απολύτως τίποτα στη Στορμ, απάντησε ψέματα στον Μαρκ. Και ο Ξιτιρλίξ δεν είναι ένας από εμάς.

– Ο Ξιτιρλίξ; έκανε παραξενεμένος ο Μαρκ, παρόλο που είχε ακούσει το όνομα από τον Αλεξέι, προφανώς όμως, μέσα στην αναμπουμπούλα, δεν το είχε συνδυάσει με το πλάσμα.

Ύστερα έστρεψε το κεφάλι του προς τα πάνω και κοίταξε το πλάσμα. Έδειχνε πολύ πιο φοβισμένο από ό,τι ο ίδιος, ο Τζόε ή η Ρεβέκα.

– Το εξωγήινο τέρας, του απάντησε ο Άντερς. Είναι το τελευταίο μέλος μιας μεγάλης αστρικής φυλής.

Στο άκουσμα αυτών των λέξεων, ο Ξιτιρλίξ τσίριξε από φόβο.

– Ώστε αυτόν κυνηγούσατε εδώ και τόσον καιρό, είπε ο Τζόε.

– Εδώ και χρόνια, είπε ο Άντερς. Από την Αγία Πετρούπολη μέχρι το Σικάγο και από το Ίνβερνες μέχρι το Λονδίνο.

– Γιατί; Για να τον πετσοκόψετε και να τον εξετάσετε; τον ρώτησε ο Τζόε.

Πάνω στη σκάλα ο Ξιτιρλίξ κλαψούριζε από φόβο. Ήταν φανερό πως είχε κάνει και αυτός την ίδια σκέψη. Η Ρεβέκα προσπαθούσε να τον παρηγορήσει.

– Ο Ξιτιρλίξ ο ίδιος δε μας ενδιαφέρει καθόλου, δήλωσε ο Άντερς. Τα μυστικά του όμως...

– Τα μυστικά του; έκανε παραξενεμένος ο Μαρκ.

Όλη αυτή την ώρα η Ρεβέκα είχε μείνει σιωπηλή. Παρ' όλ' αυτά κοιτούσε κάπου κάπου τις δυο φιγούρες που στέκονταν στη σκιά και σιγά σιγά συνειδητοποίησε πως δεν της ήταν γνωστή μόνο η μία φιγούρα, αλλά και οι δύο. Από τη στιγμή που το κατάλαβε, έσπαγε το κεφάλι της για να βρει ποιοι ήταν.

– Πριν από εκατό περίπου χρόνια το διαστημόπλοιο του Ξιτιρλίξ αυτοκαταστράφηκε σε μια ερημική περιοχή της Σιβηρίας, συνέχισε ο Άντερς.

– Της Σιβηρίας; είπε ο Τζόε, ο οποίος δεν ήταν και πολύ καλός στη γεωγραφία.

– Το συμβάν στην Τουγκούσκα, είπε ο Μαρκ.

Η Ρεβέκα, παρότι είχε ξανακούσει το όνομα ή, μάλλον, το είχε διαβάσει, δεν αντέδρασε.

Πού; ξαναρώτησε ο Τζόε τον Μαρκ.

– Πρόκειται για ένα από τα μεγαλύτερα ανεξήγητα μυστήρια αυτού του αιώνα, άρχισε να του εξηγεί στα γρήγορα ο Μαρκ. Μια τεράστια έκρηξη –που κανείς δεν ξέρει τι την προκάλεσε– και η οποία κατέστρεψε ολόκληρη περιοχή κάπου στη νοτιοανατολική Ρωσία, το 1908.

– Είσαι ιδιαίτερα ενημερωμένος, Μαρκ Πράις, είπε ο Άντερς.

– Είμαι μαθητής του Ινστιτούτου, του θύμισε εκείνος. Λες λοιπόν πως η έκρηξη αυτή οφειλόταν στο διαστημόπλοιο του Ξιτιρλίξ, το οποίο αυτοκαταστράφηκε;

— Όχι ακριβώς, του απάντησε ο Άντερς. Οι ενεργειακές κυψέλες του διαστημόπλοιου είχαν φτάσει στο κρίσιμο επίπεδο μάζας. Μέσα σε δευτερόλεπτα το διαστημόπλοιο θα τιναζόταν στον αέρα. Ο Ξιτιρλίξ εκτίναξε τις κυψέλες μαζί με τον εαυτό του.

Ο Τζόε έστρεψε το κεφάλι του προς τον Ξιτιρλίξ και τη Ρεβέκα.

— Θυσίασε τον εαυτό του για να ζήσουν οι άλλοι, είπε.

— Ηλίθια και παράλογη πράξη, είπε ο Άντερς, γιατί θα μπορούσε να είχε πεθάνει.

— Δεν πέθανε όμως, είπε ο Τζόε.

— Όχι, απάντησε ο Άντερς. Επέζησε από την έκρηξη, όπως βλέπετε.

— Μα πώς; αναρωτήθηκε φωναχτά ο Μαρκ, γιατί θυμήθηκε όσα είχε διαβάσει σχετικά με την έκρηξη αυτή: πως ήταν τόση η έντασή της, που αποκλειόταν οποιοδήποτε ζωντανό πλάσμα να έχει επιζήσει. Μάλιστα οι άνθρωποι τότε είχαν θεωρήσει πως κάποιος μετεωρίτης ή κομήτης είχε χτυπήσει τη Γη.

— Η τεχνολογία της φυλής του Ξιτιρλίξ είναι διαφορετική από τη δική μας, του εξήγησε ο Άντερς. Ο σκελετός που περιείχε τις κυψέλες τύλιξε τον Ξιτιρλίξ και τον προστάτεψε από την έκρηξη.

— Τον τύλιξε; είπε ο Μαρκ, ο οποίος μπορεί να ήταν διάνοια στις φυσικές επιστήμες, αλλά αυτό δεν μπορούσε να το συλλάβει.

— Η τεχνολογία της φυλής αυτής είναι οργανική, συνέχισε ο Άντερς. Δεν είναι σαν τη δική μας. Διαμορφώνει το σχήμα της στιγμιαία, από μόνη της, ανάλογα με τις ανάγκες αυτού που τη χειρίζεται.

– Γι' αυτό ενδιαφέρεται το πρόγραμμα τόσο πολύ για τον Ξιτιρλίξ, είπε ο Μαρκ. Για την τεχνολογία του.

– Ακριβώς, ακούστηκε μια φωνή, η οποία δεν ήταν του Άντερς.

Ο ελεγκτής του προγράμματος βγήκε από τη σκιά κι έκανε ένα βήμα μπροστά. Όταν τον είδε η Ρεβέκα, ζάρωσε το μέτωπό της. Τον γνώριζε, αλλά δεν μπορούσε να θυμηθεί ποιος ήταν. Αντίθετα ο Μαρκ, μόλις τον είδε, τον αναγνώρισε αμέσως –από μια φωτογραφία που είχε δει κάποτε– και η καρδιά του βούλιαξε.

– Με την τεχνολογία της φυλής του Ξιτιρλίξ η δύναμη του προγράμματος θα είναι απεριόριστη, είπε ο ελεγκτής του προγράμματος. Η επιρροή μας θα επεκταθεί και πέρα από αυτόν το μικρό κόσμο, στ' άστρα!

– Το μόνο που μας μένει τώρα είναι να εντοπίσουμε το διαστημόπλοιο του Ξιτιρλίξ, είπε ο Άντερς.

– Μην υπολογίζετε στη βοήθειά μας, είπε ο Τζόε, ο οποίος δεν ήταν σίγουρος τι εννοούσε ο Άντερς, μιας και είχε πει ότι το διαστημόπλοιο του Ξιτιρλίξ τελικά καταστράφηκε. Εξάλλου δεν είδαμε κανένα διαστημόπλοιο.

– Κι όμως, είδατε, είπε ο ελεγκτής του προγράμματος και έδειξε τη Ρεβέκα. Αυτό το κορίτσι εκεί είναι η απόδειξη.

– Η Ρεβέκα; Πώς; έκανε παραξενεμένος ο Μαρκ.

– Αυτή τη στιγμή πεθαίνει επειδή προσβλήθηκε, είπε ο Άντερς ψυχρά, χωρίς ίχνος συναισθηματισμού. Μπήκε μέσα στο διαστημόπλοιο του Ξιτιρλίξ και εκτέθηκε στην ακτινοβολία των ενεργειακών κυψελών.

– Μα αυτό είναι αδύνατον, είπε ο Μαρκ.

Όμως ο ελεγκτής του προγράμματος και ο Άντερς δεν τον άκουγαν πια.

– Προσέξτε να μη δραπετεύσει ο εξωγήινος και η Ρεβέκα, διέταξε ο ελεγκτής του προγράμματος τον Άντερς και τη βοηθό του. Καλέστε το πρόγραμμα για ενισχύσεις. Πρέπει να εντοπίσουμε το διαστημόπλοιο του εξωγήινου αμέσως.

— Αμέσως, κύριε ελεγκτή, είπε ο Άντερς και έβγαλε το κινητό του από την τσέπη.

Την ώρα που ετοιμαζόταν να πατήσει κάποιους αριθμούς πάνω στο πληκτρολόγιο, ακούστηκε θόρυβος στην αρχή της στοάς, σαν κάτι να 'πεφτε μέσα στο νερό.

— Τι ήταν αυτό; ρώτησε ο ελεγκτής του προγράμματος και κοίταξε την αναπληρώτρια ελέγκτρια, που το πρόσωπό της ήταν ακόμα κρυμμένο μέσα στη σκιά.

Εκείνη απλώς κούνησε το κεφάλι της και έφυγε προς την κατεύθυνση απ' όπου είχε ακουστεί ο θόρυβος.

Υπόνομοι του Λονδίνου
Κυριακή, 13 Δεκεμβρίου, ώρα 00.31

Όλη αυτή την ώρα η Κολέτ είχε μείνει κρυμμένη σε μια εσοχή της στοάς, απ' όπου κι είχε ακούσει τα πάντα. Όταν ο ελεγκτής του προγράμματος είπε στον Άντερς να καλέσει ενισχύσεις, η Κολέτ βγήκε από την κρυψώνα της και τσαλαβουτώντας μέσα στα βρομόνερα άρχισε να παίρνει αντίθετα την κατεύθυνση απ' όπου είχε έρθει. Όμως, για κακή της τύχη την άκουσαν και τώρα η αναπληρώτρια ελέγκτρια την έψαχνε.

Κοίταξε απελπισμένη γύρω της κάποιο μέρος για να κρυφτεί, όμως δεν υπήρχε τίποτα. Συνέχισε τρέχοντας το δρόμο της, μέχρι που έφτασε σε μια άλλη εσοχή της στοάς, πολύ στενή. Τα βρομόνερα εδώ της έφταναν μέχρι τα γόνατα.

Πίσω της άκουγε το βαρύ βηματισμό της αναπληρώτριας ελέγκτριας. Όπου να 'ταν θα την έφτανε. Η Κολέτ έκρινε πως δεν είχε άλλη επιλογή και μπήκε στη στενή εσοχή. Περπάτησε με δυσκολία λίγα μέτρα μέσα στα βρομόνερα και, ξαφνικά, σηκώνοντας τα μάτια της προς τα πάνω, αντίκρισε μια μικρή μεταλλική σκάλα. Αυτό είναι, σκέφτηκε η Κολέτ. Σίγουρα θα βγάζει επάνω, στο έδαφος.

Τα βήματα της αναπληρώτριας ελέγκτριας ακούγονταν όλο και πιο κοντά. Αν η Κολέτ άρχιζε να ανεβαίνει τη σκάλα, η άλλη σίγουρα θα την προλάβαινε κάπου στα μισά και τότε θα την εκτελούσε επιτόπου, γιατί θα ήταν πολύ εύκολος στόχος. Η Κολέτ δεν το σκέφτηκε πολύ, παρόλο που η μυρωδιά των νερών τής έφερνε συνεχώς τάση για εμετό. Κράτησε τη μύτη της και... βούτηξε μέσα!

Τέσσερα δευτερόλεπτα αργότερα η αναπληρώτρια ελέγκτρια πέρασε μπροστά από την εσοχή, όπου και κοντοστάθηκε για λίγο. Έριξε μια ματιά. Η επιφάνεια των νερών ήταν ήρεμη κι ένα σωρό ακαθαρσίες επέπλεαν. Στη συνέχεια κοίταξε μπροστά. Λίγα μέτρα πιο κάτω από το σημείο στο οποίο βρισκόταν, η στοά έκανε μια δεξιά στροφή κι άρχιζε να κατηφορίζει. Περίμενε μερικά δευτερόλεπτα για ν' αφουγκραστεί. Καθώς δεν άκουγε τίποτα, παρά μόνο την ηχώ που έκανε το πιτσίλισμα των νερών μέσα στις διάφορες στοές των υπονόμων, βλαστήμησε κι αποφάσισε ν' ακολουθήσει τη στοά που κατηφόριζε.

Όταν η Κολέτ βεβαιώθηκε πως η αναπληρώτρια ελέγκτρια είχε απομακρυνθεί αρκετά, έβγαλε το κεφάλι της έξω από τα βρομόνερα και πήρε ανάσα. Θεέ μου! σκέφτηκε. Πώς το 'κανα εγώ αυτό; Όμως αμέσως μετά θυμήθηκε ότι οι φίλοι της διέτρεχαν θανάσιμο κίνδυνο και, χωρίς άλλη καθυστέρηση, άρχισε ν' ανεβαίνει τη σκάλα. Όταν έφτασε πάνω, έσπρωξε με όλη της τη δύναμη το βαρύ καπάκι και βγήκε έξω.

Τσίρκο Κάλγκαρι, Λονδίνο
Κυριακή, 13 Δεκεμβρίου, ώρα 00.44

Η Κολέτ ξανάβαλε το καπάκι στη θέση του και κοίταξε γύρω της. Δε βρισκόταν έξω, στο έδαφος, όπως περίμενε, αλλά μέσα σ' ένα τούνελ! Μόλις ξεπέρασε την αρχική της έκπληξη, άρχισε να επιθεωρεί το τούνελ. Οι τοίχοι του ήταν μεταλλικοί και η Κολέτ ένιωσε το χέρι της να τινάζεται από στατικό ηλεκτρισμό μόλις τους άγγιξε. Κάτω απ' τα πόδια της βρίσκονταν ράγες, ενώ από μακριά άκουγε ουρλιαχτά κι ένας περίεργος καπνός γέμιζε τον αέρα του τούνελ.

Άρχισε να ακολουθεί τις ράγες. Λίγο πιο κάτω συνάντησε μια εξάγωνη πόρτα. Όταν πλησίασε κοντά της, η πόρτα άνοιξε αυτόματα. Η Κολέτ μπήκε μέσα και βρέθηκε σ' ένα χώρο που έμοιαζε με μικρά αποδυτήρια. Στους τοίχους κρέμονταν κάτι περίεργες στολές και κράνη. Η Κολέτ άγγιξε με τα χέρια της μια απ' τις στολές. Το ύφασμά τους ήταν ελαστικό και της θύμισε τις στολές των αστροναυτών, όπως τις είχε δει στην τηλεόραση.

Στη μία άκρη του μικρού αυτού χώρου υπήρχε μια πόρτα με δύο φύλλα που έκλειναν συρταρωτά μεταξύ τους. Η Κολέτ την πλησίασε και η πόρτα άνοιξε αυτόματα. Ένα φρέσκο, παγωμένο αεράκι τη χτύπησε στο πρόσωπο και κατάλαβε ότι επιτέλους βρισκόταν έξω.

Όμως η χαρά της που είχε ξεφύγει από τους ανθρώπους του προγράμματος και που θα μπορούσε να βρει έναν τρόπο να βοηθήσει τους φίλους της δεν κράτησε πολύ, γιατί είδε να 'ρχονται προς το μέρος της ο Μπόρις Γιέκουλβο και η Σοσόστρις. Μόλις τότε κατάλαβε ότι βρισκόταν στο τσίρκο Κάλγκαρι, όπως επίσης κατάλαβε και ποιο δρομολόγιο ακολουθούσε ο Ξιτιρλίξ όταν, τις νύχτες, έβγαινε από την κρυψώνα του, που ήταν το τσίρκο, κι έψαχνε κάποιο θύμα —είτε ζώο είτε άνθρωπο— για να του ρουφήξει όσο αίμα τού χρειαζόταν για να επιζήσει.

Η Κολέτ κοίταξε απεγνωσμένα γύρω της, μήπως έβρισκε κάποιον τρόπο για να ξεφύγει από τον Μπόρις και τη Σοσόστρις. Όμως ήταν ήδη πολύ αργά, γιατί την είχαν φτάσει.

– Πού είναι ο Ξιτιρλίξ; τη ρώτησε αυστηρά ο Μπόρις και βούτηξε την Κολέτ από τα πέτα του δερμάτινου μπουφάν της.

Η Κολέτ κούνησε το κεφάλι της και τους έδειξε κάτω, προς το έδαφος, εννοώντας τους υπονόμους.

– Μα δεν μπορεί, είπε η Σοσόστρις. Έπρεπε να έχει γυρίσει εδώ και ώρες.

– Είναι παγιδευμένος, είπε η Κολέτ κι άρχισε να στριφογυρίζει, μήπως και μπορούσε να ελευθερώσει το μπουφάν της από τα χέρια του Μπόρις.

– Παγιδευμένος; τη ρώτησε ο Μπόρις και την άφησε μόνος του.

Η απότομη αλλαγή στη συμπεριφορά του έκανε την Κολέτ ν' αλλάξει γνώμη, παρόλο που ίσως τώρα να ήταν η μοναδική της ευκαιρία να ξεφύγει.

– Ναι, του είπε, μαζί με τους τρεις φίλους μου. Τους έπιασαν οι άνθρωποι του προγράμματος.

Όταν το άκουσαν, ο Μπόρις και η Σοσόστρις χλόμιασαν και κοιτάχτηκαν μεταξύ τους ανήσυχοι.

– Εάν τον έχουν οι άνθρωποι του προγράμματος, τότε διατρέχει θανάσιμο κίνδυνο, είπε ο Μπόρις στη Σοσόστρις.

– Πρέπει να τον σώσουμε αμέσως, είπε η Σοσόστρις.

– Μα τι είναι αυτό το πρόγραμμα; τους ρώτησε η Κολέτ, η οποία, όταν κατάλαβε ότι ο Μπόρις και η Σοσόστρις δε θ' ασχολούνταν άλλο μαζί της, ξεθάρρεψε. Ποιος είναι τέλος πάντων αυτός ο Ξιτιρλίξ; Και τι συμβαίνει με τον Μαρκ, τον Τζόε και τη Ρεβέκα;

– Οι άνθρωποι του προγράμματος κυνηγούν τον Ξιτιρλίξ εδώ και χρόνια, της απάντησε η Σοσόστρις, από τότε που, ως Ελένα Ποπόβα, σκηνοθέτησα το θάνατό μου για να μην ανακαλύψουν όσα μυστικά μού είχε μεταδώσει.

– Είσαι η Ελένα Ποπόβα; τη ρώτησε έκπληκτη η Κολέτ και θυμήθηκε όσα της είχε πει η Έμα Στορμ για τη διάσημη Ρωσίδα επιστήμονα. Μα πίστευα πως η Ελένα Ποπόβα θα πρέπει να ήταν τουλάχιστον εκατό ετών σήμερα.

– Η ακτινοβολία από την ιδιαίτερη τεχνολογία της φυλής του Ξιτιρλίξ επιδρά σε κάθε άνθρωπο διαφορετικά, της απάντησε η Σοσόστρις ή, σωστότερα, η Ελένα Ποπόβα.

Αυτός λοιπόν ήταν ο λόγος που υπήρχαν τόσο πολλοί άνθρωποι και ζώα παραμορφωμένα στο τσίρκο, σκέφτηκε η Κολέτ και ένιωσε δέος. Είχαν όλοι, κατά κάποιον τρόπο, υποστεί τις επιδράσεις της ακτινοβολίας!

– Η Ρεβέκα είναι άρρωστη από την ακτινοβολία, τους είπε με αγωνία. Μπορείτε να τη θεραπεύσετε;

Ο Μπόρις κοίταξε την Ποπόβα και το βλέμμα του ήταν ανήσυχο.

— Θα πρέπει να προσβλήθηκε μέσα στο τρένο των φαντασμάτων, της είπε, τότε που έκανες τον έλεγχο για την ομάδα αίματος του Ουίλιαμς με τα μηχανήματά σου.

— Μπορείτε να τη θεραπεύσετε; τους ξαναρώτησε με αγωνία η Κολέτ, η οποία σκέφτηκε, και πολύ σωστά, ότι δεν ήταν της στιγμής να ζητήσει εξηγήσεις γιατί η Ποπόβα ενδιαφέρθηκε για το αίμα. Αυτό που προείχε ήταν να σωθεί η φίλη της.

— Φυσικά, της απάντησε η Ποπόβα, σ' έναν τόνο όμως που πρόδιδε πως δε θα ήταν και η πρώτη της ασχολία. Μπόρις, δεν πρέπει η τεχνολογία της φυλής του Ξιτιρλίξ να πέσει στα χέρια του προγράμματος, όποιο κι αν είναι το κόστος.

— Να ειδοποιήσουμε τους άλλους, είπε ο Μπόρις. Πρέπει να σώσουμε τον Ξιτιρλίξ από τους ανθρώπους του προγράμματος με κάθε τρόπο. Μπορείς να μας οδηγήσεις σ' αυτούς; ρώτησε την Κολέτ.

— Νομίζω πως ναι, του απάντησε η Κολέτ.

— Εμπρός. Δεν έχουμε καιρό για χάσιμο, της είπε ο Μπόρις. Η ενέργεια βρίσκεται αυτή τη στιγμή σε ιδανικό επίπεδο.

— Η ενέργεια; ρώτησε η Κολέτ. Μα δεν καταλαβαίνω τι...

Ο Μπόρις κοίταξε την καμπούρα της γιγαντιαίας αράχνης. Φούσκωνε και ξεφούσκωνε λες και ανέπνεε, ενώ σε κάθε ανάσα της ακτινοβολούσε ένα πολύ παράξενο φως.

— Η ενεργειακή κυψέλη επαναφορτίστηκε τελικά. Θα πρέπει σύντομα να φύγουμε..., είπε.

— Επαναφορτίστηκε; ρώτησε η Κολέτ.

— Σε όποιο μέρος και αν πήγαμε με το τσίρκο τα τελευταία πενήντα χρόνια, την τροφοδοτούσαμε με πυρηνική ακτινοβολία, της εξήγησε η Ποπόβα ενώ κατευθύνονταν όλοι μαζί προς τα παρκαρισμένα τροχόσπιτα του τσίρκου. Απορρόφησε ένα σημαντικό ποσοστό από τη ραδιενέργεια στη Χιροσίμα και το Ναγκασάκι, όπως και στο Τσέρνομπιλ. Εδώ, στην Αγγλία, τη συνδέσαμε με τους αντιδραστήρες του Ουίντερσινς και του Κέρνες.

— Για ποιο λόγο; τη ρώτησε η Κολέτ, ενώ το μάτι της πήρε τον Στεφάν και τη Λεάνα να βγαίνουν από ένα τροχόσπιτο.

— Για ν' αποθηκεύσει όση ενέργεια χρειάζεται κι έτσι να μπορέσει ο Ξιτιρλίξ να γυρίσει στην πατρίδα του, της απάντησε η Ποπόβα.

— Εννοείτε πως έχετε κάπου κρυμμένο ένα διαστημόπλοιο; τη ρώτησε η Κολέτ, η οποία δεν πίστευε τα αφτιά της.

— Ακριβώς, της απάντησε η Ποπόβα κι έδειξε με το κεφάλι της το τρένο των φαντασμάτων.

Για μια στιγμή η Κολέτ έμεινε άφωνη. Ώστε η γιγάντια αράχνη δεν ήταν στην πραγματικότητα παρά... ένα διαστημόπλοιο!

— Αυτό είναι το διαστημόπλοιο του Ξιτιρλίξ, της είπε η Ποπόβα. Αναπτύχθηκε από τα υπολείμματα των κυψελών που χρησιμοποίησε για τη δραπέτευσή του. Από τότε που τον βρήκαμε στη στέπα της Σιβηρίας το 1908, η οικογένειά μου, όλοι οι φίλοι μας και οι απόγονοί τους βοηθούν τον Ξιτιρλίξ συνεχώς μέχρι σήμερα. Δε θα αφήσουμε τώρα, στο τέλος, τους ανθρώπους του προγράμματος να μας το χαλάσουν.

— Άρα, τελικά, εσύ κι ο Ξιτιρλίξ δεν είστε οι κακοί σ' αυτή την ιστορία, της είπε η Κολέτ.

Παρόλο που η κατάσταση ήταν άσχημη, η Ποπόβα έσκασε ένα δειλό χαμόγελο.

— Πώς σου ήρθε κάτι τέτοιο; ρώτησε την Κολέτ.

– Μα οι επιθέσεις του Ξιτιρλίξ..., της είπε η Κολέτ προβληματισμένη.

– Ναι, αλλά δε σκότωσε κανέναν, έτσι δεν είναι; της είπε η Ποπόβα.

– Όχι, της απάντησε η Κολέτ.

– Ο Ξιτιρλίξ έχει ανάγκη την αιμογλοβίνη του ανθρώπινου αίματος για να επιβιώσει, εξήγησε ο Μπόρις στην Κολέτ. Χωρίς αυτή θα πεθάνει. Δε θα σκοτώσει όμως κάποιον για να την εξασφαλίσει.

– Και τα ζώα; ρώτησε η Κολέτ και ένιωσε αηδία στη σκέψη των σφαγμένων ζώων που είχαν βρει με τη Ρεβέκα μέσα στην καμπίνα της Ποπόβα.

– Δεν μπορούσαμε να κάνουμε αλλιώς, της απάντησε ο Μπόρις. Όταν ο Ξιτιρλίξ δεν έβρισκε ανθρώπινο αίμα, έπρεπε να σκοτώνουμε ζώα.

Υπόνομοι του Λονδίνου
Κυριακή, 13 Δεκεμβρίου, ώρα 01.16

Ο Μαρκ και ο Τζόε ήταν τώρα και οι δυο δεμένοι ο ένας κοντά στον άλλο σε μια γωνιά των υπονόμων, ενώ ο ελεγκτής του προγράμματος και η αναπληρώτρια ελέγκτρια, η οποία είχε επιστρέψει χωρίς να κατορθώσει να εντοπίσει την Κολέτ, συνεννοούνταν μεταξύ τους για τις τελευταίες λεπτομέρειες. Ο Άντερς χαμογέλασε υπεροπτικά στα δυο αγόρια και τους έδωσε από μια κλοτσιά, έτσι, απλώς για να επιβεβαιώσει την κυριαρχία του πάνω τους.

Εντωμεταξύ το πρόγραμμα είχε στείλει τις ενισχύσεις που ήθελε ο ελεγκτής. Ήταν οι τρεις ξανθές γυναίκες που είχαν παραστήσει τις νοσοκόμες και είχαν προσπαθήσει μαζί με τον Άντερς να απαγάγουν τον Τζόε από το νοσοκομείο. Βεβαίως τώρα δεν ήταν ντυμένες νοσοκόμες και από τους ώμους τους κρέμονταν κάτι υπερσύγχρονες καραμπίνες.

– Μα όλες μοιάζουν μεταξύ τους, ψιθύρισε ο Τζόε στον Μαρκ καθώς τις παρατηρούσε με την άκρη του ματιού του. Και ξέρεις ποια μου θυμίζουν;

– Την Εύα, του απάντησε αμέσως ο Μαρκ και κοίταξε τη φιγούρα της αναπληρώτριας ελέγκτριας, η οποία μιλούσε με τον προϊστάμενό της.

Μέχρι τώρα κανένα από τα δύο αγόρια δεν είχε καταφέρει να δει το πρόσωπό της, γιατί το κρατούσε επιμελώς στη σκιά. Προφανώς φοβόταν μήπως την αναγνωρίσουν.

– Φαίνονται όλες τόσο ίδιες μεταξύ τους, όπως και ο Άντερς εξάλλου! είπε ο Τζόε στον Μαρκ. Λες να είναι κλωνοποιημένες;

– Ίσως, του απάντησε ο Μαρκ, τον οποίο αυτή τη στιγμή μόνο αυτό το θέμα δεν τον απασχολούσε.

Γύρισε και κοίταξε τη Ρεβέκα και τον Ξιτιρλίξ. Η βοηθός του Άντερς τους κρατούσε ακινητοποιημένους με την απειλή του όπλου της. Η Ρεβέκα έδειχνε χάλια. Η ακτινοβολία είχε κάνει πολύ καλά τη δουλειά της. Ο Μαρκ αμφέβαλλε εάν η φίλη του θα τα κατάφερνε να αντέξει άλλη μια ώρα.

– Πρέπει να τη βοηθήσεις, φώναξε στον Άντερς, αλλιώς θα πεθάνει.

– Ε, λοιπόν, ας πεθάνει, του απάντησε αδιάφορα ο Άντερς. Μας οδήγησε στον Ξιτιρλίξ. Δεν την έχουμε πια ανάγκη.

– Δεν είσαι τίποτα άλλο παρά ένας δολοφόνος, του φώναξε ο Τζόε.

– Δουλεύω για το πρόγραμμα, του απάντησε ήρεμα

ο Άντερς. Το πρόγραμμα είναι το μόνο που έχει σημασία.

Ο ελεγκτής του προγράμματος χτύπησε τα δάχτυλά του και κάλεσε τον Άντερς κοντά του. Οι δύο άντρες είχαν μια σύντομη συζήτηση μεταξύ τους και ύστερα ο Άντερς στράφηκε προς τον Μαρκ και τον Τζόε.

– Ο ελεγκτής αποφάσισε πως εσείς έχετε δίκιο τελικά, τους είπε.

– Φυσικά και έχουμε δίκιο. Είσαι δολοφόνος, του ξαναείπε ο Τζόε, ενώ μέσα του καταλάβαινε πως μάλλον το παρατράβαγε.

Το βλέμμα του Άντερς σκοτείνιασε και σήκωσε το χέρι του για να χτυπήσει τον Τζόε. Όμως αμέσως μετά το πρόσωπό του ξαναβρήκε την παγερή ηρεμία του και χαμήλωσε το χέρι του.

– Ο ελεγκτής αποφάσισε πως το κορίτσι θα ζήσει, τους είπε. Όταν φτάσουμε στη βάση του προγράμματος, τότε η αναπληρώτρια ελέγκτρια θα της δώσει τα φάρμακα κατά της ακτινοβολίας.

– Μα θα αντέξει μέχρι τότε; τον ρώτησε ο Τζόε.

– Αυτή είναι η απόφαση του ελεγκτή, του απάντησε ο Άντερς.

Σπουδαία απόφαση! είπε κοροϊδευτικά ο Μαρκ.

– Μόνο μολυσμένη μπορεί να μας εξασφαλίσει τη συνεργασία του Ξιτιρλίξ, τους είπε ο Άντερς. Εάν ο Ξιτιρλίξ δε μας οδηγήσει στο διαστημόπλοιό του, τότε θα τη σκοτώσουμε.

– Και τι σας κάνει να πιστεύετε ότι ο Ξιτιρλίξ θα συνεργαστεί; τον ρώτησε ο Μαρκ, ο οποίος θεωρούσε αδιανόητο ότι ο εξωγήινος θα πρόδιδε τα μυστικά της φυλής του για να σώσει μια ανθρώπινη ζωή.

– Η φυλή αυτή δε γίνεται ποτέ αιτία να πεθάνει κάποιος, του απάντησε ο Άντερς. Ο Ξιτιρλίξ θυσίασε τον εαυτό του για να σώσει τους ομοφύλους του τότε στην Τουγκούσκα. Και αφού πήρε από τον Ουίλιαμς το αίμα που του ήταν απαραίτητο για να επιβιώσει, όταν έμαθε πως η πληγή του δεν έκλεινε κανονικά, επέστρεψε και τη θεράπευσε.

Ύστερα προχώρησε προς τον Ξιτιρλίξ και τη Ρεβέκα, η οποία κάθε λεπτό που περνούσε έδειχνε όλο και πιο άρρωστη, και τους έστησε με το ζόρι στα πόδια τους. Στη συνέχεια δήλωσε πως είχε έρθει η ώρα να τους οδηγήσει ο Ξιτιρλίξ στο διαστημόπλοιό του. Ο εξωγήινος, αν και δεν μπορούσε να μιλήσει, έδειχνε να γνωρίζει τι ακριβώς ήθελε ο Άντερς απ' αυτόν.

Εάν, παρ' όλ' αυτά, ο Ξιτιρλίξ αρνιόταν, τότε ο Άντερς με μεγάλη του χαρά θα σκότωνε πρώτα τη Ρεβέκα κι ύστερα τον Μαρκ με τον Τζόε.

Μπρος γκρεμός και πίσω ρέμα, σκέφτηκε απελπισμένος ο Μαρκ. Γιατί αν ο Ξιτιρλίξ πρόδιδε τελικά τα μυστικά της φυλής του για να σώσει τη Ρεβέκα, τότε το πρόγραμμα θα γινόταν πανίσχυρο κι ένας Θεός ξέρει πόσους θα σκότωνε στο μέλλον.

Τσίρκο Κάλγκαρι, Λονδίνο
Κυριακή, 13 Δεκεμβρίου, ώρα 01.27

Ο Στεφάν και η Λεάνα κοίταζαν καχύποπτα την Ποπόβα, ενώ γύρω τους είχαν μαζευτεί κι άλλοι άνθρωποι του τσίρκου. Η Κολέτ στεκόταν δίπλα στον Στεφάν και περίμενε να τελειώσουν τη συζήτησή τους, η οποία γινόταν σε έντονο ύφος.

— Πώς ξέρουμε αν μπορούμε να σ' εμπιστευτούμε ή όχι; ρώτησε ο Στεφάν την Ποπόβα.

– Γιατί να μη μ' εμπιστευτείτε; του είπε η Ποπόβα. Όταν ο Ξιτιρλίξ επιτέθηκε για πρώτη φορά στη Ρεβέκα, έστειλα εσένα για να σιγουρευτώ πως δε θα πάθαινε τίποτα.

– Ναι, σε μια ανύπαρκτη διεύθυνση, της είπε κοροϊδευτικά ο Στεφάν.

– Μόνο που έφτασες πιο νωρίς απ' ό,τι έπρεπε, είπε η Ποπόβα. Φόβισες τον Ξιτιρλίξ και έφυγε, πριν προλάβει να τραφεί με το αίμα της Ρεβέκας.

– Σύμφωνα με την Κολέτ από δω, της είπε ο Στεφάν κι έδειξε την Κολέτ, το τρένο των φαντασμάτων – εάν είναι πραγματικό τρένο– ευθύνεται για την αρρώστια της Ρεβέκας από την ακτινοβολία.

– Στο τρένο των φαντασμάτων έχουν μπει πολλοί, του είπε η Ποπόβα, δεν αρρώστησαν όμως όλοι. Παράδειγμα τα δυο αγόρια, οι φίλοι της Κολέτ.

– Ναι, αλλά το θέμα είναι πως η Ρεβέκα είναι άρρωστη, είπε ο Στεφάν, εξαιτίας αυτού του βρικόλακα.

– Ο Ξιτιρλίξ δεν είναι βρικόλακας, Στεφάν, πετάχτηκε ο Μπόρις. Είναι μέλος μιας φυλής εξωγήινων που χρειάζεται αίμα για να ζήσει, όπως εσύ χρειάζεσαι τροφή και νερό.

Αυτό που έπαθε η Ρεβέκα δεν ήταν ατύχημα, είπε η Ποπόβα. Έδωσε αίμα στον Τζόε κι έτσι μολύνθηκε από το αίμα του Ξιτιρλίξ.

– Αυτό δεν έπρεπε να συμβεί, είπε η Λεάνα, που ο πατέρας της ήταν γιατρός και έτσι ήξερε κάποια πράγματα.

– Σύμφωνα με την ανθρώπινη βιολογία, ναι, έχεις δίκιο, της απάντησε η Ποπόβα. Όμως ο Ξιτιρλίξ δεν είναι άνθρωπος.

– Κοιτάχτε, πρέπει να σώσουμε τη Ρεβέκα, τον Μαρκ και τον Τζόε! είπε η Κολέτ ανυπόμονα. Δεν ξέρουμε τι θα τους κάνουν αυτοί από το πρόγραμμα εκεί κάτω.

— Η Κολέτ έχει δίκιο, είπε η Λεάνα.

Ο Στεφάν κούνησε το κεφάλι του. Θα είχε αργότερα την ευκαιρία να ζητήσει εξηγήσεις από την Ποπόβα. Προς το παρόν εκείνο που είχε σημασία ήταν να σώσουν τα τρία παιδιά από το πρόγραμμα.

— Κολέτ, ξέρεις πού είναι; τη ρώτησε.

— Μέσα στους υπονόμους, του απάντησε η Κολέτ.

— Γι' αυτό στήσαμε το τρένο των φαντασμάτων πάνω από ένα καπάκι υπονόμου μέσα στη μέση του πάρκου, είπε ο Μπόρις. Έτσι ο Ξιτιρλίξ μπορούσε να φτάσει εύκολα σε όποιο μέρος της πόλης ήθελε, χωρίς κανείς να μπορεί να τον εντοπίσει.

— Μπορείς να τους βρεις; ρώτησε η Λεάνα την Κολέτ.

Η Κολέτ της απάντησε πως δεν ήταν σίγουρη αν θα μπορούσε να προσανατολιστεί μέσα στους υπονόμους, γιατί την ώρα που έτρεχε για να ξεφύγει από την αναπληρώτρια ελέγκτρια δεν πρόσεχε γύρω της.

— Έτσι κι αλλιώς τώρα μάλλον θα 'χουν φύγει από κει, είπε ο Μπόρις.

— Κολέτ, όταν συνάντησα τον Μαρκ και τη Ρεβέκα πρώτη φορά, μου είπαν πως εσύ και ο Τζόε έχετε... κάποιες ικανότητες, είπε ο Στεφάν.

— Ναι, είπε η Κολέτ, έκτη αίσθηση ή κάτι τέτοιο τέλος πάντων. Ο Τζόε όμως τα καταφέρνει πολύ καλύτερα από μένα.

— Δεν μπορείς να χρησιμοποιήσεις αυτές τις ικανότητες για να βρεις τον Τζόε και τους άλλους; τη ρώτησε ο Στεφάν.

Η Κολέτ χτύπησε το πόδι της στο έδαφος νευρικά.

— Όχι, του απάντησε σκεφτική. Εάν ο Τζόε με καλούσε, ίσως... Μόνη μου, όμως, αποκλείεται, δεν έχω τόση δύναμη.

– Τότε, λοιπόν, πάμε να τους κυνηγήσουμε, πρότεινε ο Μπόρις.

Ο Στεφάν δεν του έδωσε σημασία.

– Πρέπει να προσπαθήσεις, είπε στην Κολέτ.

– Θα 'ρθω μαζί σας, είπε η Λεάνα.

– Όχι, της είπε ο Στεφάν. Πήγαινε καλύτερα στην αστυνομία.

– Η αστυνομία δεν πρέπει να ανακατευτεί, είπε η Ποπόβα.

– Γιατί όχι; τη ρώτησε η Κολέτ. Μπορεί να μας βοηθήσει.

– Εκτός και αν... έχεις κάτι να κρύψεις; είπε ο Στεφάν στην Ποπόβα.

– Λογικέψου! του είπε η Ποπόβα. Σκέψου όμως ότι αυτός ο Άντερς που είπε η Κολέτ, δουλεύει για το υπουργείο.

– Έτσι λέει, της είπε η Κολέτ. Στην πραγματικότητα είναι μέλος του προγράμματος.

– Το φαντάζομαι, της είπε η Ποπόβα. Τα πλοκάμια του προγράμματος φτάνουν παντού. Εγώ το πρωτοανακάλυψα όταν ήμουν ακόμη στη Ρωσία, πριν από πολλά χρόνια.

Δεν είναι ώρα για συζητήσεις, θύμισε σε όλους η Λεάνα. Κάτι πρέπει να κάνουμε...

– Υπάρχει κάποιος τον οποίο μπορούμε να εμπιστευτούμε, είπε η Κολέτ κι έβγαλε στα γρήγορα από το μπουφάν της χαρτί και μολύβι, όπου και σημείωσε τη διεύθυνση του ξενοδοχείου της κυρίας Στορμ. Λεάνα, πες τις εξελίξεις στην Έμα Στορμ, τη μητέρα της Ρεβέκας. Μένει σ' αυτό το ξενοδοχείο.

– Είσαι σίγουρη πώς μπορούμε να την εμπιστευτούμε; τη ρώτησε η Λεάνα.

– Σίγουρη, είπε ψέματα η Κολέτ. Όμως στην πραγματικότητα δεν ήξερε αν η Έμα Στορμ μπορούσε να κάνει κάτι, κυρίως εξαιτίας αυτών των χαρτιών που την είχε βάλει να υπογράψει ο Άντερς.

– Όμως ακόμα δεν έχουμε βρει τρόπο για να ανακαλύψουμε τα ίχνη της Ρεβέκας και των άλλων, είπε ο Στεφάν, αφού η Κολέτ απ' ό,τι φαίνεται δεν μπορεί να μας βοηθήσει.

– Υπάρχει κάποιος τρόπος, είπε ο Μπόρις και κοίταξε την Ποπόβα σαν να ζητούσε την έγκρισή της για να συνεχίσει.

Η Ποπόβα του 'κανε νόημα να συνεχίσει, σημάδι ότι είχε την έγκρισή της.

– Ποιος τρόπος; τον ρώτησε η Κολέτ.

– Ο Γιούρι, απάντησε ο Μπόρις.

– Ο Γιούρι ο γορίλας; τον ρώτησε η Κολέτ κατάπληκτη.

– Έχουμε όλοι πάρα πολύ μεγάλη αδυναμία στον Γιούρι, είπε η Ποπόβα.

– Το ξέρω, είπε ο Στεφάν. Μερικές φορές σκέφτομαι πως είναι πιο έξυπνος από... Μα για περίμενε μισό λεπτό, τι προσπαθείς να πεις;

– Όταν έσκασαν οι ενεργειακές κυψέλες πάνω από την Τουγκούσκα το 1908, ολόκληρη η περιοχή λούστηκε στην ακτινοβολία, άρχισε να εξηγεί η Ποπόβα. Αυτό είχε ως αποτέλεσμα οι άνθρωποι και τα ζώα της περιοχής να υποστούν διάφορες μεταλλάξεις, δηλαδή αλλαγές στο DNA τους.

Η Κολέτ, ασυναίσθητα, γύρισε και κοίταξε τους ανθρώπους του τσίρκου. Όταν συνειδητοποίησε τι έκανε, κούνησε το κεφάλι της, σαν να τους ζητούσε συγγνώμη που ήταν αδιάκριτη.

Εκείνοι κούνησαν όλοι μαζί τα κεφάλια τους, σαν να της έλεγαν πως δεν πειράζει.

— Οι άνθρωποι αυτοί, συνέχισε η Ποπόβα κι έδειξε τους παραμορφωμένους ανθρώπους του τσίρκου, είναι όλοι απόγονοι των ανθρώπων της Τουγκούσκα που μολύνθηκαν από την ακτινοβολία των ενεργειακών κυψελών του Ξιτιρλίξ. Σε μερικούς όμως, όπως ο Γιούρι, προκάλεσε φοβερές μεταλλάξεις.

Ο Γιούρι, σκέφτηκε η Κολέτ. Έτσι εξηγείται γιατί το βλέμμα του και οι αντιδράσεις του ήταν τόσο ανθρώπινες.

— Ο Γιούρι ήταν ο κυνηγός που ανακάλυψε πρώτος τον Ξιτιρλίξ στη στέπα της Σιβηρίας, συνέχισε η Σοσόστρις. Η έκθεσή του στην ακτινοβολία έδωσε το αποτέλεσμα που ξέρετε.

— Μα δεν μπορεί να υπάρξει τόσο δραστική μετάλλαξη, είπε η Λεάνα.

— Μην ξεχνάς, της είπε ο Μπόρις, πως δεν ξέρουμε τίποτα για τη φύση αυτής της ακτινοβολίας. Ο περισσότερος κόσμος πιστεύει πως δεν υπάρχει ζωή σ' άλλους πλανήτες, να όμως που...

— Μα και πάλι, τον διέκοψε η Λεάνα, μετάλλαξη που να σε κάνει από άνθρωπο γορίλα...

— Ο Γιούρι έπαθε πραγματικά τη χειρότερη μετάλλαξη. Όμως υπάρχουν και παραδείγματα μετάλλαξης που δεν είναι τόσο φοβερά, είπε η Ποπόβα. Ο Γιούρι, ξέρετε, δεν ήταν μόνος του όταν ανακάλυψε τον Ξιτιρλίξ στη Σιβηρία.

— Τι εννοείτε; τη ρώτησε η Κολέτ.

— Τον συνόδευε και μια γυναίκα, της απάντησε η Ποπόβα.

— Εσείς; τη ρώτησε κατάπληκτη η Κολέτ.

— Ακριβώς. Εγώ, της απάντησε η Ποπόβα.

Υπόνομοι του Λονδίνου
Κυριακή, 13 Δεκεμβρίου, ώρα 02.34

— Τι θα κάνουμε, Τζόε; ψιθύρισε ο Μαρκ καθώς ο Άντερς τους οδηγούσε μέσα από τους υπονόμους.

Οι τέσσερις βοηθοί του Άντερς συνόδευαν τη Ρεβέκα και τον Ξιτιρλίξ σημαδεύοντάς τους με τα όπλα τους. Ο Ξιτιρλίξ έδειχνε να φοβάται, αν και είχε κάνει κάποιες απελπισμένες προσπάθειες με τα μακριά, κοκαλιάρικα δάχτυλά του να ξεφύγει.

Απ' αυτό ο Μαρκ κι ο Τζόε κατάλαβαν ότι ήταν αδύνατον ο Ξιτιρλίξ να βλάψει κάποιον, έστω κι αν μιλάμε για τα μέλη μιας τόσο διαβολικής οργάνωσης όπως το πρόγραμμα.

Η Ρεβέκα γινόταν ώρα με την ώρα ακόμα πιο χλομή κι ένιωθε τέτοια αδυναμία, που μία από τις βοηθούς του Άντερς τη στήριζε για να μην πέσει κάτω. Ήταν φανερό πως, αν δεν την έβλεπε σύντομα κάποιος γιατρός, θα πέθαινε πριν καν ξημερώσει η Δευτέρα.

Ο ελεγκτής και η αναπληρώτρια ελέγκτρια ακολουθούσαν από πίσω. Η αναπληρώτρια ελέγκτρια εξακολουθούσε να κρατάει επιμελώς το πρόσωπό της κρυμμένο στη σκιά, αν και ο Μαρκ και ο Τζόε είχαν καταλάβει τώρα πια την ταυτότητά της.

— Ο Ξιτιρλίξ θα μας οδηγήσει στο διαστημόπλοιο, είπε κάποια στιγμή ο ελεγκτής. Αν δεν το κάνει, τότε η Ρεβ... η Στορμ θα πεθάνει.

— Μα πεθαίνει ήδη, βλάκα! του φώναξε θυμωμένα ο Τζόε.

— Όταν μας οδηγήσει στο διαστημόπλοιο, θα της δώσουμε τα απαραίτητα φάρμακα, είπε ο Άντερς και πρόσθεσε: Πρόσεχε πώς μιλάς, Ουίλιαμς!

— Μα μέχρι τότε θα είναι νεκρή, είπε ο Μαρκ. Πώς μπορείτε να την αφήσετε να πεθάνει;

— Αυτό που έχει σημασία είναι το πρόγραμμα, τόνισε ο ελεγκτής.

— Ναι, βέβαια! είπε ο Μαρκ σαρκαστικά. Μα τι ακριβώς είναι το πρόγραμμα; Και πώς μπορεί κάποιος σαν και σένα να έχει θέση σ' αυτό;

Όμως ήταν μοιραίο η ερώτηση του Μαρκ να μην απαντηθεί ποτέ, γιατί από την άλλη πλευρά των υπονόμων ακούστηκε ο θόρυβος μιας... μοτοσικλέτας! Ήταν ο Στεφάν, και πίσω του, καβάλα κι αυτή στη μοτοσικλέτα, η Κολέτ!

Ο Τζόε ζητωκραύγασε θριαμβευτικά.

— Μαρκ, φίλε μου, φώναξε, έρχεται το ιππικό!

Πίσω από τη μοτοσικλέτα ακολουθούσαν ο Μπόρις, η Ποπόβα και ο Γιούρι. Ο Γιούρι ήταν που τους είχε οδηγήσει μέχρι εδώ, με το ένστικτο του κυνηγού. Ο Μπόρις μάλιστα κρατούσε σφιχτά μ' ένα λουρί τη... λευκή τίγρη! Πίσω από τον Μπόρις, την Ποπόβα και τον Γιούρι ακολουθούσαν οι παραμορφωμένοι άνθρωποι του τσίρκου, όλοι τους οπλισμένοι.

Μόλις τους είδαν, οι βοηθοί του Άντερς έσπρωξαν τον Μαρκ, τον Τζόε, τη Ρεβέκα και τον Ξιτιρλίξ στην άκρη, τους κόλλησαν με την πλάτη στους τοίχους των υπονόμων, κατέβασαν τις υπερσύγχρονες καραμπίνες από τους ώμους τους και τις όπλισαν.

Την αμέσως επόμενη στιγμή άρχισε ένα πανδαιμόνιο από πυροβολισμούς, κι από τις δύο πλευρές. Ο Ξιτιρλίξ ούρλιαξε από φόβο και έκλεισε τα αφτιά του με τα χέρια του. Την πρώτη σφαίρα τη δέχτηκε η λευκή τίγρη. Το αίμα ανάβλυσε από το ένα της πλευρό κι άρχισε να βάφει κόκκινο το λευκό της τρίχωμα.

Μουγκρίζοντας από θυμό, η τίγρη τινάχτηκε απότομα, ελευθερώθηκε από το κράτημα του Μπόρις κι όρμησε στη βοηθό του Άντερς που την είχε πυροβολήσει. Μέσα σε λίγα δευτερόλεπτα την έριξε κάτω κι άρχισε να την ξεσκίζει με τα νύχια της. Η Κολέτ γύρισε το κεφάλι της από την άλλη μεριά, γιατί δεν άντεχε να βλέπει το θέαμα.

Για μια στιγμή οι άνθρωποι του προγράμματος τα 'χασαν κι άρχισαν να οπισθοχωρούν, εκτός από τον Άντερς. Ο Στεφάν εκμεταλλεύτηκε την ευκαιρία, καθώς μάλιστα οι άνθρωποι του τσίρκου τον κάλυπταν συνεχώς πυροβολώντας, και πλησίασε τον Μαρκ και τον Τζόε, οι οποίοι είχαν πέσει κάτω για να μη δεχτούν καμιά αδέσποτη σφαίρα. Αρκετά μέτρα πιο πίσω τους βρισκόταν η Ρεβέκα, ο Ξιτιρλίξ, ο ελεγκτής του προγράμματος και η αναπληρώτρια ελέγκτρια.

Ο Στεφάν έβγαλε στα γρήγορα ένα σουγιά από την τσέπη του κι άρχισε να κόβει τα σχοινιά από τα χέρια του Μαρκ και του Τζόε.

— Είστε καλά; τους ρώτησε.

— Μια χαρά, του απάντησε ο Μαρκ. Άσε μας εμάς! Φρόντισε τη Ρεβέκα και τον Ξιτιρλίξ.

Ο Άντερς, βλέποντας ότι το παιχνίδι χάνεται, τράβηξε ένα υπερσύγχρονο όπλο από την εσωτερική τσέπη του σακακιού του, όπλισε και το έστρεψε εναντίον του Γιούρι. Η σφαίρα που έφυγε από το όπλο του, βρήκε τον Γιούρι κατευθείαν στο στήθος. Ο Γιούρι πισωπάτησε και μόρφασε από τον πόνο. Μια δεύτερη σφαίρα από το όπλο του Άντερς τον χτύπησε επίσης κατάστηθα. Ο Γιούρι ένιωσε τη ζωή να φεύγει από μέσα του. Θα πεθάνω, σκέφτηκε, αλλά θα τον πάρω κι αυτόν μαζί μου!

Δεν τον χώριζαν παρά λίγα μέτρα από τον Άντερς. Με μια φοβερή κραυγή μίσους, που σου πάγωνε το αίμα, δρασκέλισε τα λίγα μέτρα που τον χώριζαν από τον Άντερς και τον άρπαξε ανάμεσα στα δυνατά του μπράτσα. Άρχισε να τον σφίγγει δυνατά, ολοένα και πιο δυνατά. Ο Άντερς άρχισε να κλοτσάει απεγνωσμένα. Μέσα σ' ένα λεπτό ο Γιούρι άφησε το άψυχο σώμα του Άντερς να πέσει κάτω σαν άδειο σακί, ενώ σωριαζόταν κι ο ίδιος δίπλα του.

Βλέποντας τον αρχηγό τους νεκρό, οι τρεις βοηθοί του Άντερς τα παράτησαν τελείως κι άρχισαν να τρέχουν γρήγορα μέσα στους υπονόμους. Οι άνθρωποι του τσίρκου άρχισαν να τις κυνηγούν, όμως ο Μαρκ τους σταμάτησε.

– Αφήστε τες! τους είπε. Πού είναι ο Ξιτιρλίξ;

Πραγματικά ο Ξιτιρλίξ δε φαινόταν πουθενά – ούτε ο ελεγκτής του προγράμματος και η αναπληρώτρια ελέγκτρια. Κοίταξαν όλοι ένα γύρω, μέσα στους κοντινούς υπονόμους. Πουθενά ο Ξιτιρλίξ.

– Εξαφανίστηκε, είπε ο Τζόε, ο οποίος καθόταν δίπλα στη Ρεβέκα και προσπαθούσε να τη βοηθήσει να μη χάσει τις αισθήσεις της.

– Δε θα τον βρούμε ποτέ, είπε η Κολέτ, αφού δεν έχουμε πια τον Γιούρι για να μας βοηθήσει.

– Τζόε, του είπε ο Μαρκ, τον Ξιτιρλίξ τον πήραν οι άνθρωποι του προγράμματος. Μπορείς να κάνεις κάτι;

Ο Τζόε κούνησε αρνητικά το κεφάλι του.

– Δε νομίζω πως μπορώ να τους εντοπίσω, είπε. Ίσως όμως να μπορεί η Ρεβέκα.

– Η Ρεβέκα; έκανε απορημένος ο Μαρκ.

– Πολύ πιθανόν, είπε η Ποπόβα, η οποία απομακρυνόταν αργά από το πτώμα του Γιούρι, σκουπίζοντας ένα δάκρυ από τα μάτια της. Το αίμα του Ξιτιρλίξ τρέχει στις φλέβες της...

Ο Μαρκ έσκυψε, έπιασε τη Ρεβέκα από τους ώμους

και την κοίταξε βαθιά μέσα στα μάτια. Τα μάτια της ήταν απλανή και το βλέμμα της θολό. Ο Μαρκ δεν ήταν σίγουρος αν τον αναγνώριζε.

— Μπέκι, εγώ είμαι... ο Μαρκ, της είπε. Με καταλαβαίνεις;

Η Ρεβέκα κούνησε αργά το κεφάλι της, σημάδι ότι τον αναγνώριζε.

— Πρέπει να μας βοηθήσεις να βρούμε τον Ξιτιρλίξ. Με καταλαβαίνεις; συνέχισε ο Μαρκ.

Η Ρεβέκα ξανακούνησε αργά το κεφάλι της, σημάδι ότι καταλάβαινε αυτό που της ζητούσε ο Μαρκ έστω κι αν δεν του απαντούσε. Η Κολέτ ήρθε κοντά τους και τη βοήθησε μαζί με τον Μαρκ να σταθεί όρθια στα πόδια της.

— Προσπάθησε, Ρεβέκα, της είπε η Κολέτ, όπως κάνω εγώ όταν αναζητώ τον Τζόε.

Η Ρεβέκα κούνησε για τρίτη φορά το κεφάλι της και κοίταξε τους υπονόμους. Ο υπόνομος στον οποίο βρίσκονταν χωριζόταν λίγο πιο κάτω σε τρία παρακλάδια. Ο ελεγκτής και η αναπληρώτρια ελέγκτρια του προγράμματος θα μπορούσαν να έχουν πάρει οποιοδήποτε από αυτά. Έκλεισε τα μάτια της σφιχτά και προσπάθησε να έρθει σε επαφή με τον Ξιτιρλίξ.

Κύλησαν μερικές στιγμές, που φάνηκαν σε όλους σαν χρόνια, και τελικά η Ρεβέκα έδειξε το αριστερό παρακλάδι.

— Μπράβο, καλό μου κορίτσι! της είπε ο Μαρκ και της χάιδεψε με ευγνωμοσύνη το μάγουλο. Αντέχεις να έρθεις μαζί μας;

— Έτσι νομίζω..., ψιθύρισε πολύ αχνά η Ρεβέκα, χωρίς όμως να είναι σίγουρη.

Κι έτσι ξεκίνησαν όλοι μαζί —τα τέσσερα παιδιά και οι άνθρωποι του τσίρκου— για να βρουν τον Ξιτιρλίξ.

Μπροστά πήγαιναν η Άννα και η Μάσα, οι δυο φαλακρές και δύσμορφες δίδυμες του τσίρκου.

Όπως θα αποδεικνυόταν σε λίγο, οι άνθρωποι του προγράμματος είχαν πράγματι ακολουθήσει το αριστερό παρακλάδι. Έτσι, λίγα λεπτά αργότερα η αναπληρώτρια ελέγκτρια άκουγε ήδη πίσω της τις κραυγές των ανθρώπων του τσίρκου.

Από την ώρα που η αναπληρώτρια ελέγκτρια έσφιξε δυνατά το κοκαλιάρικο χέρι του Ξιτιρλίξ και τον έσυρε μαζί της, ο Ξιτιρλίξ έκανε απεγνωσμένες προσπάθειες για να της ξεφύγει, χωρίς όμως να τα καταφέρνει.

Ο υπόνομος γέμισε ξαφνικά από τις κραυγές των δύσμορφων δίδυμων γυναικών, οι οποίες πλησίαζαν απειλητικά την αναπληρώτρια ελέγκτρια με γυμνωμένα τα δόντια τους.

Η αναπληρώτρια ελέγκτρια σταμάτησε ξαφνικά και γύρισε. Όταν αντίκρισε τις δίδυμες, έβγαλε μέσα από την εσωτερική τσέπη του σακακιού της ένα περίστροφο και το έστρεψε εναντίον τους.

Ο Ξιτιρλίξ γρύλισε θυμωμένα και χτύπησε με το ελεύθερο χέρι του το χέρι της αναπληρώτριας ελέγκτριας που κρατούσε το περίστροφο. Το περίστροφο έφυγε από το χέρι της αναπληρώτριας ελέγκτριας και έπεσε κάτω.

Η Άννα και η Μάσα εκμεταλλεύτηκαν την ευκαιρία. Πήδησαν πάνω στην αναπληρώτρια ελέγκτρια και της κόλλησαν σαν βδέλλες. Ύστερα άρχισαν να ξεσκίζουν το σακάκι της με τα μακριά τους νύχια και να της τραβάνε τα άψογα χτενισμένα μαλλιά της.

Η αναπληρώτρια ελέγκτρια άφησε τον Ξιτιρλίξ και προσπάθησε να πετάξει τις δίδυμες από πάνω της. Αυτές όμως δεν έλεγαν να την αφήσουν. Έτσι ο Ξιτιρλίξ βρήκε την ευκαιρία να πάει τρέχοντας προς το μέρος των τεσσάρων παιδιών και των υπόλοιπων ανθρώπων του τσίρκου, οι οποίοι είχαν μείνει λίγο πίσω σε σχέση με την Άννα και τη Μάσα.

Οι δίδυμες έμπηξαν τα δόντια τους βαθιά μέσα στα μπράτσα της αναπληρώτριας ελέγκτριας και ξέσκισαν το ύφασμα του σακακιού της, μαζί με τη σάρκα της. Η αναπληρώτρια ελέγκτρια ούρλιαξε από πόνο κι έκανε μια τελευταία προσπάθεια να πετάξει τις δίδυμες από πάνω της.

Όμως οι δίδυμες ήταν ιδιαίτερα δυνατές κι όχι μόνο η αναπληρώτρια ελέγκτρια δεν τις πέταξε από πάνω της, αλλά και της έβγαλαν τα μαύρα γυαλιά της.

Τα μάτια της αναπληρώτριας ελέγκτριας ήταν τώρα γυμνά. Μόλις τα αντίκρισαν, οι δίδυμες άρχισαν να ουρλιάζουν από τρόμο. Ο φόβος τους ήταν τόσος, που την άφησαν στη στιγμή κι άρχισαν να τρέχουν μέσα στους υπονόμους στριγκλίζοντας.

Όταν η Ρεβέκα, ο Μαρκ, ο Τζόε και οι υπόλοιποι έφτασαν στο σημείο όπου οι δίδυμες είχαν επιτεθεί στην αναπληρώτρια ελέγκτρια, δε βρήκαν κανέναν. Το μόνο που βρήκαν ήταν ένα σπασμένο ζευγάρι μαύρα γυαλιά.

– Μου φαίνεται ότι ξέρω ποιανού είναι, είπε ο Τζόε καθώς έβγαζε τα γυαλιά μέσα από τα βρομόνερα.

– Δεν έχουμε, όμως, καμία απόδειξη, είπε η Κολέτ, αν και η πραγματική ταυτότητα της αναπληρώτριας ελέγκτριας ήταν πλέον γνωστή σε όλους.

– Μα πού πήγε ο άλλος, ο υπεύθυνος του προγράμματος; ρώτησε ο Στεφάν. Τον είδε κανείς;

Κοιτάχτηκαν όλοι μεταξύ τους. Κανένας δε θυμόταν πότε τον είχε δει για τελευταία φορά.

– Πρέπει να τον βρούμε, είπε η Ποπόβα.

– Όχι, ακούστηκε κοφτή η φωνή του Μαρκ.

Όλοι γύρισαν και τον κοίταξαν.

— Τι εννοείς; τον ρώτησε ο Τζόε. Πρέπει οπωσδήποτε να βρούμε αυτόν τον κακούργο...

— Όχι, επανέλαβε ο Μαρκ. Μπορεί να είναι οπουδήποτε. Το πρόβλημά μας τώρα είναι να σιγουρευτούμε πως ο Ξιτιρλίξ θα γλιτώσει από το πρόγραμμα μια για πάντα.

— Μα μπορεί να είναι κάπου κοντά, είπε η Κολέτ.

Ο Μαρκ της έκανε νόημα να σωπάσει βάζοντας το δάχτυλό του στα χείλη του. Η Κολέτ αναρωτήθηκε μέσα της γιατί ο Μαρκ, τον οποίο ήξερε καλά, εγκατέλειπε την προσπάθεια.

Όμως ο Μαρκ έμεινε σιωπηλός. Κοίταξε πρώτα τη Ρεβέκα, η οποία φαινόταν έτοιμη να λιποθυμήσει, κι ύστερα τον Ξιτιρλίξ, ο οποίος έσκυβε από πάνω της γεμάτος ανησυχία.

Ο Μαρκ ήταν σχεδόν σίγουρος για το ποια ήταν η πραγματική ταυτότητα του ελεγκτή του προγράμματος, αποφάσισε όμως να την κρατήσει μυστική, γιατί δεν ήξερε ποια θα ήταν η αντίδραση της Ρεβέκας, της άρρωστης φίλης του.

ΑΠΑΓΟΡΕΥΜΕΝΗ ΖΩΝΗ

Επίλογος

Τσίρκο Κάλγκαρι, Λονδίνο
Τρίτη, 15 Δεκεμβρίου, ώρα 23.12

Το τσίρκο είχε κλείσει για το βράδυ. Αυτό όμως που δε γνώριζαν όσοι το είχαν επισκεφτεί αυτή την Τρίτη και τώρα κατευθύνονταν προς το μετρό, ήταν πως το τσίρκο Κάλγκαρι δε θα ξανάνοιγε ποτέ.

Ο Μαρκ, η Ρεβέκα, η Κολέτ, ο Τζόε, ο Στεφάν και η Λεάνα στέκονταν έξω από το τρένο των φαντασμάτων, καθώς η Ελένα Ποπόβα έδινε οδηγίες για τη μεταφορά των μεταλλαγμένων ζώων μέσα στο τρένο των φαντασμάτων. Οι άνθρωποι του τσίρκου τη βοηθούσαν χωρίς να λένε λέξη. Ιδιαίτερα οι δίδυμες –η Άννα και η Μάσα– δεν έλεγαν κουβέντα. Από τη στιγμή που είχαν αντικρίσει τα μάτια της αναπληρώτριας ελέγκτριας δεν είχαν αρθρώσει λέξη, κι ίσως να μην ξανάνοιγαν το στόμα τους για την υπόλοιπη ζωή τους.

– Όλα είναι έτοιμα, είπε η Ποπόβα και κοίταξε τη Ρεβέκα. Είσαι καλά; τη ρώτησε.

— Τα φάρμακα που μου έδωσες έκαναν τη δουλειά τους μια χαρά, της απάντησε η Ρεβέκα. Το μόνο που νιώθω είναι ένας μικρός πονοκέφαλος.

— Ωραία, είπε η Ποπόβα επιδοκιμαστικά.

— Εσύ τι θα κάνεις; τη ρώτησε ο Μαρκ.

— Το τρένο των φαντασμάτων είναι έτοιμο για απογείωση, του απάντησε η Ποπόβα και κοίταξε την καμπούρα της «αράχνης». Η ενέργεια είναι αρκετή και πολύ σύντομα ο Ξιτιρλίξ θα ταξιδεύει για το σπίτι του.

— Και εσείς όλοι θα πάτε μαζί του; τη ρώτησε έκπληκτη η Κολέτ.

— Δεν υπάρχει τίποτα για μας εδώ, της απάντησε λυπημένα η Ποπόβα. Αν μείνουμε στη Γη, όλοι θα μας θεωρούν τέρατα, ενώ στον κόσμο του Ξιτιρλίξ θα έχουμε μια πολύ καλύτερη ζωή.

Ο Στεφάν κοίταξε τη Λεάνα με αγάπη.

— Κι εμάς μας περιμένει μια καλύτερη ζωή, είπε και μετά πρόσθεσε, μιλώντας σε όλους: Ξέρετε, η Λεάνα πήρε βίζα για την Αυστραλία και θα 'ρθει μαζί μου...

Για πρώτη φορά από τότε που τη γνώρισαν, η Ποπόβα χαμογέλασε τόσο πλατιά.

— Μα πώς; τον ρώτησε.

Η μαμά της Ρεβέκας, [illegible] ο [illegible]. Είπε στον υπουργό άμυνας πως, αν δεν έδινε η κυβέρνηση βίζα στη Λεάνα, θα αποκάλυπτε στις εφημερίδες τα πάντα, ότι δηλαδή άνθρωποι του προγράμματος είχαν εισχωρήσει στο υπουργείο και τα λοιπά και τα λοιπά...

— Θα έχετε όμως ν' αντιμετωπίσετε τους γονείς του Στεφάν, είπε η Ποπόβα και κοίταξε το ευτυχισμένο ζευγάρι.

— Θα βρούμε κάποιον τρόπο να τα καταφέρουμε, είπε ο Στεφάν.

— Ξέρετε, είπε η Ποπόβα, αν κρίνει κανείς μόνο από

την εμφάνιση, είναι πολύ εύκολο να γίνει ρατσιστής. Μην ξεχνάτε ποια ήταν η αντίδρασή σας απέναντι στον Ξιτιρλίξ και σ' όλους εμάς...

– Το ξέρουμε, είπε η Ρεβέκα, και λυπόμαστε τόσο πολύ γι' αυτό.

Η Ποπόβα κούνησε ελαφρά το κεφάλι της, σημάδι ότι δεχόταν τη συγγνώμη τους. Ύστερα κοίταξε την καμπούρα της «αράχνης».

– Ώρα να φεύγουμε, είπε στα τέσσερα παιδιά, στον Στεφάν και στη Λεάνα.

Και κουνώντας το χέρι της σε αποχαιρετισμό, άρχισε να κατευθύνεται προς το τρένο των φαντασμάτων, όπου την περίμεναν και όλοι οι άνθρωποι του τσίρκου που είχαν μοιραστεί μαζί της επί τόσα χρόνια το μυστικό της ύπαρξης του Ξιτιρλίξ.

Όταν μπήκαν όλοι τους μέσα και η εξάγωνη πόρτα έκλεισε σφιχτά πίσω τους, ο Τζόε στράφηκε στη Ρεβέκα.

– Πρέπει να απομακρυνθούμε, της είπε. Θυμήσου τι μας είπε η Ποπόβα.

– Εντάξει, του είπε η Ρεβέκα, αλλά θέλω και να δω. Ίσως και να μην έχουμε ποτέ την ευκαιρία στη ζωή μας να ξαναδούμε διαστημόπλοιο ν' απογειώνεται.

Τα τέσσερα παιδιά, ο Στεφάν και η Λεάνα βγήκαν τρέχοντας από το χώρο του τσίρκου και στάθηκαν για να παρακολουθήσουν το μοναδικό θέαμα. Η Ποπόβα τους είχε πει να είναι αρκετά μακριά όταν το διαστημόπλοιο θ' απογειωθεί, για να μην πάθουν τίποτα από τη φοβερή ενέργεια που θα εκλυόταν.

Η καμπούρα της «αράχνης» άρχισε να ακτινοβολεί ένα εκτυφλωτικό πράσινο φως που έκανε τη νύχτα μέρα. Χρησιμοποιούσε όλη την ενέργεια που είχε συσσωρεύσει εδώ και πενήντα χρόνια στα διάφορα μέρη όπου είχε πάει το τσίρκο Κάλγκαρι. Σιγά σιγά τα πόδια της «αράχνης» μαζεύτηκαν μέσα στην κοιλιά της και η «αράχνη» άρχισε να αιωρείται λίγα μέτρα πάνω από το έδαφος. Και ξαφνικά, λούζοντας τον τόπο μ' ένα φως που έκανε τα τέσσερα παιδιά, τον Στεφάν και τη Λεάνα να γυρίσουν τα κεφάλια τους από την άλλη μεριά, εκτινάχτηκε στον ουρανό κι άρχισε το μακρινό ταξίδι της επιστροφής στον πλανήτη του Ξιτιρλίξ.

Όταν τα τέσσερα παιδιά, ο Στεφάν και η Λεάνα σήκωσαν τα μάτια τους στον ουρανό, δεν είδαν παρά μια φωτεινή γραμμή που ταξίδευε με ιλιγγιώδη ταχύτητα ανάμεσα στ' αστέρια.

Το πρόγραμμα
Τρίτη, 15 Δεκεμβρίου, ώρα 23.33

— Το τρένο των φαντασμάτων ήταν το διαστημόπλοιο του Ξιτιρλίξ, είπε σκεφτική η αναπληρώτρια ελέγκτρια του προγράμματος, η οποία φορούσε ένα καινούριο ζευγάρι μαύρα γυαλιά. Θα 'πρεπε να το ξέραμε.

— Όχι, αναπληρώτρια ελέγκτρια, εσύ θα 'πρεπε να το ξέρεις, τη διόρθωσε ο ελεγκτής του προγράμματος.

— Η επιχείρηση κατέληξε σε πλήρη αποτυχία, είπε η αναπληρώτρια ελέγκτρια. Κύριε ελεγκτή, θα επιστρέψετε στη Βραζιλία;

— Ναι, της είπε ο ελεγκτής. Και κάνεις λάθος, αναπληρώτρια ελέγκτρια. Η επιχείρηση δεν κατέληξε σε πλήρη αποτυχία.

— Γιατί όχι; τον ρώτησε η αναπληρώτρια ελέγκτρια.

— Μπορεί να χάσαμε μια μάχη, αλλά στο τέλος θα κερδίσουμε, της απάντησε ο ελεγκτής. Ξεχνάς τον πομπό που εμφύτευσε ο Άντερς στη Ρεβέκ... στη Στορμ. Εξακολουθεί να βρίσκεται στο σβέρκο της.

– Κι έτσι θα βρίσκεται κάτω από τον έλεγχό μας, είπε χαμογελώντας η αναπληρώτρια ελέγκτρια.

– Ακριβώς, της είπε ο ελεγκτής. Με μια απλή διαταγή από μακριά και η Στορμ θα κάνει ό,τι θέλουμε!

Η αναπληρώτρια ελέγκτρια χαμογέλασε ειρωνικά.

– Για φαντάσου, είπε. Η Ρεβέκα Στορμ να δουλεύει για το πρόγραμμα!

Ραδιοτηλεσκόπιο λόφου Φετς, χωριό Μπρέντμαουθ
Δευτέρα, 21 Δεκεμβρίου, ώρα 21.11

Η Ρεβέκα έδειξε χαμογελώντας μια έγχρωμη φωτογραφία στον Μαρκ, στον Τζόε και στην Κολέτ. Η φωτογραφία απεικόνιζε μια φωτεινή γραμμή ανάμεσα στα αστέρια.

– Ο καθηγητής Χέντερσον νομίζει ότι ανακάλυψε έναν καινούριο κομήτη, τους είπε.

– Άσ' τον να το πιστεύει, της είπε ο Τζόε. Μόνο εμείς οι τέσσερις ξέρουμε τι πραγματικά είναι.

– Νομίζετε πως ο Ξιτιρλίξ θα είναι καλά εκεί πάνω; τους ρώτησε η Κολέτ και φαινόταν σκεφτική.

– Καλύτερα εκεί πάνω, παρά εδώ στη Γη, όπου όλοι θα τον θεωρούσαν τέρας, της είπε ο Μαρκ. Άσε που εδώ μπορεί να 'πεφτε στα χέρια του προγράμματος...

Ο Τζόε κοίταξε τη Ρεβέκα.

– Αισθάνεσαι καλά τώρα; τη ρώτησε.

– Σου είπα πως είμαι μια χαρά, του απάντησε η Ρεβέκα κι έτριψε με το χέρι της το σβέρκο της, εκτός από αυτόν τον πόνο στο σβέρκο μου.

– Αλήθεια, λυπήθηκα πολύ για τον πατέρα σου, της είπε η Κολέτ.

Η Ρεβέκα ανασήκωσε τους ώμους της.

– Δε θα μάθουμε ποτέ αν ο Άντερς έλεγε την αλήθεια, όταν είπε στη μαμά πως ο μπαμπάς είναι ακόμα ζωντανός, είπε αναστενάζοντας.

– Είναι ψέμα, είπε ο Μαρκ και προσπάθησε να κάνει τη φωνή του όσο το δυνατόν πιο σταθερή, για να ακούγεται πειστικός. Ήταν ένα ψέμα για να εξασφαλίσει τη βοήθεια της μαμάς σου στα σχέδιά του.

– Έτσι νομίζω κι εγώ..., είπε η Ρεβέκα. Αλλά και μόνο η σκέψη πως ο μπαμπάς θα μπορούσε να είναι ακόμα ζωντανός...

– Ξέχνα το, Μπέκι, της είπε ο Μαρκ κοφτά. Αντιμετώπισε την κατάσταση. Ο μπαμπάς σου είναι νεκρός! Τίποτα δε θα μπορέσει πια να τον ξαναφέρει στη ζωή.

– Το ξέρω, είπε η Ρεβέκα και ξανακοίταξε την έγχρωμη φωτογραφία του διαστημόπλοιου του Ξιτιρλίξ.

– Ωραία. Τότε τελειώσαμε μ' αυτό το θέμα, είπε ο Μαρκ, κοφτά και πάλι.

Όμως γύρισε το πρόσωπό του από την άλλη μεριά, για να μη συναντήσει τα μάτια της Ρεβέκας. Ο Τζόε τον κοίταξε παραξενεμένος. Τον ήξερε εδώ και δυο χρόνια και ήξερε πώς φερόταν όταν έκρυβε κάτι από τους άλλους. Μα τι είχε μάθει που δεν ήθελε να το μάθει η Ρεβέκα;

Ο Μαρκ κοίταξε τον Τζόε ένοχα, γιατί κατάλαβε πως είχε προκαλέσει τις υποψίες του πανέξυπνου φίλου του. Παρ' όλ' αυτά μέσα του ορκίστηκε να μην το αποκαλύψει ποτέ, τουλάχιστον όχι πριν λύσει το μυστήριο, έστω κι αν ήταν το τελευταίο πράγμα που θα έκανε στη ζωή του. Γιατί, αλήθεια, πώς λέει κανείς σε μια καλή του φίλη, όπως η Ρεβέκα, ότι ο πατέρας της, που τον αγαπούσε τόσο και τον θεωρεί νεκρό, είναι – μάλιστα παραείναι– ζωντανός, μόνο που διευθύνει... το πρόγραμμα!

Έτσι είχαν δυστυχώς τα πράγματα. Εκεί κάτω στους υπονόμους, ο Μαρκ είχε αναγνωρίσει στο πρόσωπο του ελεγκτή του προγράμματος τον πατέρα της Ρεβέκας, τον Νάθαν Στορμ!

Διαβάστε
επίσης...

Σειρά: Πυξίδα

Απαγορευμένη Ζώνη

ΜΑΘΙΟΥ ΣΤΟΟΥΝ – **ΤΟ ΜΥΣΤΙΚΟ ΤΟΥ ΦΑΡΟΥ**
Μετάφραση: Δ.Π. Κωστελένος

ΜΑΘΙΟΥ ΣΤΟΟΥΝ – **ΤΟ ΑΠΟΛΙΘΩΜΕΝΟ ΔΙΑΣΤΗΜΟΠΛΟΙΟ**
Μετάφραση: Δ.Π. Κωστελένος

ΜΑΘΙΟΥ ΣΤΟΟΥΝ – **Η ΑΠΕΙΛΗ**
Μετάφραση: Δ.Π. Κωστελένος

ΜΑΘΙΟΥ ΣΤΟΟΥΝ – **ΤΟ ΤΣΙΡΚΟ ΤΩΝ ΕΞΩΓΗΙΝΩΝ**
Μετάφραση: Αντωνέλλα Μουτσοπούλου

ΜΑΘΙΟΥ ΣΤΟΟΥΝ – **ΤΟ ΦΑΝΤΑΣΜΑ ΤΟΥ ΕΚΔΙΚΗΤΗ**
Μετάφραση: Γιώτα Ποταμιάνου

ΜΑΘΙΟΥ ΣΤΟΟΥΝ – **Ο ΕΣΩΤΕΡΙΚΟΣ ΕΧΘΡΟΣ**
Μετάφραση: Αντωνέλλα Μουτσοπούλου

Στο χωριό Μπρέντμαουθ, χαμένο κάπου στην καταπράσινη και μυστηριακή εξοχή της Αγγλίας, βρίσκεται το Ινστιτούτο. Είναι μια σχολή που διευθύνει ο στρατηγός Έξφορντ και προετοιμάζει νέα παιδιά, προικισμένα με μια εξαιρετική ιδιοφυΐα, για να γίνουν κάποια μέρα σπουδαίοι επιστήμονες.

Όμως ακόμη και ο Μαρκ, η Ρεβέκα, ο Τζόε και η Κολέτ αδυνατούν να εξηγήσουν κάποια παράξενα γεγονότα.

Μήπως πρόκειται για κάτι πέρα από τα όρια του φυσικού; Μήπως την απάντηση θα τη βρουν αποκλειστικά και μόνο στην ΑΠΑΓΟΡΕΥΜΕΝΗ ΖΩΝΗ...

Άουλβιλ

ΦΙΛ ΜΠΛΑΚ – **ΟΙ ΦΡΟΥΡΟΙ**
Μετάφραση: Οδυσσέας Κυριακού

Ένας μυστηριώδης άγνωστος που χαράζει κύκλους στο χώμα, έξω από μια εγκαταλειμμένη καλύβα στα περίχωρα της Στοιχειωμένης Πόλης, της Άουλβιλ... Ένα απίστευτο μυστικό που μπορεί να επηρεάσει ολόκληρο το γαλαξία· και μια παρέα πέντε γενναίων παιδιών που δε διστάζουν να πουν «ναι» στη μεγαλύτερη πρόκληση που δέχτηκαν ποτέ στη ζωή τους, λαμβάνοντας ως αντάλλαγμα πολλές και υπερφυσικές δυνάμεις. Όμως...

...Όμως θα καταφέρουν, έστω και έτσι, να αντιμετωπίσουν με επιτυχία τις ορδές των Κο-Ματ, των ερπετόμορφων πλασμάτων που θέλουν να σκλαβώσουν τη Γη;

ΦΙΛ ΜΠΛΑΚ – **ΣΠΙΤΙ ΣΤΟ ΛΟΦΟ**
Μετάφραση: Οδυσσέας Κυριακού

Φαντάσματα... Η Άουλβιλ, η Στοιχειωμένη Πόλη, κρύβει πολλά μυστήρια στους σκοτεινούς της δρόμους και στα παλιά, ακατοίκητα σπίτια της... Αυτή τη φορά όμως, κάτι έχει αλλάξει. Οι δυνάμεις που συγκρούονται στο ΣΠΙΤΙ ΤΟΥ ΛΟΦΟΥ είναι πιο επικίνδυνες από ένα ή δυο «απλά» φαντάσματα. Αυτή τη φορά, στη σύγκρουση θα εμπλακούν και άλλες, άγνωστες οντότητες και το αποτέλεσμά της θα κρίνει τα πάντα.

Θα μπορέσουν να αντεπεξέλθουν στα νέα τους καθήκοντα οι πέντε φίλοι; Καλούνται τώρα να γίνουν Κυνηγοί Φαντασμάτων που έρχονται από μια άλλη διάσταση.

ΦΙΛ ΜΠΛΑΚ – **ΔΟΝΤΙΑ ΣΤΟ ΣΚΟΤΑΔΙ**
Μετάφραση: Οδυσσέας Κυριακού

Κάτι σκοτεινό, μυστήριο και νυχτερινό επισκέπτεται τη Στοιχειωμένη Πόλη, την Άουλβιλ... Κάτι που αποφεύγει με τρόμο τον ήλιο... Κάτι πανάρχαιο, που ψάχνει ανάμεσα στους πιο αδύναμους από τους ανθρώπους για την τροφή του... Τρεις φίλοι, ο Τζέι-Μπι, ο Μπάρι και η Έιμι, θα ενώσουν τις δυνάμεις τους για να το διώξουν μακριά, για να το στείλουν πίσω εκεί όπου πραγματικά ανήκει.

Γιατί αυτή η απέραντη ύπαρξη από το πουθενά απειλεί τους καλύτερους φίλους τους. Και όχι μόνο τα σώματά τους, αλλά και την ίδια τους την ψυχή.

Η Τριλογία του Κόσμου

ΦΙΛΙΠ ΠΟΥΛΜΑΝ – **ΤΟ ΑΣΤΕΡΙ ΤΟΥ ΒΟΡΡΑ**
Μετάφραση: Κώστια Κοντολέων

Άξιος διάδοχος του αξέχαστου Μίχαελ Έντε, εφάμιλλος του Τόλκιν και γοητευτικός όσο κανείς, ο Φίλιπ Πούλμαν μάς χαρίζει ένα πραγματικά αξιόλογο μυθιστόρημα. Γεμάτο περιπέτειες που ανοίγουν δρόμους απέραντους, το βιβλίο είναι μια ανοιχτή πρόσκληση για αναγνώστες από 10 ως 100 ετών που λαχταρούν να πετάξουν σε καινούργιους, ανεξερεύνητους κόσμους.

Όταν ο Ρότζερ, ο φίλος της Λύρας, εξαφανίζεται, εκείνη αρχίζει να τον αναζητά. Η αναζήτησή της την οδηγεί στην παγωμένη μεγαλοπρέπεια του Βορρά. Η Λύρα θα ξεπεράσει όλους τους κινδύνους για να ανακαλύψει πως κάτι παράξενο και γοητευτικό την περιμένει.

Σ' αυτό το πρώτο βιβλίο της επιβλητικής τριλογίας του, ο Φίλιπ Πούλμαν έχει δημιουργήσει έναν πραγματικά «Χαμένο Παράδεισο» γεμάτο γοργή δράση και πάθος που σου κόβει την ανάσα.

ΦΙΛΙΠ ΠΟΥΛΜΑΝ – **Ο ΑΡΧΟΝΤΑΣ ΤΩΝ ΔΥΟ ΚΟΣΜΩΝ**
Μετάφραση: Κώστια Κοντολέων

Η Σκόνη, το Αληθειόμετρο, οι μάγισσες που πετούν πάνω

σε κλαδιά από έλατο των νεφών, όλα μάς είναι γνώριμα από το πρώτο βιβλίο της απίστευτης τριλογίας που μας προσφέρει ο Φίλιπ Πούλμαν.

Σ' αυτό το δεύτερο βιβλίο, ακόμα πιο σημαντικό και αξιόλογο, κάνουν την εμφάνισή τους τα Φαντάσματα. Όπου Φαντάσματα δεν είναι τίποτε άλλο από τα βάσανα που κουβαλάμε μέσα μας. Είμαστε εμείς υπεύθυνοι για την παρουσία τους στον ανήσυχο και απρόσεκτο κόσμο μας. Ψάχνουμε βαθιά στην ύλη για να βρούμε λόγους και αιτίες και ξεχνάμε τα πιο σημαντικά: την αγάπη, την ευτυχία, την ομορφιά.

Κι αυτό είναι το υπέροχο μήνυμα του βιβλίου. Το κοφτερό μαχαίρι δεν πληγώνει, δε σκοτώνει, οι λάμες του δεν καταστρέφουν, δε χαράζουν, δε ματώνουν. Πονούν, όμως συνάμα ανοίγουν ένα παράθυρο σ' έναν κόσμο ολοφώτεινο, ζωντανό, μαγευτικό, πραγματικό, έναν κόσμο που ενώνει δε χωρίζει.

Να 'σαι καλά, Φίλιπ Πούλμαν!

Ετοιμάζεται και το τρίτο βιβλίο της Τριλογίας!

ΜΠΡΑΪΑΝ ΖΑΚ – **ΘΥΕΛΛΑ ΣΤΟ ΡΕΝΤΓΟΥΟΛ**
Μετάφραση: Μίρκα Σκάρα

Το Ρέντγουολ είναι ένα κάστρο.

Είναι ο κόσμος μας, είναι ένας κόσμος φανταστικός και πραγματικός συνάμα, με τους καλούς και τους κακούς, τους γενναίους και τους δειλούς, τους ονειροπόλους και τους πολεμιστές.

Είμαστε εσείς κι εγώ, οι ήρωες των βιβλίων και ο γείτονας της διπλανής πόρτας. Ο νεαρός Ματίας ονειρεύεται τη δόξα του αρχαίου πολεμιστή Μάρτιν. Οι συμβουλές των γεροντότερων, η αγάπη, η στοργή αποδεικνύονται πολύτιμοι βοηθοί του όταν ο Κλούνι, ο εχθρός, επιτίθεται στο Ρέντγουολ. Και οι δύο πλευρές προσπαθούν να εντοπίσουν τον τάφο του Μάρτιν του Πολεμιστή για να πάρουν στα χέρια τους το ξίφος του που θα τους χαρίσει τη νίκη.

Γεμάτο περιπέτειες, γραμμένο στο στιλ των πραγματικών ιπποτικών βιβλίων, τούτο το μυθιστόρημα εγκαινιάζει μια νέα σχολή στη λογοτεχνία. Κι αυτό είναι το μυστικό που θ' ανακαλύψει ο αναγνώστης στις σελίδες του.

Επιτρέψτε μας να μη σας το αποκαλύψουμε εδώ!

ΧΑΝΣ ΜΑΓΚΝΟΥΣ ΕΝΤΣΕΝΣΜΠΕΡΓΚΕΡ –
ΕΦΤΑ ΤΑΞΙΔΙΑ ΜΕΣΑ ΣΤΟ ΧΡΟΝΟ
Μετάφραση: Μαρία Αγγελίδου

Ο Ρόμπερτ είναι ένας νέος έξυπνος και με ζωηρή φαντασία. Ο Ρόμπερτ ονειρεύεται: τη ζωή, την αγάπη, τον άγνωστο κόσμο, τους ανθρώπους που δεν έχει γνωρίσει, το παρελθόν, το μέλλον.

Τα όνειρά του τον ταξιδεύουν συχνά πολύ μακριά. Κι ένα βράδυ, όταν όλοι λείπουν από το σπίτι, ο Ρόμπερτ ξεκινάει για ένα ταξίδι αλλιώτικο από τ' άλλα. Στην παγωμένη Σιβηρία του '56 γνωρίζει την ανθρωπιά. Στην άγνωστη Αυστραλία του '36 γνωρίζει την απληστία και την καταπίεση. Στη Γερμανία του 1930 μαθαίνει τι θα πει να ζεις παρέα με το φόβο και στην Αυλή της όμορφης πριγκίπισσας ο έρωτας του χτυπά την πόρτα.

Ο Ρόμπερτ ταξιδεύει. Όλο και πιο πίσω στο χρόνο, όλο και πιο βαθιά στο παρελθόν. Ο Ρόμπερτ ωριμάζει, γεμίζει εμπειρίες, είναι πλέον ένας άλλος, καινούργιος άνθρωπος. Δεν έχετε παρά να τον γνωρίσετε...

Ένα βιβλίο ασυνήθιστο όπου ο χρόνος παίρνει μια τελείως διαφορετική διάσταση!

ΜΙΧΑΕΛ ΕΝΤΕ – **ΤΟ ΜΑΓΙΚΟ ΦΙΛΤΡΟ**
Μετάφραση: Μαρία Αγγελίδου

Αν σας άρεσε η ΙΣΤΟΡΙΑ ΧΩΡΙΣ ΤΕΛΟΣ, αν σας γοήτευσε η θαυμάσια ΜΟΜΟ, αν τέλος, σας προβλημάτισε ο ΚΑΘΡΕΦΤΗΣ

ΜΕΣ ΣΤΟΝ ΚΑΘΡΕΦΤΗ, τότε μη χάσετε το καινούργιο βιβλίο του χαρισματικού Μίχαελ Έντε.

Διαβάζοντάς το, οι αναγνώστες θ' αναρωτηθούν πώς θα μπορέσουν να ξαναβρούν τη δροσερή σκέψη των παιδικών τους χρόνων. Και όλοι μας ίσως ανακαλύψουμε, πίσω από το Γιάκομπ και το Μαουρίτσιο, τον τρόπο να βοηθήσουμε τον υπέροχο, ολοζώντανο κόσμο μας.

ΜΙΧΑΕΛ ΕΝΤΕ – **ΙΣΤΟΡΙΑ ΧΩΡΙΣ ΤΕΛΟΣ**
Μετάφραση: Ρένα Καρθαίου – Λίζα Λάμπρου

«... είναι το μεταπολεμικό αριστούργημα.

Στην πρώτη θέση των πωλήσεων τα τελευταία χρόνια, μεταφράστηκε σε 28 χώρες.

Και η ιστορία... δεν έχει τέλος».

Λε Μοντ

ΜΙΧΑΕΛ ΕΝΤΕ – **Η ΜΟΜΟ**
Μετάφραση: Κίρα Σίνου

Μια συναρπαστική παραβολή για την αεικίνητη, ανήσυχη εποχή μας, που διαδραματίζεται στη χώρα της φαντασίας. Παραμύθι και πραγματικότητα συνάμα, τωρινή και μελλοντική, γεμάτη ερωτηματικά που αντικαθρεφτίζονται στις μορφές και τα πεπρωμένα, να τι είναι η ιστορία της Μόμο.

Μέσα απ' τα ματιά ενός μικρού κοριτσιού, της τρυφερής, γενναίας αλλά αποφασιστικής Μόμο, ο κόσμος μας φαίνεται και σήμερα πλούσιος σε θαύματα και μυστήρια όσο και σε περασμένες εποχές. Κι ο χρόνος που κυλά, είναι ο μεγαλύτερος πλούτος μας, είναι η ζωή και η ζωή ζει μέσα στην καρδιά. Είναι το ζωντανό σύμβολο που επικυρώνει την ανάγκη του ανθρώπου ν' αγωνιστεί για ό,τι ανθρώπινο υπάρχει μέσα του.